Que ferait Jésus ?

dans ses pas...

Charles M. Sheldon

Traduit par Louise Cornaz

1899

ThéoTEX
— 2012 —

ThéoTEX
Site internet : theotex.org
Courriel : theotex@gmail.com

Couverture : La Central Congregational Church de Topeka (Kansas), l'église où Charles Sheldon prêcha en 1896 la série de sermons qui devint un an plus tard le livre *In His Steps*.

© ThéoTEX
Édition : BoD — Books on Demand
12/14 rond-point des Champs-Élysées, 75008 Paris
Impression : BoD - Books on Demand, Norderstedt, Allemagne
ISBN : 978-2-322-40950-1
Dépôt légal : janvier 2022

Notice sur
Charles Monroe Sheldon

La place occupée dans la littérature évangélique par *In His Steps*, le best-seller de Charles Sheldon, pourrait se comparer à celle de l'épître de Jacques dans la Bible : Il faut avoir lu ce livre, mais il serait dangereux de vouloir baser sa théologie dessus. C'est pourtant ce qu'a tenté de faire, au début du 20ième siècle, le mouvement américain connu sous le terme de *Social Gospel*. Son principe se résume sommairement, comme le livre de Sheldon, à insister sur le côté pratique du message évangélique, sans se préoccuper du côté doctrinal. C'est en somme ne garder du programme des salutistes : *Soupe, Savon, Salut*, que les deux premiers termes, en espérant que le troisième suivra de lui-même. On comprend donc que malgré sa popularité (puisqu'on estime à trente millions de nombre de copies vendues), le *What would Jesus do?*, ne s'est pas attiré pour autant les compliments unanimes du corps pastoral. Son auteur fut même un peu vite soupçonné d'avoir des vues libérales sur la divinité de Jésus-Christ, accusation qui reste infondée.

Charles Sheldon est né en 1857 dans l'État de New York. Son père était un missionnaire-pasteur, qui au cours de plusieurs déménagements a fondé environ une centaine d'églises.

En 1869 la famille s'installa dans le Dakota, un territoire occupé par les indiens du même nom ; Charles apprendra à chasser avec eux et à parler un peu leur langue. Tout jeune il développe un goût pour l'écriture, et arrive à vendre quelques uns de ses articles à un journal de Boston.

En 1883 il est diplômé de l'université de Providence (dans l'État de Rhode Island) ; pendant son séjour dans cette ville il ouvre une école du dimanche pour immigrés chinois, auxquels il apprend l'Anglais dans la Bible. Il devient pasteur en 1886 d'une église à Waterbury (Vermont), et commence à exhorter ses paroissiens à s'investir dans la résolution des problèmes sociaux, mais sans beaucoup de succès. Il rencontre en 1888 une chrétienne de la Congregational Church de Topeka (Kansas) qui deviendra sa femme. C'est cette même église qui l'appellera à devenir son pasteur et c'est là qu'en 1896 il développera la série de sermons dont il fera finalement le livre *In His Steps*.

Car Sheldon, peu satisfait de l'assistance aux réunions dans son église, avait résolu d'employer une forme non conventionnelle de sermons qui consistait à lire une fois par semaine une histoire. Un an plus tard les sermons de Sheldon parurent comme feuilleton dans l'*Advance*, un journal de Chicago ; mais quand il envoya la série complète à plusieurs éditeurs, pour la publier sous forme de livre, aucun n'en voulut. Cependant, l'Advance qui normalement n'imprimait pas de livres, finit par le publier sous cette forme. En un mois 100 000 exemplaires furent écoulés.

Une anecdote significative a accompagné l'histoire de ce livre. Quand l'Advance s'occupa de mettre un copyright sur l'ouvrage de Sheldon, ils n'envoyèrent au bureau de Washington qu'une partie de celui-ci. En conséquence, peu de temps après, le copyright fut déclaré invalide, et les éditeurs firent imprimer le livre sans payer un dollar à son auteur. S'agissait-il d'une vengeance de leur part, pour le punir de la manière dont il décrivait le monde de la presse dans son livre ? c'est fort possible. Quoiqu'il en soit Sheldon ne manifesta aucune amertume malgré les sommes considérables que lui coûtait cette injustice.

In His Steps fut traduit en Français un an après par Louise CORNAZ, sous le pseudonyme de Joseph AUTIER, et parut sous le titre : *Notre modèle, Que ferait Jésus ?* Il se retrouve encore aujourd'hui dans les librairies évangéliques avec un titre légèrement changé : *Que ferait Jésus à ma place ?* Le texte est visiblement celui de Louise Cornaz, hormis quelques passages retranchés, et quelques mots permutés. Cependant le nom de la traductrice ou son pseudonyme ont complètement disparu, et un « Tous droits de reproduction, de traduction et d'adaptation » a été apposé. N'est-ce pas là une bien curieuse et ironique façon de présenter un livre qui vous pose la question : *Que ferait Jésus à ma place ?*[a]

---

a. Sheldon est mort en 1946, son livre est évidemment dans le domaine public aux US ; Louise Cornaz est morte en 1914, ses traductions appartiennent également au domaine public.

Que ferait Jésus ? se lit vite et sans peine. L'histoire en elle-même n'offre aucun suspens, tout y est prévisible ; les personnages ne possèdent aucune épaisseur psychologique ; à part un semblant d'intrigue autour de Miss Winslow aucune vie sentimentale n'émeut la pensée ; la théologie, on l'a dit, en est fautive pour ne pas dire inexistante. Mais alors comment s'expliquer le succès phénoménal rencontré par ce livre dans le public chrétien ? Il tient tout entier dans le caractère spirituel de la question : *Que ferait Jésus ?* Mais il faut se hâter de souligner que seuls les chrétiens authentiques sont capables de ne pas la comprendre de travers.

Le Fils de Dieu reste par nature unique dans l'humanité ; ses actes, ses pensées, ses paroles ont été uniques, et nul être humain ne peut prétendre à leur originalité. L'imitation de Dieu que nous exhorte l'Écriture à exercer [a], ne peut donc consister en un simple mimétisme dicté par notre imagination. Savoir ce que Jésus ferait à notre place, ne peut correspondre à une réalité que si son Esprit nous anime. Disons-mieux : si Jésus est censé vouloir faire une chose, pourquoi ne la fait-il pas ? Tout pouvoir lui a été confié sur la terre et dans le ciel, rien ne peut l'empêcher d'agir comme il le veut ! En réalité, Jésus fait les choses à notre place, le conditionnel est ici superflu : c'est à travers les chrétiens que le Christ continue l'œuvre qu'il a commencée ici-bas.

Ainsi la question *Que ferait Jésus ?* interpelle fortement le vrai chrétien, car elle le remet en face du plus profond mystère de sa propre existence, son identification avec Christ : « vous

---

a. « Soyez donc imitateurs de Dieu, comme des enfants bien-aimés. » (Eph.5.1)

connaîtrez que vous êtes en moi et moi en vous [a] ». Malgré toutes ses limitations, ce *classique* de la littérature évangélique le restera donc probablement encore longtemps.

Lorient, 11 juin 2012

---

a. Jean.14.20

Chapitre I

> C'est à cela que vous avez été appelés, parce que Christ aussi a souffert pour vous, vous laissant un exemple, afin que vous suiviez ses traces.
>
> (1 Pierre 2.21)

C'était un vendredi matin, et le Révérend Henry Maxwell terminait son sermon pour le dimanche matin. Il avait été interrompu à plusieurs reprises, la matinée s'avançait, et comme sa péroraison ne le satisfaisait pas, il s'énervait visiblement.

Comme il regagnait son cabinet de travail, après une nouvelle interruption, il dit à sa femme :

— Marie, je vous prie, si quelqu'un me demande encore, dites que je suis très occupé, et ne me faites descendre que s'il s'agit d'une affaire importante.

— Oui, Henry. Mais il faut que j'aille à la Crèche, c'est mon tour d'inspection et vous serez seul à la maison.

Le pasteur rentra dans sa chambre et ferma la porte derrière lui. Un instant plus tard, il entendit sortir sa femme.

Il s'assit devant son pupitre avec un soupir de soulagement et se mit à écrire. Il avait pris son texte dans la première épître de saint Pierre, au verset 21 du second chapitre : « C'est à cela que vous avez été appelés, parce que Christ aussi a souffert pour vous, vous laissant un exemple, afin que vous suiviez ses traces. »

Il avait développé, dans la première partie de son sermon, l'idée du sacrifice personnel de Christ et montré qu'il a souffert dans sa vie, aussi bien que dans sa mort. Il avait ensuite considéré l'œuvre de Christ au point de vue de l'exemple qu'il est venu donner au monde. Enfin il en était arrivé à la troisième et dernière partie, dans laquelle il avait appuyé sur la nécessité d'imiter le sacrifice et l'exemple de Jésus.

Il venait d'écrire : « III. Ses traces : que sont-elles ? » et il s'apprêtait à les énumérer dans leur ordre logique quand la sonnette tinta violemment.

Henry Maxwell resta assis et fronça les sourcils, sans faire un mouvement pour répondre à l'appel de la sonnette. Au bout d'un instant elle retentit de nouveau. Alors il se leva et s'approcha d'une de ses fenêtres d'où l'on pouvait voir la porte d'entrée.

Un homme était debout sur le perron, un homme encore jeune et très mal habillé. « Il a l'air d'un rôdeur, se dit le ministre. Je suppose qu'il faut que je descende et... » Il n'acheva pas sa phrase, mais descendit et ouvrit la porte.

Les deux hommes se regardèrent en silence pendant un instant. Ce fut l'étranger qui parla le premier :

— Je suis sans ouvrage, Monsieur, peut-être pourriez-vous m'aider à en trouver.

— L'ouvrage est rare en ce moment, je ne saurais trop comment vous en procurer, répondit le pasteur qui commençait à refermer lentement la porte.

— Je pensais que vous pourriez peut-être me donner une recommandation pour la direction du Métropolitain ou pour l'inspecteur des ateliers, continua le jeune homme en tournant entre ses doigts son chapeau déformé.

— Cela ne servirait de rien. Vous m'excuserez, mais je suis très occupé ce matin. Je regrette de ne pouvoir vous être d'aucune utilité et j'espère que vous trouverez quelque chose.

Le Rév. Henry Maxwell ferma la porte et entendit l'homme descendre le perron. En regagnant sa chambre il passa devant la fenêtre du vestibule et le vit s'éloigner lentement le long de la rue, son vieux feutre toujours entre ses doigts. Il avait un tel air de pauvreté, de désespérance et d'abandon que le pasteur hésita pendant une minute avant de retourner à son pupitre, puis il reprit sa place, et, avec un soupir, se remit à écrire.

Il ne fut plus interrompu, aussi quand sa femme rentra, deux heures plus tard, le sermon était terminé ; les feuillets en étaient rassemblés et placés sur sa Bible ; tout était en ordre pour le service du dimanche matin.

— Il nous est arrivé une chose étrange à la Crèche, Henry, lui dit sa femme pendant le dîner. Vous savez que j'y suis allée avec Mme Brown. Pendant que nous faisions jouer les enfants, la porte s'ouvre et nous voyons entrer un jeune homme qui tenait à la main un chapeau crasseux. Il s'est assis près de la porte sans dire un mot, puis il est resté là les yeux fixés sur les enfants. C'était évidemment un rôdeur. Nous avons été, au premier moment, un peu effrayées, la directrice et nous, mais il est resté fort tranquille et au bout d'un moment il s'en est allé.

— Peut-être qu'il était fatigué et désirait se reposer un moment. Je pense que c'est le même vagabond qui a sonné ici ce matin. Vous dites qu'il était mal habillé.

— Oui, très pauvrement. Il pouvait avoir trente ans, trente-cinq tout au plus.

— C'est bien cela, murmura le Rév. Maxwell d'un air pensif.

— Avez-vous terminé votre sermon, Henry ? lui demanda sa femme après une pause.

— Oui, j'ai fini. J'ai eu une semaine terriblement remplie. Ces deux sermons par dimanche me donnent beaucoup de travail.

— J'espère qu'ils seront appréciés demain par une nombreuse assemblée, reprit sa femme, en souriant. Sur quoi prêchez-vous le matin ?

— Sur le devoir de suivre Christ. J'ai envisagé son œuvre au point de vue du sacrifice et de l'exemple, et j'ai montré ce que nous devons faire pour suivre ses traces.

— Je suis sûre que ce sera un beau sermon. Pourvu qu'il ne pleuve pas dimanche, nous avons eu tant de pluie ces derniers temps.

— Oui, l'assistance a été fort petite plusieurs dimanches de suite. Les gens ne vont pas à l'église quand il y a des tempêtes.

Le Rév. Maxwell soupirait en disant cela. Il pensait à toute la peine qu'il avait prise pour préparer des sermons destinés à des auditoires nombreux, qui, le dimanche matin venu, se trouvaient fort réduits.

Mais ce dimanche-là, le soleil se leva radieux sur la ville de Raymond, annonçant une de ces journées exquises, qui succèdent parfois à une longue période de vent, de pluie et d'humidité. L'air était clair et léger, le ciel sans nuage, aussi tous les paroissiens d'Henry Maxwell se préparaient-ils à aller à l'église. Quand le service commença, à 11 heures, la vaste nef se trouvait pleine de tout ce que Raymond contenait de mieux en fait de gens bien mis et d'aspect confortable.

La Première Église de Raymond se piquait de posséder la meilleure musique que l'argent pût procurer ; ce matin, comme toujours, son chœur mixte causa une vive jouissance à la congrégation. Il exécuta un chœur qui était une adaptation toute moderne de ce vieux cantique :

> La croix que Dieu me donne,
> A porter ici-bas…

Immédiatement avant le sermon, une magnifique voix de soprano chanta un hymne bien connu :

> Jésus aujourd'hui m'appelle,
> J'entends sa voix dans mon cœur.

Rachel Winslow était remarquablement belle, mais sa voix l'était plus encore que son visage, aussi un murmure d'admiration avait-il parcouru tous les rangs de l'auditoire, au moment où elle se levait pour s'avancer jusqu'au bord de la galerie de l'orgue. Le Rév. Maxwell l'écoutait confortablement assis au fond de sa chaire ; ce solo, placé à sa demande immédiatement avant le sermon, l'inspirait et contribuait, dans sa pensée, à établir d'emblée un courant sympathique entre son auditoire et lui.

Chacun se disait que, même dans la Première Église, on n'avait jamais entendu chanter ainsi et certainement, n'eût été la solennité du lieu et du moment, ce solo aurait été vigoureusement applaudi. Le Rév. Maxwell crut même discerner un certain bruissement de pieds et de mains qui le déconcerta légèrement ; mais quand il se leva pour ouvrir sa Bible, le silence s'était rétabli, si tant est qu'il eût été réellement troublé.

Personne n'avait jamais accusé Henry Maxwell d'être un prédicateur ennuyeux ; au contraire on lui reprochait parfois de cultiver, dans ses sermons, le genre sensationnel. Du reste, les membres de la Première Église n'en étaient pas fâchés, car cela donnait à leur prédicateur et à leur paroisse une originalité qui n'était point pour leur déplaire.

Au demeurant, le pasteur de la Première Église aimait à prêcher et faisait fort rarement des échanges. Il tenait à occuper sa chaire dimanche après dimanche. C'était pour lui une demi-heure enivrante que celle qu'il passait en face d'une église pleine, certain d'être écouté par un public de choix. Jamais il ne prêchait bien quand il avait devant lui un petit auditoire. Le temps aussi avait sur lui une influence positive. Pour donner toute sa mesure, il lui fallait une assemblée et une matinée comme celles de ce jour, aussi une bouffée de satisfaction lui montait au cerveau, tandis qu'il avançait dans son discours. Son Église était la première de la ville. Elle possédait le chœur le mieux exercé. Sa congrégation se composait de tout ce qui, à Raymond, représentait la fortune, la société, l'intelligence et le fait que les membres de son troupeau se recrutaient ainsi parmi la classe dirigeante lui donnait, à lui-même, une position et une influence exceptionnelles…

Le Rév. Maxwell pensait-il à toutes ces choses, tandis qu'il prononçait son sermon ? Il n'aurait pu l'affirmer, cependant il est certain qu'arrivé à la dernière phrase il se rendit compte que, ne fût-ce l'espace d'une seconde, il avait eu le sentiment très net de tous ces avantages, et que sa profonde satisfaction personnelle n'avait pas été étrangère au feu de son débit.

Son sermon était intéressant. Les phrases à effet, les pensées à l'emporte-pièce y abondaient ; imprimé, il se serait imposé à l'attention. Prononcé avec une éloquence entraînante, n'allant jamais jusqu'à la déclamation théâtrale, il avait produit une grande impression. Si le Rév. Maxwell se sentait satisfait de sa position, la congrégation de la Première Église l'était également de son conducteur et se félicitait de voir la chaire occupée par cet homme à la tournure distinguée, au visage intellectuel et fin, par ce prédicateur qui savait être animé sans être bruyant et chez lequel il n'y avait jamais ni vulgarité ni affectation.

Tout à coup, au milieu de cet accord parfait entre le prédicateur et son auditoire, il se produisit un faux ton absolument insolite et qui causa à toute l'assemblée un choc difficile à décrire. C'était si inattendu, si contraire à toutes les pensées des personnes présentes, que nul ne songea à s'y opposer d'une façon ou de l'autre.

Le Rév. Maxwell venait de refermer la grosse Bible sur les pages de son manuscrit. Le chœur se préparait à chanter un dernier cantique, quand la congrégation entière tressaillit en entendant la voix d'un homme retentir au fond de l'église, dans un des bancs placés sous la galerie. L'instant d'après, l'homme qui avait parlé sortit de l'ombre et s'avança vers le milieu de la nef.

Avant que l'assistance étonnée eût compris ce qui se passait, l'homme avait atteint l'espace libre, en face de la chaire et s'était arrêté, le visage tourné vers l'assemblée.

« Je me suis demandé, depuis que je suis entré ici, commença-t-il, en répétant les paroles qu'il avait prononcées sous la galerie, si ce serait une chose à faire que de dire un mot à la fin du service. Je ne suis pas ivre, je ne suis pas fou, je suis parfaitement inoffensif; mais si je meurs, comme il est probable que ce sera le cas dans quelques jours, j'aurai du moins la satisfaction d'avoir dit ce que j'ai sur le cœur, dans un lieu comme celui-ci et juste devant cette sorte de monde ».

Henry Maxwell n'avait pas repris sa place, il se tenait debout, appuyé sur le bord de la chaire et regardait l'étranger. C'était l'homme qui s'était présenté chez lui le vendredi matin; il portait toujours ses habits poussiéreux et râpés, et serrait toujours entre ses mains, d'un geste qui semblait lui être familier, son feutre déformé. Jamais, assurément, la Première Église n'avait vu sur ses bancs pareil auditeur. Les membres de cette Église connaissaient cette face de l'humanité pour l'avoir rencontrée dans les rues, autour des ateliers du chemin de fer, ou rôdant le long des boulevards ; mais jamais ils n'avaient rêvé un incident semblable à celui auquel ils assistaient.

Il n'y avait rien d'offensif dans la voix ou les manières de cet homme. Il n'était pas excité et parlait d'une voix basse quoique distincte. Malgré l'étonnement dont il était saisi, Henry Maxwell se rappelait, en l'entendant, une personne qu'il avait vue parler et marcher en dormant.

Personne dans l'église ne fit un mouvement pour arrêter l'étranger, aucun bruit ne l'interrompit. Lui, d'ailleurs, continuait son discours comme si la pensée d'une interruption possible ne l'abordait même pas, et comme s'il ne se doutait en aucune façon de l'élément hétéroclite qu'il introduisait dans le service de cette Première Église, si connue pour son décorum. Tandis qu'il parlait, le visage d'Henry Maxwell devenait de plus en plus sombre et triste, et du haut de la galerie de l'orgue, Rachel Winslow regardait aussi, pâle d'émotion et d'intérêt, l'homme aux vêtements sordides et au chapeau crasseux.

« Je ne suis pas un rôdeur de profession, je tiens à le dire, bien que je ne sache pas que Jésus ait jamais enseigné qu'il y ait des misérables moins dignes que d'autres d'être sauvés. Connaîtriez-vous peut-être une de ses paroles qui dise le contraire ? »

Il posait cette question aussi simplement que s'il s'était trouvé dans une petite réunion d'étude biblique, puis il s'arrêta pour tousser péniblement. Au bout d'un moment, il reprit la parole.

« J'ai perdu ma place il y a de cela dix mois. Je suis typographe de mon métier. Les nouvelles machines à composer sont de beaux spécimens d'invention, mais je connais six hommes qu'elles ont tués depuis une année. Je ne blâme pas les journaux de ce qu'ils se procurent ces machines, mais en attendant, que peuvent faire les ouvriers ? Je n'ai jamais appris d'autre métier, c'est tout ce que je sais faire. J'ai couru tout le pays cherchant de l'ouvrage. Ils sont beaucoup dans le même cas que moi. Je ne me plains pas, n'est-ce pas ? J'expose seulement un fait. Seulement je me demandais, quand j'étais assis sous cette galerie, si ce que vous appelez suivre Jésus est bien la même chose qu'il entendait lui-même. Qu'entendait-il quand il disait : « Suivez-moi ? » Le pasteur disait… — ici l'homme se tourna pour regarder la chaire — il disait qu'il était nécessaire pour les disciples de Jésus de suivre ses traces, et il ajoutait que ses traces sont l'Obéissance, la Foi, l'Amour et l'Imitation. Mais je n'ai pas entendu qu'il ait expliqué ce que cela signifie, surtout en ce qui concerne le dernier de ces pas. Qu'est-ce que les chrétiens entendent sous cette expression : suivre les traces de Jésus ? J'ai erré dans votre ville pendant trois jours, cherchant de l'embauche et je n'ai pas entendu un mot de sympathie ou de consolation, excepté de la part de votre ministre qui m'a dit qu'il était fâché pour moi, et qu'il espérait que je trouverais de l'ouvrage. Je ne blâme personne, n'est-ce pas ? Je constate seulement. Je comprends parfaitement que vous ne pouvez pas vous mettre tous en quête d'une occupation pour un homme comme moi. Je ne vous demande pas de le faire, mais ce qui m'intrigue c'est de savoir ce que veut dire cette expression : suivre Jésus ? Voulez-vous dire que vous souffrez, que vous renoncez à vous-même, et que vous cherchez à sauver l'humanité perdue, ainsi que Jésus l'a fait, à ce que je crois comprendre ? Je suis placé de façon à voir l'envers des choses et je puis affirmer qu'il y a dans cette ville plus de cinq cents individus dans la même situation que moi. Beaucoup d'entre eux ont des familles à soutenir. Ma femme est morte il y a quatre mois. Je suis heureux de la sentir à l'abri de la misère. Ma petite fille est chez un typographe de mes amis, jusqu'à ce que j'aie retrouvé une place. Et je ne puis m'empêcher d'être troublé quand j'entends un si grand nombre de chrétiens, vivant dans le luxe, chanter :

> La croix que Dieu me donne,
> A porter ici-bas…

et que je me souviens que ma femme est morte dans un bouge, à New-York, manquant d'air et suppliant Dieu de reprendre l'enfant en même temps qu'elle. Je ne prétends pas que vous puissiez empêcher les gens de mourir de misère, mais qu'est-ce que cela veut dire : suivre Jésus ? Vous ne pouvez pas faire circuler l'air dans les chambres où nous étouffons, mais on me dit que beaucoup des antres que nous sommes obligés de louer appartiennent à des chrétiens. Le propriétaire de celui où ma femme est morte est membre d'une Église, et je me suis demandé s'il est bien vrai qu'il suit Jésus. La nuit passée, j'ai entendu des gens chanter dans une réunion de prière :

> De ma vie, heure par heure,
> Que ta main règle le cours,
> Car désormais je demeure
> A tes ordres pour toujours,

et je me demandais, assis sur les marches du perron de l'église, ce qu'ils pouvaient bien vouloir dire par là. Il me semble qu'il y a dans le monde un énorme lot de misères qui n'existeraient pas, si tous les gens qui chantent des paroles pareilles allaient et les mettaient en pratique. Je suppose que je n'y entends rien. Mais que ferait Jésus ? Et prétendez-vous, vraiment, suivre ses traces ? Il me semble parfois que le peuple qui remplit les belles églises des villes a de beaux habits, de belles maisons, de l'argent à dépenser pour s'accorder toutes sortes d'objet de luxe, des voyages, des vacances, tandis que le peuple, qui se tient en dehors, court les rues pour trouver de l'ouvrage, s'élève dans la misère et l'ivrognerie et meurt dans des taudis… »

A ce moment l'homme s'inclina du côté de la table de communion et tendit la main pour s'y cramponner. Son chapeau roula à ses pieds. Un frémissement se fit sentir dans toute l'assemblée. Le Dr West se leva et s'élança vers l'étranger qui passa son autre main, à plusieurs reprises, sur ses yeux puis, sans un cri, s'affaissa et tomba tout de son long sur les dalles.

— Nous considérons le service comme terminé, s'écria Henry Maxwell du haut de sa chaire. L'instant d'après il s'agenouillait à côté de la forme inerte étendue à terre. Tout le monde s'était levé, mais personne ne sortait. Enfin le Dr West déclara que l'étranger vivait encore. C'est un évanouissement, dit-il, en ajoutant quelques mots dans lesquels on ne distingua que : « maladie de cœur ».

Quelques messieurs s'approchèrent, pour aider le pasteur et le docteur à transporter l'homme, toujours évanoui, dans la sacristie. Il respirait bruyamment, mais ne donnait aucun signe de connaissance. Quand on en vint à se demander ce qu'il fallait en faire, le pasteur insista pour le prendre chez lui. Rachel Winslow, qui était entrée dans la sacristie sans être aperçue, s'offrit également à l'héberger. Nous avons de la place, dit-elle, et je suis certaine que ma mère serait heureuse de se charger de lui. Elle paraissait étrangement excitée, mais personne n'y prit garde. Au fait, ils l'étaient tous, et ils avaient bien de quoi l'être, car jamais événement si étrange ne s'était passé dans la Première Église. Mais le pasteur insista, et quand la voiture qu'on était allé quérir emmena le malade, ce fut vers le presbytère qu'elle se dirigea. Avec l'entrée de ce pauvre fragment d'humanité dans cette demeure, commençait un nouveau chapitre de la vie d'Henry Maxwell, mais personne, et lui-même moins encore que les autres, ne se doutait du changement remarquable que ce simple fait allait opérer dans sa manière de comprendre la tâche d'un disciple du Christ.

L'événement produisit une grande sensation dans la paroisse de la Première Église de Raymond. Pendant une semaine on ne parla pas d'autre chose. L'opinion générale était que l'homme était entré dans l'église dans un état de trouble mental causé par la misère, et qu'il avait parlé dans une sorte de délire, sans savoir le moins du monde à qui il s'adressait. C'était l'explication la plus charitable de son acte ; d'ailleurs, chacun s'accordait à reconnaître qu'il y avait dans tout ce qu'il avait dit une singulière absence d'amertume ou de rancune. Il avait parlé tout le temps d'une voix douce, et comme en s'excusant ; on aurait vraiment pu le prendre pour un membre de la congrégation cherchant à s'éclairer sur un sujet très difficile à comprendre.

Le troisième jour qui suivit son transfert dans la maison

du pasteur, il se produisit chez lui un changement marqué. Le docteur déclara que la fin approchait. Cependant, le samedi, il vivait encore, bien qu'il se fût rapidement affaibli vers la fin de la semaine. Le dimanche matin, comme l'horloge venait de sonner une heure, il se ranima tout à coup et demanda si sa petite fille était arrivée. M. Maxwell l'avait envoyé chercher, dès qu'il avait pu trouver son adresse dans une lettre cachée au fond d'une des poches du moribond.

— Elle est en route, elle sera bientôt ici, répondit le pasteur en penchant vers lui son visage fatigué par plusieurs nuits de veille.

— Je ne la reverrai jamais en ce monde, murmura l'homme, puis il ajouta, parlant avec peine : Vous avez été bon pour moi. Il me semble que c'est ce qu'aurait fait Jésus. Peu après il tourna la tête vers la paroi et, avant qu'Henry Maxwell eût pu s'en douter, le dernier souffle s'arrêtait sur ses lèvres.

La matinée s'annonçait radieuse, comme celle du dimanche précédent. Quand Henry Maxwell monta l'escalier de la chaire, il vît devant lui une des plus nombreuses assistances qui eût jamais rempli l'église. Il avait l'air si hagard qu'on aurait pu le croire à peine remis d'une longue maladie. Sa femme était restée à la maison auprès de la petite fille, arrivée par le premier train, une heure après la mort de son père. Celui-ci reposait dans la chambre d'ami, délivré de toutes ses misères, et tandis qu'il ouvrait la Bible, le pasteur croyait avoir devant lui son visage émacié et rigide.

Personne, dans l'assemblée, ne se souvenait d'avoir jamais

entendu M. Maxwell prêcher sans notes, ainsi qu'il le faisait en cet instant. Peut-être cela lui arrivait-il parfois, au début de son ministère, mais depuis longtemps il écrivait ses sermons avec beaucoup de soin. On s'apercevait, vraiment, qu'il n'avait pas pris la peine, ou le temps, de se préparer ainsi les jours précédents. Il parlait avec hésitation, comme s'il avait été sous l'empire d'une préoccupation sans rapport avec son texte. Il prononça, cependant, la fin de son discours avec une force qui manquait d'une façon pénible à sa première partie. Enfin il ferma la grande Bible et, penché sur le rebord de la chaire, il se mit à parler de la scène qui se déroulait devant lui une semaine auparavant.

« Notre frère, — ces paroles, dans la bouche d'Henry Maxwell, résonnaient d'une façon étrange, — notre frère est mort ce matin. Je n'ai pu encore apprendre son histoire. Les papiers qu'il portait sur lui m'ont appris qu'il avait une sœur à Chicago. Je lui ai écrit mais n'en ai pas encore reçu de réponse. Sa petite fille est chez nous et y restera pour le moment ».

Il s'arrêta et promena ses regards d'un bout à l'autre de l'église. Il se dit que jamais, durant tout le cours de son ministère, il n'y avait vu autant de visages sérieux et recueillis. Il ne se sentait pas capable, en cet instant, de raconter à ses paroissiens toutes les expériences faites durant la crise qu'il traversait ; mais quelque chose de son émotion se communiquait à eux et il comprit que ce ne serait pas agir inconsidérément que de leur dire quelque chose de ce qui remplissait son cœur. Il reprit donc la parole :

« L'expression et les paroles de cet étranger ont produit sur moi, dimanche dernier, une puissante impression. Je ne puis vous cacher que ce qu'il nous a dit m'a forcé à me demander, comme je ne l'avais jamais fait auparavant : « Qu'est-ce donc que suivre Jésus ? » Je ne me sens pas en position de prononcer une condamnation sur vous, ni même sur moi, au sujet de nos relations, en tant que chrétiens, avec cet homme ou la partie de la société qu'il représente. Mais tout cela ne m'empêche pas de penser qu'il y avait des choses si vraies dans ce qu'il nous a dit, que nous devons, ou chercher à répondre aux questions qu'il nous posait, ou nous résigner à passer condamnation comme disciples du Christ. Ce que nous avons entendu ici, il y a huit jours, était, au fond, un défi jeté au christianisme, tel qu'il se manifeste dans nos Églises. Je l'ai senti, dès lors, avec une netteté qui n'a fait que croître chaque jour. Et je ne crois pas retrouver jamais un moment plus propice que celui-ci pour vous exposer un plan, ou un projet, qui me paraît devoir répondre aux reproches qui nous ont été adressés ici et dont vous vous souvenez tous. »

Henry Maxwell fit encore une pause pour regarder son auditoire. Il y avait des hommes et des femmes de valeur dans la Première Église. Le pasteur voyait devant lui Edouard Norman, le rédacteur du *Journal de Raymond*, qui était membre de son église depuis dix ans. Personne n'était plus honoré que lui dans la communauté. Il voyait Alexandre Power, le directeur des ateliers du chemin de fer ; Donald Marsh, président du lycée Lincoln ; Milton Wright, l'un des principaux négociants de Raymond, qui employait au moins une centaine de commis dans ses vastes magasins ; le Dr West qui, bien que jeune encore, était considéré comme une autorité dans les cas chirurgicaux et Jasper Chase, le romancier dont le premier ouvrage venait de remporter un éclatant succès. Il voyait aussi Virginia Page, l'héritière, que la mort récente de son père avait mise en possession d'une fortune s'élevant à plus d'un million de dollars et qui était, en outre, exceptionnellement bien douée de toute façon. Enfin il distinguait, sur la galerie réservée au chœur, Rachel Winslow, dont le visage brillait, en cet instant, d'un éclat inaccoutumé, causé par l'attention intense avec laquelle elle suivait ce qui se passait au-dessous d'elle.

Bien souvent, à la vue de toutes ces individualités marquantes, douées de caractères forts et vigoureusement trempés, Henri Maxwell avait éprouvé une satisfaction intense à se dire que c'étaient là des membres de son Église. Mais ce matin-là il se demandait seulement comment ils accueilleraient l'étrange proposition qu'il se préparait à leur faire. Enfin il reprit la parole, lentement et d'une voix contenue, et tout son auditoire se dit que jamais, même dans ses mouvements oratoires les plus dramatiques, il n'avait produit une pareille impression :

« Ce que je vais -vous proposer, dit-il, ne devrait pas paraître extraordinaire, ni d'une exécution impossible. Et pourtant je ne me dissimule pas que c'est ce qu'une partie, une très large partie peut-être, de mon auditoire déclarera. Cependant je ne vous en exposerai pas moins mon plan, de la façon la plus simple et la plus catégorique possible, afin de dissiper d'emblée toute espèce de malentendu. Je demande des volontaires, pris parmi les membres de la Première Église, qui s'engagent sérieusement et honnêtement à ne rien faire, durant toute une année, sans se poser au préalable cette question : « que ferait Jésus ? » Et, après se l'être proposée, chacun suivra l'exemple de Jésus aussi exactement que possible, quoi qu'il en puisse résulter. Il va de soi que je m'enrôle moi-même dans cette compagnie de volontaires et que je prie d'avance mon Église de ne pas se formaliser de ma conduite, et de ne point s'opposer à mes décisions, tant qu'elles seront conformés à ce que Christ ferait. Me suis-je exprimé clairement ? A l'issue de ce service je prie tous les membres de l'Église qui seraient disposés à se joindre à moi de rester ici, afin que nous puissions discuter les détails de notre plan. Notre devise sera : « Que ferait Jésus ? » Notre but, d'agir exactement comme il le ferait, s'il était à notre place, sans nous préoccuper de ce qu'il en adviendra. En d'autres termes, nous nous proposons de suivre les traces de Jésus, non en principe mais en réalité, ainsi qu'il a enseigné à ses disciples à le faire. Et ceux qui y consentiront s'engageront pour une année entière à partir d'aujourd'hui. »

Il serait difficile de décrire la sensation produite par les paroles d'Henry Maxwell. On n'était pas habitué à l'entendre définir ainsi le christianisme, et on se regardait avec un étonnement voisin de la stupeur. Chacun, évidemment, comprenait fort bien ce qu'il proposait, mais les opinions différaient au sujet de l'opportunité de sa proposition, et de cette façon d'envisager la vie chrétienne.

Le pasteur termina le service par une courte prière, après laquelle l'assistance se disposa à sortir dans un état d'animation tout à fait inusité. Les conversations s'engageaient dans l'église même, des groupes obstruaient les couloirs et discutaient à haute voix la proposition du ministre, aussi un temps assez long s'écoula-t-il avant que la vaste nef se trouvât entièrement vide. Enfin M. Maxwell se dirigea vers la salle de la bibliothèque, où les membres de l'Église avaient coutume de se réunir, quand ils avaient quelque question à traiter. Il tressaillit en voyant le nombre de ceux qui la remplissaient. Il ne s'était pas demandé qui seraient ceux qui se joindraient à lui, mais il s'attendait à être très peu suivi, tandis qu'il se trouvait en face d'une cinquantaine de personnes, parmi lesquelles il distinguait Rachel Winslow et Virginia Page, MM. Norman, le président Marsh, Alexandre Power, Milton Wright, le Dr West et Jasper Chase.

Il ferma la porte derrière lui et s'arrêta. Il était pâle et ses lèvres tremblaient d'émotion. Il sentait que l'heure présente était d'une importance incalculable pour lui et pour son Église, et que ce qu'il allait dire lui était si certainement dicté par le Saint-Esprit, que personne ne pouvait en prévoir les résultats. Il ne comprenait pas lui-même toute la signification de la crise intense qu'il traversait ; il savait seulement que toutes ses notions concernant la vie chrétienne venaient d'être bouleversées, et que la conception nouvelle qu'il commençait à en avoir atteignait en lui des profondeurs de sentiments insoupçonnées jusqu'alors.

Sa première parole fut pour demander à ceux qui l'entouraient de se joindre à lui dans la prière. Jamais encore ils ne l'avaient entendu prier ainsi ; tous sentaient que l'Esprit divin agissait au milieu d'eux ; il leur semblait qu'il remplissait la chambre d'une manière, presque visible. Un moment de silence solennel succéda à la prière. Toutes les têtes restaient baissées, des larmes remplissaient les yeux d'Henry Maxwell. Si une voix du ciel était venue donner sa sanction à l'engagement qu'ils prenaient tous de suivre le Maître aucun d'eux ne se serait senti plus assuré de la bénédiction qui descendait sur eux.

Et c'est ainsi que commençait le mouvement religieux le plus sérieux qui se fût jamais produit dans la Première Église de Raymond.

Nous comprenons tous, dit enfin M. Maxwell d'une voix contenue, ce que nous voulons faire. Nous nous engageons à nous demander, à chaque pas de notre vie quotidienne : « Que ferait Jésus ? », et à agir en conséquence, quoi qu'il puisse en résulter pour nous. Peut-être vous dirai-je un jour le changement profond qui s'est fait en moi au cours de la semaine dernière. Aujourd'hui je ne le puis pas. Il suffit que vous sachiez que les expériences par lesquelles j'ai passé depuis dimanche dernier m'ont laissé un tel mécontentement, au sujet de l'idée que je m'étais faite jusqu'ici de la tâche d'un disciple de Jésus, que j'ai été forcé d'agir comme je le fais aujourd'hui. Je n'aurais pas osé prendre cette initiative seul, mais je me sens conduit par la main du Dieu d'amour et je sais qu'en venant ici, vous obéissez tous à la même impulsion qui m'a forcé à vous parler. Sommes-nous bien tous d'accord sur ce que nous allons entreprendre ?

— J'aurais une question à poser, dit Rachel Winslow.

Chacun se tourna de son côté, son visage rayonnait d'une beauté presque surnaturelle.

— J'éprouve quelque doute au sujet de notre connaissance de la manière dont Jésus agirait, continua-t-elle. Qui décidera pour moi de ce qu'il ferait exactement s'il était à ma place ? Notre époque est différente de celle à laquelle il vivait. Il y a dans notre civilisation bien des questions troublantes auxquelles il n'a jamais fait allusion dans ses enseignements. Comment saurai-je ce qu'il ferait maintenant ?

— Je ne sais qu'un moyen de résoudre la question, répondit M. Maxwell, c'est d'étudier Jésus par le moyen du Saint-Esprit. Vous vous rappelez ce que lui-même a dit à ses disciples :

« Quand le Consolateur sera venu, l'Esprit de vérité, il vous conduira dans toute la vérité ; car il ne parlera pas de lui-même, mais il dira tout ce qu'il aura entendu, et il vous annoncera les choses à venir. Il me glorifiera, par ce qu'il prendra de ce qui est à moi, et vous l'annoncera. Tout ce que le Père a est à moi ; c'est pourquoi j'ai dit qu'il prend de ce qui est à moi, et qu'il vous l'annoncera. »

Je ne connais pas d'autre preuve. Nous aurons à décider ce que Jésus ferait, après avoir puisé à cette source de la connaissance.

— Mais ne pourrait-il pas arriver que d'autres prétendent que nous agissons comme Jésus ne l'aurait pas fait ? demanda le directeur général des ateliers du chemin de fer.

— C'est inévitable. L'essentiel c'est que nous soyons honnêtes vis-à-vis de nous-mêmes. Votre manière de juger de ce que doivent être nos actes, en tant que chrétiens, ne peut pas varier beaucoup d'un cas à l'autre.

— Et pourtant ce qu'un membre de l'Église considère comme la chose que Jésus ferait, un autre le déclare impossible à mettre en pratique. Comment rendrons-nous notre conduite uniforme ? Pourrons-nous arriver, à propos de chaque cas, à une conclusion identique, demanda le président Marsh.

— Non, je ne crois pas que nous devions nous attendre à cela, répondit M. Maxwell après un moment de silence. Mais, encore une fois, si nous cherchons sincèrement et de tout notre cœur à suivre les traces de Jésus, je ne puis croire qu'il se produise de grands écarts entre nos manières de résoudre les questions qui se poseront à nous. Il nous faudra nous garder d'un côté du fanatisme, de l'autre de trop de prudence. Si Jésus est l'exemple proposé au monde, il est certainement possible de le suivre. Mais n'oublions pas que nous serons tenus, après avoir sollicité les lumières du Saint-Esprit, d'agir strictement d'après les indications qu'il nous donnera. C'est entendu entre nous, n'est-ce pas ?

Il y avait dans tous les visages tournés vers lui une telle intensité d'acquiescement, qu'une émotion poignante fit trembler les lèvres d'Henry Maxwell et le secoua tout entier.

Ils restèrent encore un moment ensemble, discutant des questions de détails, et se promettant de se réunir chaque semaine, pour mettre en commun le résultat de leurs expériences.

Avant de se séparer, ils écoutèrent encore, dans un recueillement profond, une prière prononcée par Henry Maxwell, puis ils se séparèrent en silence, après avoir, les uns après les autres, serré la main de leur pasteur.

Resté seul, celui-ci s'agenouilla et resta longtemps la tête cachée dans ses mains. Rentré chez lui, il se rendit tout droit à la chambre où reposait l'homme qui était mort le matin, et là, en face de ce visage rigide, il cria encore à Dieu, le suppliant de lui donner la force et la sagesse dont il sentait avoir un si grand besoin. Mais, même alors, il ne réalisait pas l'importance du mouvement qui venait de commencer, il ne se doutait pas qu'il allait aboutir à une série d'événements, plus remarquables qu'aucun de ceux qui s'étaient passés jusqu'alors dans la ville de Raymond.

Chapitre II

> Celui qui dit qu'il demeure en lui doit marcher aussi comme il a marché lui-même.
>
> (1Jean 2.6)

Le lundi matin, Edouard Norman, le rédacteur en chef du *Journal de Raymond*, songeait, assis devant son pupitre, au mobile qui allait désormais décider de ses actions. Il s'était engagé de bonne foi à ne se laisser diriger en toutes choses que par cette question : « Que ferait Jésus ». Il croyait s'être rendu compte d'emblée de tout ce qui pourrait résulter de cette nouvelle direction donnée à sa vie, mais en cet instant, au moment de reprendre le cours régulier de son activité et de rentrer dans le tourbillon des affaires journalières, il éprouvait une hésitation assez voisine de la peur. Comme il était descendu à son bureau de très bonne heure, il s'y trouvait encore complètement seul et, peu à peu, tandis qu'il considérait sa situation, un désir aussi intense que nouveau s'emparait de lui. Ainsi que tous les membres de la petite compagnie enrôlée au service littéral du Christ, il avait encore à comprendre que l'Esprit de vie allait se manifester en lui comme jamais jusqu'ici. Il se leva, ferma sa porte, et fit ce qu'il n'avait pas fait depuis des années : il s'agenouilla devant son pupitre et demanda à être guidé pas à pas par la divine Sagesse, puis il se releva, résolu à suivre les directions qui lui seraient suggérées, au fur et à mesure, par les événements de la journée. Maintenant que l'heure était venue de se mettre à l'œuvre, il se disposait à l'accomplir vaillamment, fort de l'appui qu'il venait de solliciter.

Il ouvrit sa porte et se remit à sa besogne. Le rédacteur en second venait d'entrer dans la salle voisine, et l'un des reporters faisait déjà courir ses doigts sur le clavier d'une machine à écrire. Lui-même saisit une plume et s'absorba dans l'article du jour, qu'il écrivait toujours en personne. La voix du metteur en pages lui fit bientôt lever la tête :

— Voilà l'article concernant le concours de lutte d'hier, disait-il. Il remplira trois colonnes et demie, je suppose qu'il peut passer en entier.

Edouard Norman avait coutume de s'occuper lui-même, jusque dans les détails, de tout ce qui concernait son journal, et on le consultait à propos des moindres articles, mais souvent, comme dans le cas présent, cette consultation n'était qu'une simple formalité.

— Oui..., c'est-à-dire non. Montrez-moi cela.

Il prit la copie qu'on lui tendait et la parcourut avec attention, puis il la posa devant lui et réfléchit un instant, les sourcils froncés, le front anxieux.

— Non, cela ne passera pas aujourd'hui, dit-il enfin. Le rédacteur en second, qui écoutait, debout sur le seuil séparant les deux chambres, crut avoir mal entendu et s'écria :

— Que voulez-vous dire ? Ne pas insérer cet article ?

— Oui, c'est bien ce que j'entends, jetez-le au panier.

— Mais !... il regardait son chef comme s'il avait perdu la tête.

— Je prétends, Clark, que ce compte rendu ne doit pas être publié, voilà tout, répondit Edouard Norman en levant les yeux de dessus son pupitre.

Il était rare que ses employés discutassent avec lui, son opinion faisait loi, et il ne changeait que fort rarement sa manière de voir. Cependant, le cas qui se présentait semblait si extraordinaire, que Clark ne put s'empêcher d'exprimer sa pensée.

— Voulez-vous vraiment dire que le journal ne parlera pas du concours d'hier ?

— Oui, c'est bien ce que je prétends.

— Mais, c'est impossible ! Songez-y, un concours qui a passionné la ville... des lutteurs de premier ordre... des paris importants engagés... que diront nos abonnés ? Ce serait simplement... Ici Clark s'arrêta ; il cherchait une expression assez énergique pour caractériser tout ce que cette omission sans précédent aurait d'inouï.

Edouard Norman regardait son rédacteur en second d'un air pensif. Clark appartenait à une autre Église que lui, jamais encore ces deux hommes n'avaient abordé ensemble des questions religieuses, quand même ils travaillaient depuis des années au même journal.

— Entrez un instant ici, Clark, et fermez la porte derrière vous, dit Norman au bout d'un instant.

Clark obéit et les deux hommes se considérèrent en silence pendant quelques minutes. Enfin Norman s'écria :

— Clark, si le Christ éditait un journal, croyez-vous, honnêtement, qu'il publierait trois colonnes et demie au sujet d'une fête telle qu'a été celle d'hier.

Clark fit un geste de stupéfaction, puis il répondit :

— Non, je ne le crois pas !

— Eh bien, c'est ma seule raison pour ne pas insérer ce compte rendu. Je me suis engagé à ne faire, pendant une année entière, aucune chose que je considérerais comme opposée à ce que ferait Jésus.

Clark n'aurait certainement pas eu l'air plus étonné si son chef était subitement devenu fou. A la vérité il pensait que quelque chose d'insolite se passait dans son cerveau car, jusqu'alors, il lui avait toujours paru posséder un jugement particulièrement sain.

— Quel effet cela aura-t-il sur le *Journal,* dit-il enfin.

— Qu'en pensez-vous ? demanda Norman.

— Je pense que cela le ruinera, ni plus ni moins, répondit sans hésiter Clark, qui se remettait de son étonnement et se disposait maintenant à tenir tête à son chef. Il n'est pas possible, aujourd'hui, absolument pas possible, de rédiger un journal d'après ce principe. C'est se proposer un idéal beaucoup trop élevé pour être accessible à notre monde ; lui obéir équivaudrait à se couper les vivres. Vous pouvez être absolument certain qu'en refusant d'insérer ce compte rendu de fête, vous vous exposez à perdre des centaines d'abonnés, point n'est besoin d'être prophète pour vous prédire cela. Tout ce qu'il y a de mieux en ville se réjouit de le lire. Chacun s'est intéressé à cette lutte et la première chose que l'on cherchera, en ouvrant son journal, ce sera un article qui en donne les résultats. Vous ne pouvez pas méconnaître à ce point les désirs du public. Si vous le faisiez, ce serait, à mon avis, une grosse faute.

Edouard Norman resta un moment silencieux, puis il dit avec autant de calme que de fermeté.

— Clark, quelle est, selon vous, sincèrement parlant, la règle véritable qui devrait déterminer notre conduite ? La seule règle juste est-elle celle que Jésus lui-même suivrait ? Affirmeriez-vous que la loi la plus haute à laquelle un homme puisse obéir est celle qui consisterait à suivre ses traces, le plus littéralement possible ? En d'autres termes, croyez-vous, oui ou non, que nous soyons appelés à suivre l'exemple de Jésus dans notre vie journalière ?

Clark rougit et s'agita pendant un moment sur sa chaise, avant de répondre à la question de son chef.

— Hem ! non… c'est-à-dire… oui, je pense que si vous vous placez au point de vue de ce que nous devrions faire, il n'y a pas d'autre règle de conduite pour nous. Reste à savoir si la chose est faisable, et si un journal, rédigé d'après cette règle, pourrait rapporter quelque chose. Pour réussir dans la presse, nous devons nous plier aux coutumes et aux méthodes admises par la société à laquelle nous nous adressons. Nous ne pouvons pas agir comme si nous habitions un monde idéal.

— Voulez-vous dire que vous ne croyez pas qu'il soit possible de rédiger notre journal dans un esprit strictement chrétien, sans nuire à son succès ?

— Oui, c'est justement ce que je pense. C'est impossible. Ce serait la banqueroute d'ici à trente jours.

Edouard Norman ne répondit pas tout de suite. Il était visiblement préoccupé.

Nous en reparlerons, Clark, dit-il enfin, mais il importe que nous soyons, dès aujourd'hui, au clair l'un vis-à-vis de l'autre. Je me suis engagé à rédiger mon journal, pendant une année entière, en me demandant toujours : « que ferait Jésus ? » et en suivant strictement la réponse que me dictera ma conscience. Je crois encore que nous pourrons réussir cependant, non seulement aussi bien, mais mieux que par le passé.

Clark se leva en disant :

— Alors ce compte rendu ne paraîtra pas ?

— Non. Nous ne manquons pas de copie à mettre à sa place. Vous savez vous-même combien d'articles intéressants nous avons en réserve.

Clark hésitait encore :

— Direz-vous quelque chose pour expliquer l'absence de toute mention de cette fête ?

— Non, le journal sera tout bonnement imprimé comme si elle n'avait pas eu lieu.

Clark sortit de la chambre et retourna à son pupitre avec la sensation qu'il aurait eue si le plancher s'était tout à coup dérobé sous ses pieds. Il était à la fois étonné, consterné, excité, — en un mot il enrageait positivement. Le grand respect qu'il éprouvait pour Norman empêchait son indignation croissante et son dégoût de se manifester trop ouvertement, mais il n'en était pas moins de plus en plus consterné du changement qui venait de se produire dans la direction du journal, et de plus en plus convaincu qu'il ne pourrait en résulter qu'une ruine complète.

Avant midi tout le personnel du journal savait cette chose incroyable : que le numéro du jour allait paraître sans que le fameux concours de lutteurs de la veille y fût seulement mentionné. L'étonnement causé par ce simple fait dépassait toute description, et chacun le discutait à sa façon. A deux ou trois reprises durant la journée, M. Norman eut l'occasion de traverser les bureaux et les locaux de l'imprimerie ; chaque fois les têtes se tournèrent sur son passage et des regards curieux interrogèrent son visage. Il se sentait observé avec une étrange insistance, mais il ne fit aucune observation et resta aussi calme que s'il ne se fût aperçu de rien d'insolite.

Il avait modifié sur plusieurs points de détail la composition du journal, mais d'une façon si discrète qu'elle ne frappait personne. Il sentait qu'il avait besoin de temps, et d'un considérable effort de jugement pour trancher de la bonne manière la question toujours présente à sa pensée. Ce n'était pas le manque de choses à réformer qui l'empêchait d'agir immédiatement, mais l'incertitude où il était encore au sujet de ce que Jésus aurait fait s'il se trouvait à sa place.

Quand le *Journal de Raymond* parut, dans la soirée, il causa une véritable stupéfaction à ses abonnés. Le compte rendu de la lutte n'aurait pas produit la centième partie de la sensation due à son omission. Non seulement les abonnés, mais une foule d'acheteurs au numéro ne cherchaient que cela en le dépliant. Et, ne le trouvant pas, ils couraient aux kiosques acheter d'autres journaux. Les revendeurs eux-mêmes, qui ne se doutaient point de l'incroyable lacune que rien ne faisait prévoir, criaient de bonne foi : « Lisez dans le *Journal de Raymond* le compte rendu détaillé du grand concours de lutteurs. »

Un homme qui venait d'acheter et de parcourir la grande feuille quotidienne, en général si bien renseignée, « rappela le garçon qui la lui avait vendue en lui disant avec colère :

— Il n'y a pas un mot au sujet de la lutte là-dedans, à quoi pensez-vous de vendre de vieux numéros ?

— De vieux numéros ! Comment donc ? Je sors de l'imprimerie. Regardez la date, donc !

— N'empêche qu'il n'est pas question de la fête d'hier, regardez-vous-même !

L'acheteur rendit le journal au jeune garçon ; celui-ci le parcourut d'un seul regard, puis se mit à siffler d'un air consterné.

— Sam ! appela-t-il, en apercevant à quelque distance un autre revendeur, laissez-moi regarder un de vos exemplaires du

Journal de Raymond.

Il n'eut pas de peine à se convaincre que la pile d'exemplaires de son concurrent ne différait en aucune façon de la sienne.

— Dépêchez-vous de me vendre un autre journal. N'importe lequel, pourvu qu'il me renseigne sur les résultats du concours ! Et le monsieur, aussitôt servi, s'éloigna, laissant les deux garçons en face l'un de l'autre.

— Ils ont eu la berlue, au journal, pour sûr, ou on leur a joué un mauvais tour, s'écria le, premier qui se mit à courir dans la direction où se trouvaient les bureaux de la feuille incriminée, afin de s'informer de ce qui s'y était passé.

Plusieurs autres revendeurs se pressaient déjà dans la salle où se distribuait le journal. Les réclamations, vociférées aux oreilles de l'employé chargé de ce département, eussent rendu fou quelqu'un moins habitué que lui à de bruyantes manifestations.

M. Norman, qui se disposait justement à rentrer chez lui, s'arrêta, attiré par ce bourdonnement de voix, sur le seuil de la porte pour s'informer de ce qui se passait.

— Ces garçons se plaignent de ce qu'ils ne peuvent vendre les numéros du journal, parce que les résultats du concours de lutte ne s'y trouvent pas, répondit l'employé interpellé, en regardant son chef d'un air curieux, comme l'avaient fait, au cours de la journée, tant d'autres de ses camarades.

M. Norman hésita un moment, puis il entra dans la salle et s'adressa aux réclamants.

— Combien d'exemplaires avez-vous là ? leur dit-il. Faites-en le compte, ce soir c'est moi qui les achète.

Ils ne se le firent pas dire deux fois et se mirent à compter fiévreusement les exemplaires non vendus.

— Donnez-leur l'argent qui leur revient, Georges, continua le rédacteur, et s'il vient encore d'autres personnes se plaindre de ce qu'il leur reste des exemplaires, payez-les leur également. Puis se tournant vers les garçons présents, il ajouta : Êtes-vous satisfaits ?

— Satisfaits ! Cela ne se demande pas ! Mais, continuerez-vous à faire cela ? Donnerez-vous chaque soir une représentation comme celle-ci, au bénéfice de la fraternité ?

M. Norman se contenta de sourire, sans se croire obligé de répondre à cette question. Il quitta ses bureaux et rentra chez lui, et tout en marchant il ne pouvait se débarrasser de cette question : « Jésus aurait-il fait cela ? » par où il n'entendait pas tant cette dernière transaction, que l'ensemble des motifs auxquels il avait obéi pendant toute cette première journée. Les revendeurs du journal avaient eu évidemment à souffrir de la décision qu'il avait prise. Pourquoi auraient-ils perdu leur argent par sa faute ? Ils n'étaient pas à blâmer, tandis que lui, un homme riche, pouvait mettre un peu de joie dans leurs vies. Quand il atteignit sa demeure, il en était arrivé à la conclusion que Jésus aurait agi comme lui, ou du moins dans le même sens, pour n'avoir pas à se reprocher la moindre injustice, il ne tranchait pas ces questions pour qui que ce soit d'autre, il ne jugeait que de sa propre conduite. Il n'était pas en position de dogmatiser, et il sentait qu'il ne devait se laisser guider, dans son interprétation des actes probables de Jésus, que par son jugement et sa conscience à lui. Il avait prévu, en quelque mesure, une diminution dans la vente du journal, mais il lui restait à réaliser l'étendue des pertes qui le menaçaient, pour le cas où il continuerait l'épuration commencée.

Il reçut, pendant la semaine qui suivit, de nombreuses lettres au sujet du numéro incriminé. Quelques-unes d'entre elles ne manquaient pas d'intérêt.

« Monsieur, lui écrivait quelqu'un, je suis décidé, depuis quelque temps, à changer de journal. J'ai besoin d'en recevoir un qui soit à la hauteur des exigences du jour, progressif, entreprenant, répondant, en tous points, aux demandes du public. Votre récente frasque, par où j'entends votre refus d'insérer le compte rendu du concours de lutte, a achevé de me décider. Je vous prie donc de discontinuer l'envoi du *Journal de Raymond*. »

Suivait la signature d'un négociant depuis de longues années abonné au journal.

« Cher Ed. A quoi avez-vous songé l'autre jour ? Avez-vous cherché peut-être à épater vos abonnés ? J'espère que vous ne songez pas à faire passer le char des *réformes morales* au travers des avenues de la Presse. Ce serait une expérience dangereuse à tenter. Croyez-moi : tenez-vous-en aux méthodes modernes, que vous avez appliquées jusqu'ici avec tant de succès. Le public veut être renseigné sur les fêtes de lutteurs et autres choses de ce genre. Donnez-lui ce qu'il réclame et laissez les *réformes* à d'autres.

Tout à vous… » Ici le nom d'un des plus anciens amis de

Norman, rédacteur du plus important quotidien d'une ville voisine.

« Mon cher monsieur Norman, j'ai hâte de vous dire combien j'ai apprécié la façon évidente dont vous avez tenu votre promesse. C'est un début splendide et personne n'en comprend la valeur mieux que moi. Je devine ce qui vous en coûtera, bien que je n'en puisse calculer encore tout le montant. Votre pasteur,

HENRY MAXWELL. »

Une lettre, ouverte immédiatement après celle de M. Maxwell, lui révéla que l'étendue des pertes subies serait peut-être, en effet, plus considérable qu'il ne le prévoyait.

« Monsieur ! A l'expiration de mon contrat d'annonce, veuillez ne pas le renouveler, ainsi que cela s'est fait jusqu'ici. Inclus un chèque représentant le solde dû encore par ma maison. Je considère donc mon compte avec le journal comme définitivement bouclé. »

L'annonce dont il s'agissait était une réclame très apparente, et très largement payée par un des plus grands fabricants de la ville. Il ne faisait pas allusion, dans sa lettre, au numéro du journal qui avait omis de parler du concours, mais Edouard Norman ne pouvait s'empêcher de rapprocher les deux faits. Il apprit d'ailleurs plus tard que le fabricant lui avait retiré ses annonces, parce qu'il avait appris qu'il allait introduire dans son journal de bizarres réformes, qui auraient pour effet certain de réduire le nombre des abonnés.

Cette lettre attira l'attention de Norman sur cette question des annonces à laquelle, jusqu'alors, il n'avait pas songé. Il se mit à parcourir celles qu'il publiait, et ne put échapper à la conviction que Jésus se serait refusé à publier plusieurs d'entre elles. Qu'aurait fait Jésus, en face de ces longues pancartes où différentes espèces de liqueurs étaient recommandées en phrases pompeuses, et des alléchantes annonces des cafés-concerts et des bals publics ? Lui-même, en les acceptant, faisait simplement ce que chaque homme d'affaires de Raymond aurait fait à sa place. C'était la principale source de revenu du journal. Celui-ci pourrait-il vivre s'il y renonçait ? Là était la question... Mais non, il n'y avait qu'une question : « Jésus les insérerait-il ? »

Edouard Norman se le demanda honnêtement, et après avoir prié pour être éclairé et conduit, il appela Clark dans son bureau.

Clark entra, persuadé que le journal était à la veille d'une crise, et préparé à tout, après ses expériences du lundi matin.

— Clark, lui dit Norman d'une voix basse, mais assurée, je viens de parcourir nos pages d'annonces et je me suis décidé à en supprimer un certain nombre, à mesure que nos contrats arriveront à leur terme. Je les ai marquées au crayon bleu, veuillez informer l'employé qui s'en occupe qu'il n'aura pas à les renouveler.

Il tendait la feuille à Clark, qui la prit et la considéra d'un air fort soucieux.

— Cela va causer une perte énorme au journal, dit-il enfin. Combien de temps pensez-vous pouvoir agir de cette façon ?

— Clark, croyez-vous que si Jésus était le rédacteur et le propriétaire du *Journal de Raymond*, il y insérerait les réclames des liquoristes et des tenanciers de bals publics ?

Clark continuait à regarder son chef avec un étonnement voisin de la stupeur.

— Eh bien, hem ! non, je suppose que non. Mais en quoi cela nous concerne-t-il ? Nous ne pouvons pas agir comme il le ferait. On ne peut pas se baser là-dessus pour la direction d'un journal.

— Pourquoi pas ? demanda tranquillement Norman.

— Pourquoi ? parce que ce serait un moyen infaillible de perdre plus d'argent qu'on n'en gagnerait, voilà tout, s'écria Clark en donnant essor à son indignation. Si nous allions diriger le journal de cette façon, nous aboutirions certainement à la banqueroute.

— Le pensez-vous vraiment ? demanda Norman, non pas comme s'il attendait une réponse à sa question, mais comme s'il se la posait à lui-même. Après un moment de silence, il reprit :

— Vous n'en donnerez pas moins l'ordre d'agir dans le sens indiqué tout à l'heure. Je crois que c'est ce que ferait Jésus et je vous répète, Clark, que j'ai promis d'essayer, pendant un an, d'agir de même, sans m'inquiéter de ce qui pourra en résulter. Je ne crois pas qu'aucun raisonnement, si subtil soit-il, nous amène à conclure que Jésus publierait » aujourd'hui, les annonces des débitants de liqueurs ou des tenanciers de cafés-concerts et autres choses de ce genre. Il peut y en avoir encore, parmi celles que nous insérons, qui sont d'un caractère louche ; je me réserve de les examiner soigneusement. Pour le moment, ma conviction est faite au sujet de celles que je vous ai déjà signalées.

Clark retourna à son pupitre, en se disant qu'il venait de se trouver en présence d'un homme bien étrange. Il ne parvenait pas encore à saisir la vraie signification de ce qui se passait, mais il éprouvait une indignation mêlée d'inquiétude. Il en était sûr, pas plus tôt le public serait-il instruit de l'absurde idéal moral d'après lequel l'éditeur du journal prétendait le rédiger, que c'en serait fait de sa prospérité. Qu'adviendrait-il de n'importe quelles affaires dirigées d'après ce principe ? Le résultat ne pouvait être qu'un bouleversement complet de toutes les coutumes reçues, et une confusion sans issue et sans utilité. C'était pure folie, se disait Clark, et l'employé chargé du service des annonces joignit ses exclamations indignées aux siennes, dès qu'il eut connaissance des exigences de leur chef commun. A quoi songeait-il donc ? Avait-il perdu la tête ? Son but était-il de tuer son journal ?

Mais Edouard Norman ne s'était pas encore trouvé en face du plus sérieux des problèmes qu'il allait devoir résoudre.

Quand il arriva à son bureau, le vendredi matin, il vit sur son pupitre le programme du journal du dimanche, car le *Journal de Raymond* publiait une édition spéciale, paraissant le dimanche matin, et comme il était à peu près seul à le faire, le succès financier en était fort remarquable. Ce numéro supplémentaire consacrait la valeur d'une ou deux colonnes à des sujets littéraires et religieux, les questions de sport, de théâtre, de mode, les menus cancans de la ville, le reportage de société accaparaient le reste, et le tout formait un amalgame si intéressant, que tous les abonnés, gens d'Église et autres, le considéraient comme un des condiments indispensables de leur dimanche.

Et, tout à coup, Edouard Norman se demandait « que ferait Jésus » ? S'il était rédacteur d'un journal, mettrait-il de propos délibéré entre les mains des chrétiens de Raymond une lecture de ce genre, à l'aube du seul jour de la semaine qu'ils auraient dû réserver à des choses meilleures et plus saintes ? Il connaissait à fond l'argument employé en faveur des journaux du dimanche, savoir que le public en avait besoin, principalement l'ouvrier, qui, n'allant pas à l'église, devait avoir quelque chose d'amusant et d'instructif à lire pour son unique jour de repos. Mais, à supposer que ce numéro du dimanche ne rapportât rien, que même il fût onéreux, l'éditeur aurait-il mis une égale ardeur à fournir à l'ouvrier la nourriture intellectuelle, si impérieusement réclamée ? Edouard Norman s'interrogeait honnêtement sur ce sujet, et il s'avouait que Jésus aurait débattu cette question sans s'inquiéter de son côté pécuniaire. La vérité, c'est que le *Journal* du dimanche non seulement faisait ses frais, mais encore rapportait des milliers de dollars. En outre, les abonnés avaient payé pour sept numéros par semaine ; avait-il le moindre droit de leur en livrer moins que ce qu'il s'était engagé à leur fournir ?

Il était profondément perplexe. Tant de choses dépendaient de ce numéro du dimanche, que pour la première fois il se refusait presque à se laisser guider par la manière dont Jésus aurait, probablement, agi à sa place. Pourtant il était le seul propriétaire *du Journal,* la direction ne dépendait que de lui, il n'avait pas de comité à consulter… Après avoir hésité longuement, devant la montagne de copie qui reposait sur son bureau, il se décida à faire appel à ses principaux auxiliaires, et à leur exposer franchement la situation.

Il fit appeler Clark et les autres hommes employés à la rédaction, les quelques reporters qui se trouvaient là, à ce moment, ainsi que le chef de l'imprimerie et quelques-uns des compositeurs, et les rassembla dans la vaste pièce destinée à la réception des dépêches. Ils arrivaient plus ou moins intrigués par la convocation de cette conférence insolite, et s'installaient, tant bien que mal, sur les tables et les comptoirs qui meublaient la salle. Ils savaient déjà tous que M. Norman était en train de mettre le journal sens dessus dessous, et ils le regardaient d'un air curieux.

— Je vous ai priés de venir ici, pour vous parler de mes plans, concernant l'avenir du *Journal,* commença-t-il. Je considère certaines modifications comme nécessaires, bien que je sache que les changements que j'y ai déjà introduits aient été trouvés fort étranges par plusieurs. Ici il raconta ce qu'il avait dit à Clark, et ils fixèrent sur lui des yeux dans lesquels se lisait un certain malaise.

Maintenant, continua-t-il, j'en suis arrivé, en suivant toujours la ligne que je me suis tracée, à une conclusion qui causera, sans doute, quelque surprise. J'ai décidé que, à partir de la semaine prochaine, le numéro de dimanche sera discontinué. J'expliquerai, dans celui qui paraîtra après-demain, les raisons de cette suppression. Afin de ne pas frustrer les abonnés de la somme de matière à laquelle ils ont droit, nous publierons le samedi soir un numéro double, ainsi que le font beaucoup de journaux qui ne font pas paraître une édition du dimanche. Je suis persuadé que, au point de vue chrétien, notre numéro dominical fait plus de mal que de bien. Je ne crois pas que Jésus en assumerait la responsabilité s'il était aujourd'hui à ma place. Il sera peut-être un peu difficile de faire accepter cette modification par les abonnés et par ceux qui ont recours à la publicité de nos annonces, mais cela me regarde. Quoi qu'il en soit, c'est chose décidée ; le dommage pécuniaire, pour autant que je puis le prévoir, ne tombera que sur moi seul ; il n'en résultera pas de changement pour les reporters et les typographes.

Edouard Norman se tut et promena son regard tout autour de la chambre ; personne ne disait un mot. Pour la première fois, il fut frappé par le fait que jamais, depuis qu'il rédigeait son journal, il n'avait vu ainsi tout son personnel rassemblé autour de lui. « Jésus ne ferait-il pas cela », c'est-à-dire : ne réunirait-il pas tous ses employés, comme une famille dans laquelle chacun pourrait émettre son opinion, et dire son mot, sur la meilleure manière de rendre l'œuvre commune conforme à l'idéal qu'il avait en vue ?

Il entrevit, comme à la lueur d'un éclair, la coopération possible de toutes les forces et les bonnes volontés représentées par les hommes réunis autour de lui. Il ne devait pas oublier cette idée, mais elle recula pour le moment à l'arrière-plan, chassée par les nécessités de l'heure présente. Quand tous ses collaborateurs l'eurent quitté, pour retourner chacun à son ouvrage, il reprit lui-même le chemin de son bureau particulier. Clark l'y suivit et une sérieuse discussion s'engagea entre eux. Le rédacteur en second était positivement monté, et sa protestation équivalait à peu près à une démission. Norman restait maître de lui. Toute cette scène lui était pénible à l'extrême, mais il sentait plus que jamais la nécessité d'agir comme Christ l'aurait fait. Les services de Clark lui étaient précieux, il savait qu'il le remplacerait difficilement, mais il ne pouvait pas résoudre la question concernant Jésus en continuant à éditer son numéro du dimanche.

— En définitive, s'écria Clark comme conclusion, vous aboutirez à la banqueroute d'ici à trente jours. Il ne sert de rien de se le dissimuler.

— Je ne partage pas votre crainte, répondit Edouard Norman avec un étrange sourire, mais je vous demande, Clark, si vous voulez rester au journal jusqu'au jour de la banqueroute ?

— Monsieur Norman, je ne vous comprends pas. Vous n'êtes plus l'homme que j'avais connu jusqu'ici.

— Je ne me reconnais pas moi-même, Clark. Quelque chose de remarquable m'a saisi et m'entraîne. Je n'en suis pas moins persuadé du succès final pour le *Journal*. Mais vous n'avez pas répondu à ma question. Voulez-vous rester avec moi ?

Clark hésita un moment, puis finit par dire oui. Son chef lui serra la main et reprit sa place à son pupitre, tandis que lui-même s'en retournait à l'ouvrage, en proie à des émotions de divers genres. Jamais encore il n'avait passé une semaine aussi troublante. Il se sentait lié désormais à une entreprise qui pouvait s'écrouler, d'un instant à l'autre, et l'entraîner dans sa ruine, et non seulement lui, mais encore tous ceux qu'elle concernait en une façon quelconque.

Encore une fois l'église d'Henry Maxwell se trouva bondée, à l'heure du service, le dimanche matin. Edouard Norman, assis à sa place accoutumée, tout près de la chaire, attirait tous les regards ; il le sentait, mais il les supportait sans se départir de son calme. La plupart des hommes réunis dans la vaste nef avaient lu déjà le numéro du dimanche du *Journal,* et l'article qui annonçait sa suppression prochaine. Il était conçu en termes si élevés qu'il avait frappé chacun. Jamais encore pareille série d'événements extraordinaires n'avait interrompu le cours normal de la vie des habitants de Raymond, car le *Journal* n'avait pas été seul à se lancer dans des innovations aussi radicales qu'intempestives ; aussi, en attendant le commencement du service, les conversations à voix basse allaient-elles leur train dans les bancs. On parlait des choses étranges inaugurées, durant la semaine écoulée, par Alexandre Power dans les ateliers du chemin de fer, et par Milton Wright dans ses magasins. Quand Henry Maxwell monta en chaire, l'assistance était encore positivement houleuse. Il la considéra avec une tranquillité qui indiquait une force et une résolution plus qu'usuelles. Elles se manifestèrent dès l'abord, dans ses prières. Quant à son sermon, il ne serait pas facile à raconter. Il était ce que devait être le sermon d'un pasteur qui avait passé une semaine entière à se dire : « comment Jésus leur parlerait-il ? » et ne ressemblait pas à ceux qu'Henry Maxwell prêchait autrefois. Le mardi précédent, il avait prononcé, auprès de la tombe de l'homme mort dans sa demeure, les paroles sacramentelles : « que la poudre retourne à la poudre », et il était encore sous une impression trop profonde pour être mesurée, pendant qu'il préparait le message qu'il allait apporter à sa congrégation de la part de Christ.

Maintenant que le dimanche était venu, que les membres de son troupeau se trouvaient réunis autour de lui, qu'allait-il leur dire de la part du Maître ? Il savait que son sermon n'approchait pas de l'idéal qu'il aurait voulu atteindre, mais les auditeurs ne s'en dirent pas moins que jamais encore ils n'en avaient entendu de pareil. Il y flagellait encore le culte de l'argent et de la mode, deux choses que les membres de la Première Église ne s'étaient jamais entendu reprocher d'une manière aussi positive, mais tout cela enveloppé d'un amour si ardent pour leurs âmes, que le sermon en prenait une signification toute spéciale. Quand il fut terminé, beaucoup dirent dans leur cœur : « C'est l'Esprit de Dieu qui l'a inspiré », et ils ne se trompaient pas.

Puis Rachel Winslow se leva pour chanter. Cette fois personne n'éprouva le désir de l'applaudir, pas plus que sa remarquable beauté ne nuisit à l'effet de sa voix, ainsi que cela arrivait parfois. On ne la regardait pas, on écoutait avec un recueillement extraordinaire son chant, pénétré d'un sentiment si pur, si puissant et en même temps si humble, que chacun, peu à peu, courba la tête, dans un sentiment d'adoration.

Avant de donner la bénédiction, Henry Maxwell pria ceux qui étaient restés la semaine dernière, et ceux qui seraient disposés à se joindre à eux, de se rassembler encore dans la salle de la bibliothèque. Il fut étonné, lorsqu'il y entra, de la trouver presque remplie. Cette fois les jeunes gens étaient en majorité ; il se trouvait pourtant parmi les nouveaux venus quelques hommes d'affaires et quelques-uns des membres influents de l'Église.

Comme huit jours auparavant, Henry Maxwell leur demanda de prier avec lui. Et de nouveau la présence de l'Esprit Saint se fit sentir au milieu d'eux. Ils savaient, d'une façon si certaine, que ce qu'ils avaient résolu de faire était conforme à la volonté divine, qu'ils ne s'étonnaient pas de la bénédiction spéciale qui descendait sur eux.

Ils restèrent assez longtemps à discuter ensemble, dans un sentiment de fraternité inconnu jusqu'alors parmi eux, bien qu'ils fussent tous membres de la même Église. Chacun était déjà au courant des mesures prises par Edouard Norman, et tous l'approuvaient.

— Quel sera le résultat probable de la suppression du journal du dimanche ? demanda Alexandre Power qui était assis à côté de lui.

— Je n'en sais rien encore, mais je m'attends à une forte diminution du nombre des abonnés et des annonces.

— Avez-vous des doutes à ce sujet, — c'est-à-dire : éprouvez-vous quelque regret, ou quelque crainte d'avoir mal interprété la conduite de Jésus ? demanda Henry Maxwell.

— Pas le moins du monde, mais, pour ma propre satisfaction, je voudrais savoir si quelqu'un parmi vous pense que Jésus publierait une édition du dimanche ?

Personne ne parla, durant quelques minutes, puis Jasper Chase dit :

— Il semble que nous sommes tous d'accord là-dessus, mais je vous avoue que plusieurs fois, durant la semaine, j'ai été perplexe, car je ne voyais pas du tout ce que je devais faire. C'est une question qu'il n'est pas toujours aisé de trancher.

— J'éprouve la même difficulté, dit Virginia Page, qui était assise à côté de Rachel Winslow.

Cette déclaration n'étonna aucun de ceux qui la connaissaient, car ils se demandaient comment elle s'y prendrait pour tenir sa promesse.

— C'est surtout en ce qui concerne ma fortune que le problème me semble difficile à résoudre, continua-t-elle. Jésus n'en a jamais possédé, et rien dans l'exemple qu'il nous a laissé ne me paraît pouvoir me guider dans l'emploi de la mienne. J'étudie la chose et je prie. Je crois voir clairement une partie de ce qu'il ferait, mais pas tout. La question que je me pose constamment est celle-ci : Que ferait Jésus d'un million de dollars ? Je confesse que je n'ai pas encore trouvé de réponse qui me satisfasse.

— Je pourrais vous dire à quoi vous pourriez en employer une part, s'écria Rachel en tournant son visage de son côté.

— Ce n'est pas ce qui m'embarrasse, répondit Virginia avec un sourire. Ce que je cherche à découvrir c'est un principe, posé par Jésus, qui puisse me permettre de disposer, à l'avenir, de mes biens, non pas un jour seulement, mais toujours, d'une façon aussi conforme que possible à l'usage qu'il en ferait lui-même.

— Vous y arriverez avec le temps, dit lentement Henry Maxwell.

Après quoi Milton Wright se mit à leur parler des expériences qu'il venait de faire durant la semaine. Il était en train d'étudier un plan qui transformerait ses relations avec ses employés. Un monde nouveau s'ouvrait devant lui, et plusieurs des jeunes gens présents le questionnèrent avec un vif intérêt. Ils étaient tous d'accord pour vouloir sérieusement suivre, dans les moindres détails de leur vie, l'exemple de Jésus, mais plusieurs d'entre eux avouaient que cela demandait une connaissance de sa personne, et des motifs qui le faisaient agir, qu'ils ne possédaient pas.

Quand la séance fut levée, après une prière silencieuse, les conversations commencées dans la bibliothèque s'y poursuivirent ou continuèrent dans la rue.

Rachel Winslow et Virginia Page sortirent ensemble. Edouard Norman et Milton Wright causaient avec tant de sérieux qu'ils passèrent deux fois devant la porte du rédacteur sans s'y arrêter. Jasper Chase et le Président de la Société d'activité chrétienne discutaient encore dans un coin de la salle. Enfin ils s'éloignèrent à leur tour, ne laissant derrière eux qu'Alexandre Power et Henry Maxwell.

— Je voudrais vous prier de venir demain aux ateliers, disait le directeur. Il me semble que personne ne pourrait mieux que vous parler à mes ouvriers et gagner leur confiance.

— Je n'en suis pas aussi sûr que vous, mais j'irai, répondit Henry Maxwell avec une certaine tristesse.

Comment ferait-il pour se trouver en face de ces deux ou trois cents hommes, et pour leur adresser la parole ? Mais il se reprocha aussitôt sa faiblesse. Il ne s'agissait pas de savoir comment il s'y prendrait. « Que ferait Jésus ? » Cette question coupait court à toute discussion.

Il trouva le lendemain Alexandre Power dans son bureau. C'était quelques minutes avant midi et l'inspecteur lui dit :

— Venez avec moi, que je vous montre ce que j'ai essayé d'organiser.

Ils traversèrent les ateliers et montèrent une longue suite d'escaliers, pour entrer enfin dans une vaste pièce, utilisée autrefois par la compagnie comme entrepôt à provisions et maintenant inutilisée.

— Depuis que j'ai pris l'engagement que vous savez, j'ai beaucoup réfléchi, dit le directeur, et voici à quoi m'ont conduit, entr'autres, mes réflexions. La compagnie m'accorde l'usage de cette salle et je vais la garnir de tables, puis je placerai là-bas, près du chauffage à vapeur, l'installation nécessaire pour faire du thé et du café, j'aurai ainsi un local confortable où mes hommes pourront venir prendre leur repas du milieu du jour, et où ils auront le privilège d'entendre parler pendant un quart d'heure, deux ou trois fois par semaine, de sujets d'un intérêt tout pratique pour eux.

M. Maxwell eut l'air étonné et demanda si les hommes profiteraient de cette salle.

— Oui, ils y viendront, j'en suis certain, car après tout je crois les connaître. Ils sont parmi les ouvriers les plus intelligents du pays, mais ils échappent, pour la plupart, à toute influence chrétienne. Je me suis demandé, en songeant à eux : « que ferait Jésus ? » Et il m'a semblé, entr'autres, qu'il commencerait par mettre dans leurs vies un peu plus de réconfort physique, et spirituel. C'est bien peu de chose que l'ouverture de cette salle, mais j'ai suivi ma première impulsion, et j'ai fait la première chose qui se soit présentée à mon bon sens. Les hommes seront ici tout à l'heure ; je les ai priés de venir un moment à midi pour que je puisse leur montrer la salle et leur exposer mon plan, mais je vous prie de bien vouloir leur adresser aussi quelques paroles.

Henry Maxwell aurait eu honte d'avouer combien l'idée de parler à des ouvriers le mettait mal à son aise. Comment pourrait-il parler, sans préparation, à une si nombreuse compagnie ? La perspective d'avoir à faire face à ces hommes lui causait une vraie frayeur, tant il était peu habitué à avoir à faire à un auditoire autre que celui qui se réunissait le dimanche dans son Église.

La chambre était meublée provisoirement d'une demi-douzaine de longues tables, entourées de bancs, et quand le sifflet de midi se fut fait entendre, les ouvriers arrivèrent en foule et s'assirent, pour manger les provisions apportées, le matin, pour leur repas du milieu du jour. Ils étaient bien trois cents. Ils avaient lu les affiches que l'inspecteur avait mises dans tous les ateliers et ils accouraient, poussés, en grande partie, par la curiosité.

La salle était grande, propre, bien aérée et chauffée ; il était facile de voir qu'elle produisait sur eux, d'emblée, une impression favorable.

Au bout d'un moment, Alexandre Power leur expliqua ce qu'il avait en vue pour eux. Il parlait très simplement, comme quelqu'un qui connaît parfaitement ceux à qui il s'adresse, puis il leur présenta le Rév. Henry Maxwell comme son pasteur, en ajoutant qu'il voulait bien leur parler pendant quelques minutes.

Henry Maxwell ne devait jamais oublier l'impression que lui causèrent tous ces rudes visages de travailleurs, tournés vers lui. Comme des centaines d'autres pasteurs, il ne s'était jamais adressé qu'à des gens de sa classe, c'est-à-dire à des personnes dont l'éducation, les manières, les habitudes lui étaient familières.

Il se trouvait maintenant dans un monde nouveau pour lui, et sans sa nouvelle règle de conduite il n'aurait certainement pas su trouver un message intelligible pour ses auditeurs. Il parla de la vie qui peut satisfaire l'âme humaine, de ses causes et de sa source ; il eut le bon goût de ne pas faire allusion à la différence de classe entre ces hommes et lui, de ne pas employer, en parlant d'eux, le terme de « travailleurs » et de ne pas dire un mot qui parût établir une différence entre leurs existences et la sienne.

Tout cela leur plut, c'était facile à voir. Plusieurs d'entre eux vinrent lui tendre la main, avant de retourner à l'ouvrage, et, de retour chez lui, il déclara à sa femme que jamais poignées de main ne lui avaient causé un pareil plaisir. Cette journée marquait un tournant, dans sa vie chrétienne, beaucoup plus important qu'il ne s'en doutait. C'était le commencement de relations étroites entre lui et le monde où l'on peine, la première planche jetée sur le gouffre qui séparait, à Raymond, les Églises et les usines.

Cet après-midi-là, Alexandre Power retourna à ses affaires, fort satisfait des débuts de son entreprise. Les hommes avaient répondu à son appel mieux qu'il ne s'y attendait, toute la chose promettait de leur être grandement profitable, et ce fut avec une satisfaction sans mélange qu'il reprit la routine de sa besogne journalière.

Il était près de quatre heures quand il ouvrit une des longues enveloppes de la compagnie, qui devait contenir, à ce qu'il pensait, des ordres relatifs à des achats de provisions. Il parcourut la première page, écrite à la machine, avant de s'apercevoir que ce qu'il lisait n'était pas destiné à son département, mais aurait dû être adressé au directeur des transports.

Il tourna machinalement le feuillet, sans avoir l'intention de prendre plus longuement connaissance d'une lettre qui ne le concernait point, quand ses yeux tombèrent sur une phrase qui prouvait, avec toute évidence, que la Compagnie se livrait à une violation systématique des lois qui règlent, aux États-Unis, les relations commerciales. Le délit était aussi peu équivoque que celui d'un particulier qui s'introduirait dans une maison pour la dévaliser.

Et ce n'étaient pas seulement les lois du pays, mais encore ses propres statuts que la Compagnie violait ainsi, de propos délibéré !

Il jeta les feuillets, qu'il froissait dans sa main, loin de lui, comme s'ils eussent été empoisonnés, puis immédiatement, cette question traversa son esprit : « que ferait Jésus ? » Il chercha à lui imposer silence et à se persuader à lui-même que la chose ne le concernait nullement. Comme la plupart des employés supérieurs de la compagnie, il avait tenu pour avéré, jusqu'alors, que la direction se conformait aux lois, d'une manière générale, et que s'il se produisait, dans le service, quelques infractions, elles ne pouvaient être que légères et telles qu'il s'en retrouvait sur les autres lignes. Il n'était pas, d'ailleurs, placé de façon à contrôler ces affaires-là et il ne s'en préoccupait point, jugeant qu'elles ne le concernaient point. Mais les papiers qui venaient de tomber entre ses mains, par une étourderie de celui qui en avait écrit l'adresse, lui révélaient des fraudes d'une gravité de toute évidence. S'il voyait un homme entrer dans la maison de son voisin pour le dévaliser, son devoir ne serait-il pas d'avertir la police ? Une compagnie de chemin de fer différait-elle donc à ce point d'un simple particulier, qu'elle pût impunément, grâce à sa puissante organisation, voler le public et défier la loi ?

Il se répéta : « que ferait Jésus ? » et aussitôt il vit sa famille se dresser devant lui. S'il faisait la moindre démarche pour dénoncer la fraude, il perdait sa position, il le savait. Sa femme et sa fille tenaient à leur luxe, et à leur place dans la société, avait-il le droit de les en priver ? Sûrement tout cela ne le regardait pas. Il allait remettre les papiers tels quels à leur véritable adresse, et les choses suivraient leur cours habituel. Après tout, qu'en pouvait-il si l'iniquité se pratiquait et si on bravait la loi autour de lui ? Il aurait bien assez à faire à développer ses plans concernant le bien-être de ses ouvriers. Que pouvait-on faire de plus, dans ces entreprises de chemin de fer où tant de choses s'opposaient à ce qu'un homme se conformât absolument à l'idéal chrétien ?

« Mais que ferait Jésus, s'il savait ce que je sais ? » Alexandre Power avait beau faire, toujours cette question revenait l'assaillir avec une persistance angoissante.

Les heures passèrent ; les lumières s'éteignirent dans les ateliers, le bruit des machines cessa, pendant un moment remplacé par celui des pas des ouvriers qui s'éloignaient, puis tout retomba dans le silence. L'inspecteur en chef ne songeait pas à regagner sa demeure. Un des ingénieurs traversa la pièce où il se trouvait, il lui dit qu'il avait encore à travailler et qu'il ne sortirait que plus tard.

Alors, quand l'immense bâtiment fut vide, si quelqu'un était revenu en arrière pour jeter un regard dans le bureau de l'inspecteur il aurait vu une chose extraordinaire : Alexandre Power à genoux, la tête cachée dans ses mains.

Chapitre III

> Si quelqu'un vient à moi, et s'il ne hait pas son père, sa mère, sa femme, ses enfants, ses frères et ses sœurs, et même sa propre vie, il ne peut être mon disciple…
>
> Quiconque ne renonce pas à tout ce qu'il possède ne peut pas être mon disciple.
>
> (Luc 14.26, 33)

Quand Rachel Winslow et Virginia Page s'étaient séparées, au sortir de l'assemblée du dimanche, elles avaient encore tant de choses à se dire que Virginia pria son amie de venir déjeuner avec elle le lendemain.

Rachel sonnait donc le lundi, peu avant midi, à la porte de la maison Page, et bientôt les deux jeunes filles causaient avec un profond sérieux de ce qui les préoccupait toutes deux.

— Le fait est, disait Rachel, au bout de quelques minutes, que je ne puis pas concilier la proposition qui vient de m'être faite avec ce que je crois qu'il ferait. Je ne pourrais pas donner un conseil à une autre personne dans un cas pareil, mais je sens que je dois refuser.

— Que ferez-vous ensuite ? demanda Virginia qui écoutait avec un vif intérêt.

— Je n'en sais rien encore. La première chose à faire c'est de répondre à ceci.

Elle désignait une lettre qu'elle tenait à la main, et qu'elle relut une seconde fois. Elle lui avait été écrite par le directeur d'une troupe d'opéra, qui lui offrait un engagement pour une série de représentations qu'il allait donner dans les principales villes des États-Unis. Le salaire offert était fort élevé et les termes dont il se servait des plus flatteurs. Il racontait avoir entendu Rachel chanter à l'Église, huit jours auparavant, et s'être dit qu'il y avait une fortune dans cette voix, qu'un pareil trésor ne pouvait rester caché et qu'il se ferait un honneur de le révéler au monde. Il terminait son épître en sollicitant une prompte réponse.

— Il n'y a pas de mérite à refuser cette proposition, continua Rachel d'un air pensif, quand on la compare à la seconde que j'ai reçue cette semaine. Celle-là m'aurait tentée bien davantage, mais j'en suis arrivée, Virginia, à la conviction que jamais Jésus n'aurait employé une belle voix à battre monnaie. Vous savez ce dont il s'agit : on m'engage à me joindre à quelques artistes, tous gens de bonne réputation, qui vont organiser une grande tournée de concerts. On me garantit deux cents dollars par mois pour toute la saison. Mais je ne puis me persuader qu'à ma place Jésus accepterait. Qu'en pensez-vous ?

— Ne me demandez pas de répondre pour vous, dit Virginia avec un sourire un peu triste. Je crois que M. Maxwell a eu raison de nous dire que chacun de nous doit se laisser guider par son propre jugement, au sujet de ce que Christ nous dicterait. J'ai plus de peine que vous, ma chère, à discerner ma route.

— Le croyez-vous vraiment ? fit Rachel qui se leva, et s'approcha de la fenêtre. Virginia la suivit et pendant un moment les deux jeunes filles regardèrent en silence le va-et-vient de la rue. Tout à coup Virginia s'écria, avec un accent passionné que son amie ne lui connaissait pas :

— Rachel, quand vous vous demandez ce que ferait Jésus, quelle impression vous font les contrastes dans les conditions humaines que nous rencontrons à chaque pas ? Je deviens folle, quand je songe que la société dans laquelle j'ai grandi, et à laquelle nous appartenons toutes les deux, est satisfaite d'une existence qui consiste à s'habiller, à manger, à aller à des fêtes et à en donner, à s'entourer de luxe et de confort, et qu'elle croit avoir fait tout son devoir quand elle consacre, sans le moindre sacrifice personnel, un peu d'argent à des œuvres de charité. J'ai été élevée, comme vous, dans une des écoles les plus chères de l'Amérique, puis j'ai été lancée dans le monde en qualité d'héritière, ce qui est considéré comme une position des plus enviables. Je me porte parfaitement bien, je puis à mon gré rester chez moi ou voyager, faire en un mot tout ce qui me plaît. Et maintenant, quand j'essaye de me représenter Jésus menant la vie que je mène, la vie qui est celle de milliers de gens riches, et que chacun suppose devoir être la mienne jusqu'à la fin, je passe condamnation sur moi comme sur la créature la plus mauvaise, la plus égoïste et la plus inutile de ce monde. Je n'ai pas regardé par cette fenêtre une seule fois, depuis des semaines, sans me prendre moi-même en horreur, en face de l'humanité que je vois défiler continuellement devant cette maison.

Virginia se détourna et se mit à se promener avec agitation dans la chambre. Rachel la regardait sans rien dire, mais ne se sentait pas moins agitée qu'elle.

A quoi le talent qu'elle avait reçu servait-il la cause du christianisme ? Le meilleur usage qu'elle en pût faire consisterait-il à le vendre pour tant par mois, à courir les salles de concert, à s'habiller magnifiquement, à s'enivrer d'applaudissements et à se faire une réputation comme grande cantatrice ? Etait-ce là ce qu'aurait fait Jésus ?

Elle n'était pas une exaltée et ne s'exagérait pas les succès qui l'attendaient, si elle consentait à se produire dans le grand public. Comme Virginia elle sentait qu'elle avait devant elle, pour peu qu'elle s'en souciât, un brillant avenir mondain, et la similitude de leurs positions donnait à ce qu'elle venait d'entendre un intérêt poignant.

La cloche du déjeuner les sortit toutes deux de leur préoccupation. Elles trouvèrent à la salle à manger la grand-mère de Virginia, une femme de soixante-cinq ans, encore fort belle, et son frère Rollin, un jeune homme qui passait la plus grande partie de son temps à son club et n'avait aucune ambition particulière, aucun sentiment défini, si ce n'est une admiration croissante pour Rachel Winslow.

Ces trois personnes formaient ensemble la famille Page. Le

père de Virginia avait été banquier et spéculait en grand sur les grains. Il était mort l'année précédente, dix ans après sa femme. Mme Page, la grand-mère, était née dans le Sud ; elle était par tradition et par éducation attachée à ses privilèges de femme riche, occupant une place élevée dans la société. C'était une femme habile, entendue aux affaires et d'une intelligence très développée. Les propriétés et la fortune de la famille étaient placées, en grande partie, sous sa gérance, pourtant la part de Virginia appartenait, sans restriction, à cette dernière. Son père l'avait initiée à ses affaires, et sa grand-mère convenait elle-même qu'elle était capable de prendre soin de sa fortune.

Peut-être aurait-on eu quelque peine à trouver, où que ce fût, deux personnes moins capables de comprendre une jeune fille du caractère de Virginia que ne l'étaient Mme Page et Rollin. Rachel, qui les connaissait depuis son enfance, ne pouvait s'empêcher de songer à ce qui attendait son amie, dans sa propre maison, pour le jour où elle aurait décidé de ce que Jésus, à son avis, aurait fait à sa place. Tout en déjeunant, ce jour-là, elle se rappelait ce que Virginia venait de lui dire et cherchait à se figurer la scène qui, tôt ou tard, ne pouvait manquer d'éclater entre Mme Page et sa petite-fille.

— J'ai entendu dire que vous vous décidiez à paraître sur la scène, Miss Winslow, et je ne doute pas du ravissement dans lequel vous nous plongerez tous, dit tout à coup Rollin, comme pour ranimer la conversation qui languissait.

Rachel rougit et eut l'air ennuyé.

— Qui vous a dit cela ? demanda-t-elle, tandis que Virginia, qui était restée silencieuse jusqu'alors, relevait la tête et semblait se disposer à prendre part à la conversation.

— Oh ! je ne sais pas, on entend tant de choses dans la rue. D'ailleurs chacun a vu Crandall à l'église, il y a eu hier huit jours, et on sait qu'il n'y allait pas pour écouter le prêche, à coup sûr… au fait je connais d'autres gens qui sont dans le même cas que lui, et qui n'y vont que pour entendre quelque chose de mieux.

Cette fois Rachel ne rougit plus. Elle se contenta de répondre tranquillement :

— Vous vous trompez. Je n'entre pas à l'Opéra.

— C'est grand dommage, vous y feriez un effet épatant. Tout le monde parle de votre voix.

Pour le coup Rachel sentait la colère la gagner, mais avant qu'elle eût pu dire un mot, Virginia la prévint :

— Qu'entendez-vous par « tout le monde » ? fit-elle d'un ton bref.

— Mais tous ceux qui entendent Miss Winslow le dimanche. Quand donc peut-on l'entendre, si ce n'est à l'église. Je prétends que c'est une pitié que le grand public, en dehors de Raymond, ne puisse avoir cette jouissance.

— Parlons d'autre chose, s'il vous plaît, s'écria Rachel.

Mme Page la regarda et lui dit avec une courtoisie marquée :

— Ma chère, Rollin n'a jamais su faire des compliments indirects ; il ressemble, en cela, à son père. Mais nous sommes tous fort désireux de connaître vos plans et nous nous réclamons, pour cela, de nos droits de vieux amis. D'ailleurs, Virginia nous a déjà parlé des offres qui vous ont été faites par la société qui organise la tournée de concerts.

— Je suppose que cette nouvelle n'est point un secret, dit Virginia en souriant à son amie, puisque le journal d'hier en faisait mention.

— Mais, oui, certainement, Mme Page, répondit Rachel, vous avez le droit de vous informer de mes projets. Nous en parlions justement, Virginia et moi, il y a un instant. Je suis décidée à refuser l'office à laquelle vous faites allusion, voilà tout.

Rachel se rendait compte que le tour pris par la conversation avait non seulement tranché ses dernières hésitations, concernant la compagnie de concert, mais encore résolu, d'une façon qui la satisfaisait complètement, la question de la conduite probable de Jésus, s'il s'était trouvé à sa place. La dernière chose qu'elle eût désiré aurait été de discuter ainsi publiquement sa décision, et pourtant c'était ce que Rollin Page lui avait dit, et surtout la façon dont il s'était, exprimé, qui avait hâté et fixé son propre jugement.

— Vous plairait-il, Rachel, de nous dire les raisons de ce refus d'une proposition qui semblait heureuse pour vous, à tant d'égards ? Je suis de l'avis de Rollin : une voix telle que la vôtre appartient à un public plus étendu que celui de la Première Église de Raymond. Ne le sentez-vous pas vous-même ?

Rachel Winslow était une nature réservée, à laquelle toute publicité donnée à ses sentiments intimes répugnait, mais elle pouvait, parfois, sous l'empire d'une émotion très vive, sortir d'elle-même et dire sa pensée d'une façon simple, franche et sincère. Et ce fut dans un de ces moments d'épanchement, qui ajoutaient à son charme particulier, qu'elle répondit à Mme Page, en la regardant de ses yeux clairs et profonds :

— Ma seule raison est la conviction que Jésus agirait comme je le fais dans ce cas-ci.

Mme Page devint très rouge et Rollin prit un air étonné, mais avant que sa grand-mère eût pu faire même une exclamation, Virginia, qui changeait de couleur à chaque instant, s'écria :

— Grand-maman, vous savez que nous avons promis de nous conduire pendant un an d'après cette règle. La proposition de M. Maxwell ne prêtait pas à l'équivoque, tous ceux qui l'ont entendue l'ont comprise dans sa simplicité. Nous ne sommes pas arrivées d'un coup à décider de la route que nous devions suivre, car la difficulté de savoir ce que Jésus ferait à notre place a troublé Rachel, comme elle me trouble moi-même.

Mme Page regarda fixement Virginia avant de lui répondre.

— A coup sûr, fit-elle enfin, j'ai compris l'idée de M. Maxwell, mais je sais aussi qu'elle est parfaitement impossible à mettre en pratique. J'ai été persuadée, dès le début, que ceux qui ont pris l'engagement dont vous parlez arriveraient bien vite, après un essai, à en comprendre l'absurdité, et à l'abandonner, comme bon seulement pour des détraqués. Je n'ai pas d'opinion à émettre sur les affaires de Miss Winslow, mais j'espère, — sa voix avait pris un timbre dur que Rachel ne lui connaissait pas — j'espère, Virginia, que vous n'allez pas vous mettre en tête de folles idées dans ce genre-là.

— J'ai beaucoup d'idées nouvelles, répliqua Virginia d'un ton tranquille.

— Sont-elle folles oui, ou non ?

— Je ne le sais pas, parce que je ne suis pas encore arrivée à comprendre clairement ce que Jésus ferait dans les cas qui me préoccupent. Quand je me serai fait une conviction, j'y conformerai certainement ma conduite.

— Excusez-moi, Mesdames, si je vous quitte, dit Rollin en se levant. La conversation devient trop profonde pour moi, je veux aller fumer un cigare au fumoir.

Il sortit de la salle à manger, et pendant un moment le silence le plus complet y régna. Mme Page attendit que la servante eût placé le dessert sur la table, puis elle lui fit signe de s'en aller. Elle était fort irritée, et la présence seule de Rachel l'empêchait de donner à son irritation une expression par trop vive.

— J'ai bien des années de plus que vous, jeunes filles, dit-elle en se redressant avec une telle roideur que Rachel crut voir une muraille de glace se placer entre elle et l'idée qu'elle se faisait de Jésus s'offrant lui-même en sacrifice. La promesse que vous fîtes, à ce que je présume, dans un moment de fausse émotion, est impossible à tenir.

— Voulez-vous dire, grand-maman, que nous ne pouvons pas agir réellement comme Jésus le ferait, ou prétendez-vous seulement que si nous en tentons l'essai nous pécherons contre les coutumes et les préjugés de la société ? demanda Virginia.

— Cela ne vous est pas demandé ! Cela n'est, pas nécessaire !

De plus, comment pouvez-vous agir avec quelque...

Ici Mme Page s'interrompit, puis se tourna vers Rachel.

— Que dira votre mère quand elle saura votre décision, ma chère ? Croyez-moi, c'est pure folie. Que comptez-vous donc faire de votre voix, je vous prie ?

— Je ne sais pas encore ce que ma mère dira, répondit Rachel, qui frissonna en songeant au moment où il lui faudrait affronter les objections maternelles, car elle savait que s'il y avait dans tout Raymond une femme ambitieuse pour sa fille, cette femme était bien Mme Winslow.

— Oh ? vous verrez tout cela sous un autre jour, quand vous y aurez réfléchi à tête reposée, reprit Mme Page en se levant de table. En tous les cas, ma chère, si vous n'acceptez pas les propositions en question, vous aurez le loisir de le regretter.

Rachel se contenta de dire quelques paroles qui témoignaient du combat qui se livrait encore au dedans d'elle-même, puis elle prit congé tôt après, comprenant bien que son départ serait le signal d'une conversation pénible entre Virginia et sa grand-mère. Elle n'apprit que plus tard que son amie passa, durant cette scène, par une crise mentale qui hâta la décision finale qu'elle devait prendre, en ce qui concernait sa fortune et sa position sociale.

Rachel était heureuse de s'être éclipsée, et de se retrouver en tête-à-tête avec elle-même. Un plan de vie s'élaborait lentement dans son esprit, et elle sentait le besoin d'être seule pour pouvoir y songer sérieusement. Mais elle n'était pas encore allée bien loin quand elle s'aperçut, avec un ennui mal dissimulé, que Rollin

Page marchait à côté d'elle.

— Désolé de troubler vos méditations, Miss Winslow, s'écria-t-il, mais il se trouve que je suivais la même direction que vous et je pensais que cela vous serait égal. Au fait, il y a un moment déjà que je chemine à vos côtés, sans que vous ayez protesté contre ma présence.

— Je ne vous avais pas vu, objecta Rachel.

— Je ne m'en formaliserais pas, si je croyais que vous pensez quelque fois à moi, fit le jeune homme qui jeta son cigare loin de lui, d'un mouvement nerveux, et devint soudain très pâle,

Rachel en fut surprise, mais non pas troublée. Elle connaissait Rollin depuis son enfance, ils s'étaient même appelés familièrement, autrefois, par leurs noms de baptême. Depuis peu, il est vrai, quelque chose de particulier dans sa manière d'être avait mis fin à cette habitude. Elle était accoutumée de sa part à des compliments à brûle-pourpoint, et s'en amusait, en général, mais ce jour-là elle l'eût souhaité partout ailleurs qu'auprès d'elle.

— Ne pensez-vous donc jamais à moi, Miss Winslow ? répéta Rollin après une pause.

— Mais si, assez souvent, dit Rachel avec un sourire.

— Pensez-vous à moi maintenant ?

— Oui, c'est-à-dire…

— Eh bien, quoi ?

— Désirez-vous que je sois tout à fait franche ?

— Naturellement.

— Alors je vous avouerai que je pensais que je préférerais ne pas vous voir ici.

Rollin se mordit les lèvres d'un air sombre, la réponse de Rachel n'était pas telle qu'il la désirait.

— Voyons Rachel… oh! je sais bien que cela ne m'est plus permis de vous appeler ainsi, mais cela n'empêche pas qu'il faut que je vous parle. Pourquoi êtes-vous si dure pour moi à présent, vous aviez un peu d'amitié pour moi autrefois, ne vous en souvenez-vous pas?

— Si, je m'en souviens? Mais certainement, je me rappelle que nous allions très bien ensemble quand nous étions enfants, mais les temps ont changé et nous avons grandi.

Elle continuait à parler du ton léger dont elle s'était servie vis-à-vis de lui, depuis qu'elle avait surmonté le moment d'impatience qu'elle avait eu en le reconnaissant. Elle était toujours préoccupée de ses projets, au travers desquels Rollin s'était malencontreusement placé.

Ils marchèrent pendant un moment, sans échanger une parole, dans l'avenue pleine de monde. Au nombre des passants se trouvait Jasper Chase. Il reconnut Rachel et Rollin et les salua au passage. Rollin regarda la jeune fille d'un air scrutateur et s'écria : « Je voudrais être cet homme-là, peut-être alors aurais-je quelque chance. »

Rachel rougit malgré elle, pourtant elle ne dit rien et pressa un peu le pas. Mais Rollin semblait décidé à lui dire quelque chose qu'elle ne pouvait éviter d'entendre. Après tout elle se dit qu'il devrait, tôt ou tard, savoir la vérité, et qu'elle ferait tout aussi bien de l'écouter enfin.

— Vous savez parfaitement, Rachel, quels sont mes sentiments envers vous. N'y a-t-il point d'espoir pour moi ? Je pourrais pourtant vous rendre heureuse, il y a tant d'années que je vous aime.

— Quel âge me supposez-vous donc ? s'écria Rachel avec un rire forcé. Elle se sentait, elle ne savait pourquoi, tout à fait hors de son assiette ordinaire.

— Vous comprenez très bien ce que je veux dire, riposta Rollin, et vous n'avez pas le droit de vous moquer de moi, pour la seule raison que je désire que vous m'épousiez.

— Je ne me moque pas de vous, Rollin, mais il est inutile de me parler de cela.

Rachel avait hésité avant de l'appeler par son nom, puis elle l'avait fait avec une telle simplicité qu'il ne pouvait pas se méprendre sur la signification de ce terme familier, qui ne s'adressait, bien certainement, qu'au compagnon d'enfance et non pas à l'ami de l'heure présente.

— C'est impossible ! ajouta-t-elle, un peu troublée, quoi qu'elle en eût, par cette demande en mariage reçue en pleine rue.

— Pourriez-vous… je veux dire : pourrai-je espérer qu'avec le temps !…

— Non ! interrompit Rachel qui se reprocha, plus tard, d'avoir été un peu trop dure envers lui.

Ils continuèrent leur chemin en silence. Ils approchaient de la demeure de Rachel, à laquelle il tardait de mettre fin à cette entrevue.

Au moment où ils quittaient l'avenue pour entrer dans une rue plus tranquille, Rollin reprit tout à coup la parole, avec une véhémence, et un accent mâle qui lui avaient manqué jusqu'alors. Il y avait dans sa voix une dignité qui frappa Rachel comme quelque chose de très nouveau.

— Miss Winslow, je vous demande d'être ma femme ? Y a-t-il quelque espoir que vous y consentiez jamais ?

— Pas le moindre, répondit Rachel d'un ton décidé.

— Voulez-vous me dire pourquoi ?

Il posait cette question comme s'il avait le droit d'exiger une réponse absolument sincère.

— Je n'ai pas pour vous les sentiments qu'une, femme doit avoir pour l'homme qu'elle épousera.

— En d'autres termes, vous ne m'aimez pas ?

— Je ne vous aime pas, je ne pourrais pas vous aimer.

— Pourquoi ?

Cette seconde question, aussi péremptoire que la première, étonna Rachel.

— Parce que...

Elle hésita, dans la crainte d'en dire trop, si elle essayait de lui exposer l'entière vérité.

— Dites-moi pourquoi, je vous prie. Vous ne pouvez pas me blesser davantage que vous ne l'avez fait déjà.

— Eh bien, je ne puis vous aimer parce que vous n'avez pas de but dans la vie. Que faites-vous donc pour rendre le monde meilleur ? Vous passez votre temps au club, dans les amusements, les voyages, le luxe. Qu'y a-t-il dans une pareille existence qui puisse attirer une femme ?

— Pas grand-chose, je l'avoue, répondit Rollin, avec un ricanement. Cela n'empêche pas que je ne sois point, que je sache, pire que les autres hommes qui m'entourent. Je ne suis pas même aussi mauvais que quelques-uns d'entre-eux. Enchanté, quand même, de savoir votre opinion.

Il s'arrêta brusquement, souleva son chapeau, salua gravement et tourna le dos à Rachel, qui rentra chez elle et courut s'enfermer dans sa chambre, pour chercher un peu de calme après les événements imprévus qui l'avaient si fort agitée, au cours de cette journée.

Mais à peine y avait-elle un peu réfléchi, qu'elle se sentit condamnée, elle-même, par le jugement qu'elle venait de prononcer sur Rollin Page. Quel but avait-elle dans la vie ? Elle était allée étudier le chant auprès des professeurs les plus fameux de l'Europe, après quoi elle était rentrée à Raymond où, depuis un an, elle chantait dans le chœur de la Première Église. On la payait bien, et jusqu'à ce dimanche, dont si peu de jours la séparaient, elle avait été pleinement satisfaite d'elle-même et de sa position. Elle avait partagé l'ambition de sa mère, et désiré des triomphes grandissants dans le monde musical. En quoi la carrière qui s'ouvrait devant elle aurait-elle différé de celle de toute autre cantatrice de profession ?

Elle se posait maintenant cette question et, à la lumière des reproches adressés à Rollin, elle était forcée d'avouer qu'elle ne servait pas à grand-chose dans ce monde. Que ferait Jésus ? Elle possédait dans sa voix une fortune ; elle le savait, sans en tirer vanité, mais comme un fait incontestable, et jusqu'alors elle n'avait eu d'autre but que d'employer cette voix à récolter de l'argent et des applaudissements. Etait-ce, après tout, une ambition plus haute que celle de Rollin Page ?

Elle resta longtemps assise dans sa chambre, puis elle descendit auprès de sa mère, bien résolue à avoir avec elle une franche explication, à propos de l'offre de la Compagnie de concerts et des projets nouveaux qui se dessinaient toujours plus nettement devant elle.

— Maman, commença-t-elle, pour aborder la question de front, je me suis décidée à ne pas me joindre à cette tournée de concert, j'ai une bonne raison pour cela.

Mme Winslow était une grande et belle femme, aimant le monde, anxieuse d'occuper une place en vue dans la société, et très désireuse d'assurer à ses enfants le genre de succès qui lui semblaient désirables au plus haut degré. Son fils cadet, de dix ans plus jeune que Rachel, était dans une école militaire. Pour le moment elle vivait seule avec sa fille, M. Winslow étant mort pendant que celle-ci séjournait en Europe et, comme Virginia, Rachel allait se trouver en désaccord complet avec son entourage immédiat.

Mme Winslow restait silencieuse attendant, évidemment, que sa fille s'expliquât plus clairement.

— Vous vous rappelez la promesse que j'ai faite il y a eu dimanche huit jours, maman ?

— La promesse de M. Maxwell ?

— Non, la mienne. Vous savez ce que c'était ?

— Je crois le savoir. Tout naturellement chaque membre d'une Église a l'intention d'imiter Christ et de le suivre, pour autant que cela peut se concilier avec les exigences de notre vie actuelle. Mais qu'est-ce que cela a de commun avec votre décision, touchant cette affaire de concerts ?

— Simplement cela, qu'après m'être demandé ce que ferait Jésus et avoir cherché la lumière à la source de toute sagesse, j'ai été obligée de me dire qu'à ma place il ne ferait pas de ma voix cet usage-là.

— Pourquoi ? Y a-t-il quelque chose de mal dans une carrière pareille ?

— Non, je ne crois pas qu'il y en ait.

— Prétendez-vous juger ceux qui chantent dans des concerts ? Affirmeriez-vous qu'ils font ce que Christ ne ferait pas ?

— Maman, comprenez-moi, je vous prie. Je ne juge personne, je ne condamne aucun chanteur de profession. Je décide seulement de ce qui me concerne moi seule, et je crois qu'à ma place Jésus ferait quelque chose d'autre.

— Quoi donc ?

M#me# Winslow restait calme. Elle ne comprenait ni la situation ni l'attitude de Rachel ; son seul souci était toujours que la carrière de sa fille fût aussi brillante et distinguée que ses dons naturels permettaient de l'espérer. Elle ne doutait point qu'une fois l'excitation religieuse, qui régnait pour l'heure dans la Première Église, passée, Rachel ne revînt à des idées conformes aux vœux de sa famille. Elle n'était donc point préparée à entendre ce qui lui restait à apprendre.

— Quoi ? Quelque chose qui serve à cette partie de l'humanité qui a le plus grand besoin d'entendre chanter. Voyez, maman, j'ai besoin d'user de ma voix d'une manière qui mette mon âme au large, j'ai besoin de me dire que je fais quelque chose de meilleur que de plaire à des auditeurs élégants, ou de gagner de l'argent, ou même de chanter pour mon propre plaisir. Je vais faire quelque chose qui réponde d'une façon satisfaisante à ma question quand je me demanderai : « que ferait Jésus ? » Et cette réponse, je sens que je ne la trouverais pas dans la carrière qui s'ouvrait devant moi, et à laquelle je renonce.

Elle parlait avec un feu et un sérieux qui surprirent sa mère, mais celle-ci était fâchée maintenant, et ne cherchait plus à cacher sa désapprobation.

— C'est simplement absurde, Rachel ! Vous n'êtes qu'une fanatique et je ne vois pas ce que vous prétendez pouvoir faire !

— Le monde a été servi par des hommes et des femmes qui lui ont donné plus que de simples talents. Pourquoi devrais-je, moi qui en ai reçu un, en trafiquer aussitôt, et l'employer à gagner tout l'argent qu'il est susceptible de me procurer ? Vous savez bien que vous m'avez appris à considérer ma carrière musicale au point de vue du succès social et financier. Je n'ai pas pu, depuis que j'ai fait cette promesse me représenter Jésus se joignant à cette société, et vivant la vie que je vivrais si je suivais cette voie.

Mme Winslow se leva, puis rassit. Elle se dominait à grand-peine.

— Avec tout cela vous n'avez pas répondu à ma question : Que comptez-vous faire ?

— Je continuerai, pour le moment, à chanter à l'église, je me suis engagée à le faire pendant tout le printemps. Durant la semaine, j'irai chanter aux réunions de la Croix-Blanche, là-bas, dans le quartier du Rectangle.

— Quoi ? savez-vous bien ce que vous dites, Rachel Winslow ? Savez-vous quelle sorte de gens on rencontre là-bas ?

La voix menaçante de sa mère fit frissonner Rachel ; elle se recula instinctivement et resta silencieuse un moment.

— Oui, je le sais, reprit-elle enfin, et c'est la raison pour laquelle je veux y aller. Il y a plusieurs semaines que M. et Mme Gray y travaillent. J'ai appris ce matin qu'ils voudraient que quelques-uns des membres des chœurs des Églises vinssent les aider. Ils ont dressé une grande tente où ils tiennent leurs réunions, dans cette partie de la ville où il est le plus urgent de porter l'Évangile, et je vais leur offrir mon concours. Rachel s'arrêta pour reprendre haleine, puis elle s'écria avec une explosion de passion, la première à laquelle elle eût cédé : Oh ! mère ! Je désire faire quelque chose qui me coûte, quelque chose qui exige de moi quelque sacrifice. Je sais que vous ne me comprenez pas, mais j'ai soif de souffrir un peu. Qu'avons-nous fait, durant toute notre vie, pour cette partie de Raymond où l'on souffre et où l'on pèche plus qu'ailleurs peut-être ? En quoi avons-nous renoncé à nous-mêmes, et à nos aises, et à nos plaisirs, pour répandre la joie dans la ville que nous habitons, et pour donner au monde l'exemple que lui a donné notre Sauveur ? Continuerons-nous à vivre toujours la vie égoïste que la société nous prescrit, à nous contenter de plaisirs étroits et de distractions mondaines, sans jamais connaître le prix des choses qui coûtent.

— Est-ce un sermon que vous me faites ? demanda lentement Mme Winslow.

— Non, répondit Rachel d'une voix douce, c'est à moi-même que je l'adresse. Elle s'arrêta, espérant que sa mère ajouterait quelque chose, puis, comme rien ne venait, elle sortit du salon. Quand elle atteignit sa chambre elle avait compris qu'elle ne pouvait compter, de la part de sa mère, ni sur de la sympathie, ni même sur une simple compréhension de ses actes.

Elle s'agenouilla... Et ici il est permis d'affirmer que depuis le jour où l'Église d'Henry Maxwell s'était trouvée en face de l'homme aux vêtements usés, et au chapeau râpé, un plus grand nombre de ses paroissiens étaient tombés sur leurs genoux, que ce n'avait été le cas durant tout le cours de son ministère.

Quand elle se releva, son beau visage était inondé de larmes. Elle s'assit à sa table à écrire et traça quelques lignes à l'adresse de Virginia Page. Elle redescendit ensuite l'escalier, afin de les remettre à un messager, après quoi elle rentra au salon et dit à sa mère que Virginia et elle comptaient se rendre, ce soir-là, au Rectangle pour voir M. et Mme Gray, les évangélistes.

— Le Dr West, l'oncle de Virginia, viendra avec nous. Je l'ai priée de le lui demander par téléphone. Il est lié avec les Gray, et l'hiver dernier il a pris part à quelques-unes de leurs réunions.

Mme Winslow ne fit aucune remarque. Son attitude exprimait suffisamment sa complète désapprobation de la conduite de sa fille, et celle-ci comprit l'amertume que cachait son silence.

Il était près de sept heures quand le docteur et Virginia vinrent prendre Rachel; tous les trois se dirigèrent ensemble vers le Rectangle, le quartier le plus notoirement corrompu de Raymond. Il était situé à proximité des grands ateliers du chemin de fer et des entrepôts. Les bouges et les tavernes de la ville y déversaient leurs plus mauvais éléments. Le Rectangle proprement dit était une vaste place, occupée, en été par des cirques, des baraques, et des spectacles forains de la pire espèce. Des rangées de débits de boissons, de maisons de jeux, de restaurants, et de pensions sales et à bas prix, l'entouraient.

La Première Église de Raymond n'avait jamais abordé le problème du Rectangle. C'était trop hideux, trop grossier, trop corrompu, trop répugnant pour que des gens de bonne compagnie s'en rapprochassent. On avait bien fait une tentative d'assainissement en y envoyant, à l'occasion, une société de chant, une députation de moniteurs d'écoles du dimanche, ou quelques évangélistes pris dans l'une ou l'autre des congrégations de la ville. Mais l'Église de Raymond n'avait jamais, comme institution, rien fait de sérieux pour battre en brèche la citadelle du mal qu'était le Rectangle.

C'est au cœur même de cette partie de la ville où le péché s'étalait sous sa forme la plus grossière, qu'un évangéliste, aidé de sa brave petite femme, avait, depuis quelques mois, dressé une vaste tente et commencé à tenir des réunions régulières. Ils avaient sollicité l'aide des chrétiens de leur connaissance, et la tiédeur des premières belles soirées de printemps leur avait valu un renfort inaccoutumé. Mais ils manquaient toujours de musique, surtout de bonne musique. L'ami qui jouait en général l'harmonium venait de tomber malade, et le peu de chanteurs dont ils disposaient ne brillaient pas par l'éclat des voix.

— Nous aurons peu de monde ce soir, John, dit Mme Gray comme ils entraient dans la tente, un peu après sept heures, pour arranger les bancs et allumer les lumières.

— Oui, je le pense aussi, répondit M. Gray, un petit homme doué d'un timbre de voix agréable, et possédant le courage d'un lutteur. Il s'était déjà fait des amis dans le voisinage, et un de ses nouveaux convertis, un grand gaillard au visage rude, entrait justement pour l'aider à disposer les sièges autour de l'estrade.

Huit heures venaient de frapper quand Alexandre Power sortit de son bureau pour rentrer chez lui. Il se disposait à monter dans un tram, à l'angle du Rectangle, quand son attention fut attirée par un chant qui semblait venir de la tente des Gray.

C'était Rachel Winslow qui chantait, et il s'arrêta pour l'écouter. Il était encore en plein dans la crise de conscience qu'il traversait, et dans l'incertitude au sujet de la façon dont il devait résoudre la question qui s'imposait à lui. Toute sa carrière passée l'avait préparé le moins possible à entrer dans la voie de sacrifice qu'il pressentait, vaguement, comme devant être la sienne, et il ne savait encore à quoi se décider.

Que chantait donc Rachel Winslow, et comment se trouvait-elle là ? Dans les maisons voisines, les fenêtres s'ouvraient, deux hommes qui se disputaient devant un café s'arrêtèrent pour écouter, on voyait, de tous les points du Rectangle, des gens accourir vers la tente. Jamais Rachel ne s'était sentie aussi heureuse ; jamais elle n'avait chanté pareillement dans la Première Église. Alexandre Power se disait qu'elle avait vraiment une voix merveilleuse, et maintenant il comprenait chacune des paroles qu'elle prononçait avec une netteté parfaite :

> Ah ! quand même pour te suivre
> Il faudrait souffrir,
> Pour Toi, Sauveur, je veux vivre
> Et mourir !
> Car tu soutiendras ma tête
> Dans les grandes eaux,
> M'ouvrant après la tempête
> Le repos !

Une vie nouvelle semblait pénétrer dans ce Rectangle brutal, immoral et impur avec ce chant qui flottait dans l'air, avec ces accents aussi purs et éthérés que l'entourage était vil et bas. Quelqu'un passa auprès d'Alexandre Power en disant : « La tente regorge de monde ce soir. C'est ce qu'on appelle de la musique, ça eh ! »

Le directeur fit encore quelques pas dans la direction de la tente, puis, après un instant d'indécision, il revint en arrière et monta dans le tram. Mais il n'avait pas encore cessé d'entendre la voix de Rachel, que déjà il savait comment il résoudrait la question qu'il s'était posée sur ce que ferait Jésus.

Chapitre IV

> Si quelqu'un veut venir après moi, qu'il renonce à lui-même, qu'il se charge de sa croix, et qu'il me suive.
>
> (Luc 9.23)

Henry Maxwell se promenait de long en large dans sa chambre, tout en préparant son service du mercredi soir. D'une de ses fenêtres il apercevait dans le lointain les hautes cheminées des ateliers du chemin de fer, et par une échappée, entre les toits entourant le Rectangle, le haut de la tente de l'évangéliste.

Chaque fois que le pasteur de la Première Église passait près de cette fenêtre, il jetait un regard au dehors. Enfin il s'assit à son bureau, posa devant lui une grande feuille de papier, et, après un moment de réflexion, écrivit d'une grosse écriture ferme :

Choses que Jésus ferait probablement, s'il était pasteur de cette paroisse :

I. Il vivrait d'une manière simple et modeste, sans luxe in-

utile d'un côté, sans ascétisme exagéré de l'autre.
- **II.** Il prêcherait sans crainte contre les hypocrites de l'Église, quelle que soit leur position sociale ou leur fortune.
- **III.** Il témoignerait, sous une forme pratique, de la sympathie et de l'affection aux gens du peuple, aussi bien qu'aux personnes bien élevées et comme il faut qui forment la majorité de la congrégation.
- **IV.** Il s'occuperait des grandes causes de l'humanité, d'une manière active et qui exigerait du renoncement et des sacrifices personnels.
- **V.** Il prêcherait contre l'alcoolisme.
- **VI.** Il deviendrait l'ami des gens de mauvaise vie qui peuplent le Rectangle.
- **VII.** Que ferait encore Jésus, s'il était à la place d'Henry Maxwell ?

Il se rendait compte, avec une humilité qu'il ne connaissait point autrefois, de tout ce qui manquait, en force et en profondeur, à cette esquisse de la conduite probable de Jésus, mais il cherchait sincèrement à la formuler en termes concrets. Chacun des points qu'il venait d'indiquer impliquait un changement complet des habitudes contractées durant tout le cours de son ministère. Et pourtant il cherchait à pénétrer plus avant encore dans la pensée du Christ. Il n'écrivait plus, mais, immobile devant son pupitre, il s'absorbait dans son effort pour faire passer, de plus en plus, la pensée de Jésus dans sa propre vie. Il en avait oublié complètement de songer au sujet qu'il se proposait de traiter, le soir même, dans sa réunion de prière.

Il était tellement plongé dans ses réflexions qu'il n'entendit pas la cloche sonner, et qu'il tressauta quand la domestique vint lui annoncer que quelqu'un demandait à le voir. Le visiteur avait donné son nom, c'était M. Gray.

M. Maxwell s'avança jusqu'à l'escalier et pria le nouveau venu de monter.

— Nous serons mieux ici pour causer, ajouta-t-il. L'évangéliste obéit à l'invitation qui lui était faite et, sans tarder, se mit à expliquer le but de sa visite.

— J'ai besoin de votre aide, M. Maxwell. Vous avez sans doute appris quelles magnifiques réunions nous avons eues lundi soir, et hier encore, Miss Winslow a fait avec sa voix ce à quoi je n'avais jamais réussi, et notre tente s'est trouvée trop petite pour contenir la foule qui s'y pressait.

— Oui, on me l'avait dit. C'était la première fois que ces gens l'entendaient chanter, il n'est pas étonnant qu'elle les ait attirés.

— Cela a été une véritable révélation pour nous et un grand encouragement dans notre œuvre. Mais je venais vous demander si vous ne pourriez pas parler à ces gens ce soir. Je suis si enrhumé que je ne crois pas pouvoir compter sur ma voix. Je sais que c'est beaucoup demander d'un homme aussi occupé que vous, aussi, si vous ne pouvez pas le faire, dites-le moi franchement, je tâcherai de trouver quelqu'un d'autre.

— Je suis humilié de ne pouvoir vous rendre ce service, mais j'ai moi-même ma réunion de prière ordinaire, commença Henry Maxwell, puis tout à coup il reprit : Je crois, que je pourrai m'arranger de façon à me rendre au Rectangle, ainsi comptez sur moi.

L'évangéliste le remercia avec effusion et se leva pour prendre congé.

— Ne pourriez-vous rester encore un instant, Gray, pour que nous priions ensemble.

— Oui, répondit-il simplement.

La prière de M. Maxwell ressemblait à celle d'un enfant. Elle toucha M. Gray jusqu'aux larmes. Il y avait quelque chose d'étrange à entendre cet homme, qui avait passé toute sa vie de pasteur dans les étroites limites d'un ministère exactement défini, demander la sagesse et la force nécessaires pour s'adresser au peuple du Rectangle.

— Que Dieu vous bénisse, M. Maxwell, lui dit Gray quand ils se relevèrent. Je suis certain que le Saint-Esprit vous communiquera sa force, ce soir.

Henry Maxwell ne répondit rien. Il n'osait pas même dire qu'il l'espérait également, mais il pensait à sa promesse, et cette pensée lui communiquait une paix, bienfaisante, à la fois à son cœur et à son esprit.

C'est ainsi que l'auditoire réuni ce soir-là dans la sacristie de la Première Église eut une nouvelle surprise.

Il y avait un nombre inusité de membres présents, car les réunions de prière étaient, depuis ce mémorable dimanche matin, beaucoup plus suivies qu'elles ne l'avaient jamais été auparavant.

Le pasteur mit aussitôt l'assemblée au courant de la situation. Il parla de l'œuvre de M. Gray et de la requête qu'il lui avait adressée.

— Il me semble que je dois répondre à cet appel, et je vous laisse décider si vous voulez supprimer la réunion de ce soir ou la continuer sans moi. Peut-être le mieux serait-il que quelques-uns d'entre vous m'accompagnent au Rectangle, tandis que les autres resteraient ici et demanderaient pour nous le secours du Saint-Esprit.

Une demi-douzaine d'hommes se levèrent pour aller avec Henry Maxwell, le reste de l'assemblée demeura dans la sacristie. M. Maxwell ne put s'empêcher de se dire, en s'éloignant, qu'il n'y avait probablement pas, dans toute son Église, une poignée d'hommes capables de travailler efficacement à amener des gens pauvres et dévoyés à la connaissance de Christ. Cette pensée n'était pas un reproche adressé à sa congrégation, elle tenait simplement à la façon toute nouvelle dont il commençait à envisager la signification de ces mots : disciple de Christ.

Quand ils atteignirent le Rectangle, la tente était déjà bondée, et ils eurent quelque peine à gagner l'estrade. Rachel s'y trouvait avec Virginia et Jasper Chase, qui les avait accompagnées à la place du docteur, empêché de se joindre à elles.

Quand la réunion commença par le chant d'un cantique dont Rachel chantait le solo, tandis que tous les assistants étaient priés d'entonner le chœur, il ne restait pas un espace libre dans la vaste tente. L'air était doux ; on avait relevé les bords de la toile et on apercevait, au dehors, une foule de visages qui formaient la partie extérieure de l'auditoire.

Après le chant et une prière, prononcée par un des pasteurs

de la ville, qui se trouvait là aussi, M. Gray expliqua pourquoi il ne pouvait parler longuement et, avec sa simplicité habituelle, remit la suite du service au « frère Maxwell de la Première Église. »

— Qui est ce type demanda une voix rude, qui venait des confins de la tente.

— Le ministre de la Première Église. Nous avons tout le fin monde de la ville ce soir.

— Parlez-vous de la Première Église ? Je la connais. Mon propriétaire s'y paie une des premières places, cria, une autre voix qui provoqua un éclat de rire général, car celui qui venait de parler était le tenancier d'une taverne fort mal famée.

Marchons, marchons, allons en Canaan

commença un homme ivre qui, sans s'en douter, imitait ni bien le ton nasillard d'un chanteur de rue, fort connu dans le voisinage, que les rires et les applaudissements redoublèrent au dehors. Les gens réunis à l'intérieur de la tente se mirent à protester. « Faites-le sortir. Donnez donc à la Première Église la chance de montrer ce qu'elle vaut » — « Non, un chant, un chant, nous voulons du chant », criait-on de tous côtés.

Henry Maxwell se leva, une poignante angoisse l'étreignait. C'était bien autre chose que de prêcher aux habitants respectables, bien habillés, bien élevés, des boulevards. Il prononça quelques paroles, mais le tumulte ne faisait qu'augmenter. En vain M. Gray était-il descendu de l'estrade, il ne parvenait pas à calmer la foule. Henry Maxwell haussa la voix ; à l'intérieur de la tente on semblait disposé à lui prêter quelqu'attention, mais au dehors le bruit allait toujours croissant. Au bout de quelques minutes il se sentit débordé. Il se tourna alors vers Rachel avec un triste sourire.

— Chantez quelque chose, Miss Winslow, ils vous écouteront, dit-il, puis il s'assit et cacha sa tête dans ses mains.

L'occasion était là pour Rachel qui ne la laissa pas échapper. Virginia était assise devant l'harmonium, elle préluda par quelques accords à l'hymne que son amie venait de lui indiquer :

> Saisis ma main craintive
> Et conduis-moi ;
> Fais que toujours je vive
> Plus près de toi.
> Sans toi, mon tendre Père,
> Pour me guider,
> Je ne sais sur la terre
> Comment marcher.

Rachel n'avait pas chanté la première ligne, que tous les visages réunis dans la tente se tournaient vers elle ; avant qu'elle eût terminé la strophe, elle avait dompté le Rectangle ; il se tenait à ses pieds comme une bête sauvage, soudain apprivoisée, elle l'avait rendu inoffensif par le seul pouvoir de sa voix. Ah ! qu'étaient donc les auditeurs élégants, parfumés et blasés, des salles de concerts, à côté de ces êtres avinés, dégradés, révoltés, qui tremblaient, pleuraient et devenaient si étrangement recueillis sous la divine influence de cette belle jeune fille ! Henry Maxwell, quand il releva la tête et vit la transformation opérée dans cette tourbe humaine, entrevit ce que Jésus aurait fait, probablement, d'une voix comme celle de Rachel Winslow. Jasper

Chase, assis dans un coin de l'estrade, ne quittait pas la cantatrice des yeux, et s'avouait que toutes ses ambitions de romancier disparaissaient, devant le désir de gagner son amour. Et, plus loin, dans l'ombre, au dehors de la tente, se tenait la dernière personne qu'on se serait attendu à voir dans une réunion de ce genre : Rollin Page qui, bousculé de côté et d'autre par ces hommes et ces femmes aux vêtements sordides, ne prêtait aucune attention aux regards moqueurs fixés sur lui, mais s'absorbait entièrement dans la contemplation de Rachel. Il arrivait tout droit de son club, et ni Virginia, ni son amie, ne se doutèrent de sa présence.

Le chant s'était tu. Henry Maxwell se leva de nouveau et cette fois il se sentait parfaitement calme. Il se demandait : « que ferait Jésus ? » et il parla comme jamais il n'aurait cru pouvoir le faire. Qui étaient ces gens ? Des âmes immortelles. Qu'était le christianisme ? Un appel à la repentance, non des justes, mais des pécheurs. Comment Jésus leur parlerait-il, que leur dirait-il ? Il n'aurait su dire tout ce que son message aurait été, mais il sentait, cependant, qu'il en reproduisait, certainement, une partie. Jamais jusqu'alors il n'avait éprouvé de « compassion pour la multitude ». Qu'avait-elle été pour lui, cette multitude, durant ses dix années de ministère à la Première Église, si ce n'est un facteur vague, dangereux, répugnant, et inquiétant, de la société, placé en dehors de l'Église et de sa portée ; un élément qui lui causait parfois un désagréable tiraillement de conscience, une des faces de la population de Raymond désignée dans la presse religieuse comme « les masses », avec cette remarque : que « les masses » n'étaient pas atteignables. Mais ce soir qu'il voyait « les masses » devant lui, il se demandait si ce n'était pas justement avec des multitudes de ce genre-là que Jésus se trouvait le plus souvent en contact, et il se sentait pris pour elles de cet amour brûlant, qui est le signe le plus certain qu'un prédicateur est vraiment pénétré, lui-même, de l'Esprit de vie. Il est facile d'aimer un pécheur individuel, surtout s'il est intéressant et pittoresque, mais aimer une multitude de pécheurs est une vertu distinctement chrétienne.

Quand la réunion fut terminée, rien n'indiqua qu'elle eût éveillé chez les auditeurs un intérêt spécial. Ils se dispersèrent rapidement, et les tavernes qui s'étaient vues délaissées, pour un moment, retrouvèrent en plein leur clientèle. Le Rectangle, comme pour rattraper le temps perdu, se replongea avec délice dans sa nuit de débauche. La petite troupe, qui se dirigeait vers la station du tramway, en eut la preuve sur son chemin.

— C'est un endroit terrible, s'écria Henry Maxwell, tandis qu'ils attendaient le tram. Je n'avais jamais réalisé le fait que Raymond contenait une populace pareille. Il semble impossible, après l'avoir constaté, de croire que cette ville soit pleine de gens faisant profession de christianisme.

Après un moment de silence il reprit : Croyez-vous que personne puisse jamais ôter du milieu de nous ces débits d'eau-de-vie, qui sont pour notre peuple une malédiction ? Pourquoi ne nous liguons-nous pas contre ce trafic ? Que ferait Jésus ? Garderait-il le silence ? Sanctionnerait-il par son vote des abus qui conduisent au crime et à la mort ?

Il se parlait à lui-même, plutôt qu'il ne s'adressait à ses compagnons ; il se souvenait d'avoir toujours, avec la grande majorité des membres de son Église, voté pour que l'on accordât des patentes à tous les débitants qui en feraient la demande. Maintenant qu'il considérait cette question à un point de vue nouveau, la théorie de la liberté illimitée du commerce ne lui paraissait plus si simple, et il se demandait si Jésus, à sa place, n'aurait pas prêché contre l'eau-de-vie, sans s'inquiéter de ce qu'une pareille prédication pourrait avoir d'impopulaire, et malgré les chrétiens qui estimaient que le mal ne pouvant être supprimé, la meilleure chose à faire était d'en tirer un profit pécuniaire ? Et à supposer que des chrétiens possédassent des immeubles où se trouvaient des cafés et des tavernes, comme c'était le cas à Raymond, Jésus se serait-il tu ?

Le lendemain, quand il entra dans son cabinet de travail, il n'avait pas encore résolu cette question. Il y pensa tout le long du jour ; il y songeait encore quand le *Journal* arriva. Sa femme le lui apporta elle-même et s'assit près de lui pour qu'il en fît la lecture.

Le *Journal* était maintenant, à Raymond, la feuille sensationnelle par excellence ; il était rédigé d'une façon si remarquable que jamais ses abonnés ne l'avaient ouvert avec autant de curiosité.

L'absence de mention du concours de lutte les avaient frappés en premier, puis ils s'étaient aperçus qu'il ne publiait plus en détail les histoires de crimes et ne mentionnait plus les scandales d'ordre privé. Ils remarquaient également que peu à peu un triage s'opérait dans les annonces. La suppression du numéro du dimanche avait été jusqu'alors la mesure la plus vivement commentée, mais le caractère nouveau des articles du jour la rejetait depuis peu au second plan. Une citation, empruntée au numéro du lundi précédent, donnera une idée de la manière dont Edouard Norman tenait sa promesse. L'article auquel elle est empruntée était intitulé :

Le côté moral des questions politiques.

« Le rédacteur du journal a toujours défendu les principes du grand parti maintenant au pouvoir et discuté, par conséquent, les questions politiques à un point de vue opportuniste, et en professant une foi entière en l'infaillibilité de ce parti. Dorénavant, afin d'être parfaitement honnête vis-à-vis de ses lecteurs, le rédacteur présentera et discutera les questions du jour au point de vue du bien et du mal. En d'autres termes : il ne se demandera pas, en premier lieu : « est-ce dans l'intérêt de notre parti, est-ce conforme aux principes professés par ce parti » mais bien : « cette mesure est-elle en accord avec l'esprit et les enseignements de Jésus, l'auteur du plus haut idéal qui ait été proposé aux hommes. » Cela revient à dire que le côté moral de chaque question politique sera considéré comme son côté essentiel, et que nous affirmerons que les devoirs des nations étant identiques à ceux des individus, les uns et les autres doivent considérer comme leur première règle de conduite de faire tout pour la gloire de Dieu.

Le même principe sera observé, par la rédaction, en ce qui concerne les candidats aux places vacantes dans les conseils et les différents départements de la République. Nous travaillerons de tout notre pouvoir à faire triompher les hommes les plus capables, et nous n'appuierons, le sachant et le voulant, aucun candidat qui ne soit digne de toute confiance, fût-il ouvertement patronné par notre parti. La première question que nous nous poserons sera toujours celle-ci : est-il bien l'homme qu'il faut pour remplir cette place ? Est-il honnête et a-t-il les capacités requises ?... »

Des centaines d'électeurs de Raymond avaient lu ces lignes, et s'étaient frottés les yeux d'étonnement. Un bon nombre d'entre eux avaient même refusé immédiatement le journal. Il n'en continuait pas moins à paraître, et à être lu avec avidité dans toute la ville. Edouard Norman savait cependant, à n'en pouvoir douter, que ses abonnés diminuaient rapidement, mais il ne perdait pas courage, quand même Clark, son rédacteur en second, prenait un certain plaisir à lui prophétiser avec emphase la banqueroute prochaine.

Tandis qu'Henry Maxwell lisait le journal à sa femme, il découvrait à chaque page des preuves de la fidélité avec laquelle Norman remplissait sa promesse. En vain y eût-on cherché des articles vulgaires ou sensationnels, tout y était de bon ton et avait une réelle valeur. Il remarqua que la plupart des collaborateurs avaient signé leurs articles et soigné davantage leur style.

— Voilà Norman qui a obtenu de ses reporters qu'ils signent ce qu'ils écrivent, dit-il. Il m'en avait parlé et je crois que c'est là une chose excellente. Cela fixe les responsabilités et rehausse le niveau des travaux publiés. Collaborateurs et public en bénéficieront, certainement.

Tout à coup M. Maxwell s'arrêta. Sa femme leva les yeux de

dessus l'ouvrage qu'elle tenait à la main, pour voir ce qui causait cette interruption. Il lisait quelque chose avec une attention intense.

— Écoutez cela, Marie, reprit-il au bout d'un moment, d'une voix qui tremblait :

« Nous apprenons que ce matin Alexandre Power, directeur en chef des ateliers du chemin de fer de notre ville, a remis sa démission à la compagnie, en donnant, pour raison de cet acte, le fait qu'il a eu la preuve que la dite compagnie viole, d'une manière flagrante, les lois commerciales, aussi bien que celles que l'État a récemment instituées, dans le but d'empêcher que les chemins de fer ne favorisent certains accapareurs, au détriment du public. M. Power ajoute qu'il ne peut pas se faire complice des fraudes commises en les taisant, et qu'il en a informé l'autorité compétente, à laquelle il appartient maintenant d'agir.

Le *Journal* tient à déclarer qu'il approuve absolument la conduite de M. Power. Il a perdu une place très avantageuse de son plein chef, et alors qu'en gardant le silence il l'aurait conservée d'une façon incontestable. Nous pensons que tous les citoyens honnêtes et désireux de voir les lois respectées, et les contrevenants punis, l'approuveront également. Dans des cas semblables à celui-ci, la contravention des compagnies de chemins de fer est en général fort difficile à prouver, parce qu'il est tacitement convenu que les employés qui en ont les preuves n'ont pas à s'en inquiéter, et peuvent s'en laver les mains. Nous n'avons pas à insister sur ce que cette façon d'esquiver les responsabilités a de démoralisant pour tous les jeunes gens qui entrent au service des compagnies.

A notre avis, M. Power a fait la seule chose que pût faire un chrétien. Il a rendu un service signalé à l'État et au public en général. Il n'est pas toujours facile de déterminer les devoirs du citoyen, pris individuellement envers la société, mais, dans le cas présent, la détermination prise par M. Power se serait imposée à tout homme ayant le respect de la loi et tenant à la faire respecter. Il est des cas où l'individu isolé doit agir pour le peuple pris dans son ensemble, même au prix des plus graves sacrifices. M. Power sera certainement peu compris et fort mal jugé par le grand nombre, mais tout citoyen désireux de voir les compagnies puissantes obligées de s'incliner devant la loi, aussi bien que l'individu le plus faible et le plus infime, lui donnera raison. Il a agi en citoyen loyal, patriote et indépendant... »

Henry Maxwell termina sa lecture et laissa tomber le journal.

— Il faut que j'aille voir Power, s'écria-t-il, ceci est le résultat de sa promesse.

Comme il se disposait à sortir, sa femme l'arrêta en lui disant :

— Croyez-vous vraiment, Henry, que Jésus aurait fait cela ?

Il hésita un instant, puis il répondit lentement :

— Oui, je crois qu'il l'aurait fait. En tous les cas, Power en est persuadé, et chacun de nous s'est engagé à décider cette question pour lui-même et non pas pour les autres.

— Que va-t-il advenir de sa famille ? Comment Mme Power et Celia prendront-elles la chose ?

— Fort mal, je le crains. Elles. ne comprendront pas la

conduite de Power, ce sera là sa croix.

M. Maxwell se rendit tout droit à l'appartement habité par les Power. A son grand soulagement, ce fut le maître de la maison lui-même qui vint lui ouvrir.

Les deux hommes se serrèrent la main en silence, ils n'avaient pas besoin de paroles pour se comprendre, jamais le pasteur et ses paroissiens ne s'étaient sentis en pareille communion d'esprit.

— Qu'allez-vous faire maintenant ? demanda M. Maxwell, après qu'il eut entendu raconter comment les choses s'étaient passées.

— Je n'ai pas encore de plan bien arrêté. Il est probable que je rentrerai dans les télégraphes. Ma famille n'aura à souffrir qu'au point de vue social.

Alexandre Power parlait avec calme, bien qu'avec tristesse. Le pasteur ne lui demanda pas ce que disaient sa femme et sa fille, il ne sentait que trop combien c'était le côté pénible de la situation.

— Il y a une chose que je voudrais vous prier de prendre en main, reprit M. Power, c'est l'œuvre que j'avais commencée dans les ateliers. Pour autant que je sache, la compagnie ne s'opposera point à ce qu'elle soit poursuivie. C'est une des contradictions usuelles dans le monde des chemins de fer d'encourager, par exemple, les Unions chrétiennes de jeunes gens, tandis qu'on se livre aux actes les moins chrétiens quand il s'agit des questions d'intérêt. Au reste, c'en est une encore, car il est entendu qu'il y a avantage à posséder des employés sobres, rangés, honnêtes, chrétiens en un mot. Je ne doute pas que le premier contre-maître ne rencontre la même courtoisie que moi, et que l'usage de la grande salle, où je vous ai conduit un jour, ne lui soit concédé à l'avenir, comme il me l'avait été à moi-même. Mais je n'en voudrais pas moins, M. Maxwell, être certain que vous veillerez à l'exécution de mon projet. Vous savez ce qu'était mon idée générale, et vous aviez fait une très bonne impression sur mes hommes. Allez leur parler le plus souvent que vous pourrez et, si possible, intéressez Milton Wright à la chose, il pourrait vous donner un bon coup de main, et vous procurer à très bas pris du café et les fournitures nécessaires à la correspondance. Je puis compter sur vous, n'est-ce pas ?

— Oui, répondit Henry Maxwell d'une voix cordiale. Ils restèrent encore quelques moments à causer, puis, quand ils se séparèrent, après avoir prié ensemble, ils échangèrent une de ces poignées de main qui semblaient être devenues entre eux le signe de leur confraternité comme disciples du Christ.

Le pasteur de la Première Église reprit le chemin de sa demeure, profondément ému par tous les événements qui venaient de se passer autour de lui. Il comprenait, petit à petit, que l'engagement d'agir comme l'aurait fait Jésus opérait une révolution dans sa paroisse et dans toute la ville. Chaque jour ajoutait aux résultats sérieux de cet engagement et il ne prétendait pas en avoir vu la fin. Il n'était, en réalité, qu'au début d'un mouvement destiné à changer l'histoire de centaines de familles, non seulement à Raymond, mais dans tous le pays. Quand il songeait à Edouard Norman, à Rachel et à Power, il ne pouvait s'empêcher de penser avec un intérêt intense à tout ce qu'on verrait encore se produire, si tous ceux qui avaient pris le même engagement qu'eux le tenaient fidèlement. Le tiendraient-ils tous, ou quelques-uns reviendraient-ils en arrière, quand leur croix leur semblerait devenir trop lourde ?

Son chemin passait à côté des grands magasins de Milton Wright, et il y entra, dans l'intention de serrer simplement la main à son paroissien, et de lui souhaiter bon courage pour poursuivre les réformes qu'il était en train, à ce qu'il avait entendu dire, d'introduire dans ses affaires. Mais quand Milton Wright le vit, il insista pour le faire asseoir dans son bureau et le mettre au courant de ses plans et projets. M. Maxwell se demandait, en l'entendant, si c'était bien là le négociant éminemment pratique, l'homme d'affaire avisé qui, préoccupé avant tout des intérêts de son commerce, considérait chaque chose au point de vue du : « cela payera-t-il ? »

Il ne sert à rien de chercher à le dissimuler, M. Maxwell, depuis que j'ai fait la promesse que vous savez, j'ai été obligé de transformer tout mon système commercial. J'ai fait depuis vingt ans une foule de choses dont je suis convaincu que Jésus ne les aurait pas faites, — mais ce n'est rien comparé à toutes celles qu'il aurait faites à ma place et auxquelles je n'ai pas même songé. Mes péchés d'omission ont dépassé les autres en nombre.

Je me suis dit que la première modification à apporter dans ma maison concernait la manière dont je considérais mes employés. Je suis descendu dans mes magasins, le lundi qui a suivi ce mémorable dimanche, en me disant : « Quelles relations Jésus aurait-il avec tous ces employés, commis, vendeurs, caissiers, teneurs de livres et autres, que j'ai sous mes ordres ? Ne chercherait-il pas à établir entre lui et eux des relations personnelles, différentes de celles qui règnent ici depuis tant d'années ? J'eus vite tranché la question d'une façon affirmative, puis je me mis à réfléchir aux moyens de mettre ma conviction nouvelle en pratique, et il me parut qu'il fallait, en premier lieu, réunir tout mon monde pour lui demander son avis. J'adressai donc à chacun de mes employés une convocation et, le mardi soir, nous étions tous réunis dans le plus vaste de mes locaux.

Il est résulté beaucoup de choses de cette assemblée ; je ne saurais vous les raconter toutes. J'ai essayé de parler à ces hommes comme il me semblait que Jésus l'aurait fait, et cela m'a été difficile, car je n'en avais aucune habitude et je me suis probablement fourvoyé sur plus d'un point. Malgré tout cela, vous ne sauriez croire l'effet que cela produisit sur quelques-uns de mes auditeurs ; avant que j'eusse fini de parler, je pouvais voir des larmes couler sur le visage de plus d'une douzaine d'entre eux. Et plus je me demandais : « que ferait Jésus ? » plus je comprenais que je devais entrer en des relations plus intimes et plus affectueuses avec ceux qui travaillent pour moi depuis si longtemps. Chaque jour me suggère une nouvelle modification, si bien que je suis actuellement plongé dans un remaniement complet de mes méthodes commerciales. Je suis tellement ignorant de tout ce qui touche à la coopération et à son application aux affaires, que je cherche à me procurer, sur ce sujet, les renseignements les plus divers. Je suis en train d'étudier la vie de Sir Titus Salt, le grand propriétaire des moulins de Bradfort, en Angleterre, celui qui a fait construire une cité modèle sur les bords de l'Aire. Il a, dans son système, beaucoup de choses qui me seront utiles, mais je n'en suis pas encore arrivé à des conclusions déterminées en ce qui concerne les détails. Je ne suis pas encore assez familiarisé avec les méthodes qu'employait Jésus. Mais voyez plutôt ceci :

Il avança la main et prit, dans un des casiers de son bureau, une feuille de papier qu'il tendit à M. Maxwell, en ajoutant :

— J'ai tracé là une sorte de programme qui me paraît conforme à la manière dont Jésus dirigerait un commerce comme le mien et je voudrais savoir ce que vous en pensez.

*Ce que Jésus ferait, probablement,
s'il était négociant comme Milton Wright :*

I. Il ne mettrait pas au premier rang la question du gain, mais il dirigerait ses affaires, en premier lieu, de manière à les faire servir à la gloire de Dieu.

II. Il ne considérerait jamais l'argent qu'il gagnerait comme lui appartenant en propre, mais comme un prêt qu'il devrait faire valoir pour le bien de l'humanité.

III. Ses relations avec tous les employés seraient empreintes d'affection et de bienveillance. Il ne pourrait s'empêcher de voir en eux autant d'âmes à sauver. Cette pensée serait toujours, pour lui, plus importante que celle des bénéfices à réaliser.

IV. Il ne ferait jamais la moindre chose malhonnête ou simplement d'une honnêteté discutable, et ne nuirait jamais, de propos délibéré, à un concurrent.

V. Les moindres détails, dans sa maison, seraient réglés selon des principes de justice et de charité.

VI. Ces mêmes principes se retrouveraient dans ses relations avec ses employés, ses clients et tous ceux avec lesquels ses affaires le mettraient en rapport.

Henry Maxwell lut lentement la page sur laquelle tout cela était inscrit ; il se rappelait que, le jour précédent, lui-même avait essayé également de donner une forme concrète à ses idées, concernant la conduite probable de Jésus. Quand il leva les yeux, il rencontra le regard interrogateur de Milton Wright.

— Croyez-vous qu'en agissant de la sorte vous continuerez à gagner quelque chose ? lui demanda-t-il.

— Oui, je le crois. Ne pensez-vous pas comme moi que la charité intelligente doit réussir mieux que l'égoïsme intelligent ? Quand les employés auront un intérêt dans une maison, quand, mieux que cela, ils sentiront qu'ils sont l'objet, de la part de leur chef, d'une affection personnelle, ne seront-ils pas plus actifs, plus soigneux des détails, plus désireux de voir les affaires prospérer ?

— Oui, il me semble que ce devrait être le cas, pourtant je crois qu'en thèse générale, la plupart des négociants en douteraient. Mais quelles seront vos relations avec le monde égoïste, qui ne conçoit pas qu'on puisse songer à gagner de l'argent selon des principes chrétiens ?

Il y aura là, certainement, des difficultés à vaincre, mais elles ne me paraissent pas insurmontables. L'idée de la coopération, d'ailleurs, n'est pas nouvelle, je vous ai déjà dit que je l'étudie avec soin. Ce dont je suis absolument convaincu, c'est qu'à ma place Jésus serait totalement dépourvu d'égoïsme. Il aimerait tous les hommes que j'emploie, il considérerait toute ma maison de commerce comme une sorte de société de secours mutuel, et il la dirigerait de façon à bien montrer que son premier but, c'est le développement du royaume de Dieu. Voilà les principes généraux d'après lesquels je vais agir désormais ; il me faudra du temps pour fixer les détails.

Quand Henry Maxwell quitta Milton Wright, il était profondément impressionné par la révolution qui était déjà en train de se produire dans les affaires de ce dernier. Il traversa, pour sortir, les magasins dans toute leur longueur et il lui sembla apercevoir, partout, des traces de l'esprit nouveau qui y régnait. Il n'y avait pas à s'y méprendre, quinze jours avaient suffi pour transformer toute la maison, cela se voyait dans les manières et sur les visages des commis.

Si Milton Wright persévère, il deviendra un des prédicateurs les plus éloquents de Raymond, se disait le pasteur, en rentrant dans son cabinet de travail. Persévérerait-il, dans le cas possible où il aboutirait à des pertes d'argent, on pouvait se le demander. Henry Maxwell pria pour que le Saint-Esprit, qui se manifestait avec une puissance croissante au milieu des disciples de la Première Église demeurât avec eux tous, puis il se mit à travailler au sermon qu'il comptait prêcher le dimanche, sur le sujet brûlant des débits d'eau-de-vie de Raymond. Il n'avait encore jamais abordé cette question en face, et il savait que les choses qu'il avait à dire ne passeraient pas inaperçues et soulèveraient de sérieuses objections. Il n'en persévérait pas moins dans sa résolution et à chaque phrase qu'il écrivait il se disait : « Jésus la prononcerait-il ? » Une fois même il s'interrompit pour tomber à genoux. Personne d'autre que lui n'aurait pu savoir ce que cela signifiait de sa part. Quand donc cela lui était-il arrivé, pendant la préparation de ses sermons, avant le changement qui s'était fait dans sa manière de considérer la tâche d'un disciple du Christ ? Maintenant il n'aurait plus osé prêcher sans demander la sagesse d'en haut. Il ne songeait plus à dramatiser ses discours et à faire de l'effet sur ses auditeurs. La grande question pour lui était désormais : « que ferait Jésus ? »

Le samedi soir, il se passa, au Rectangle, les scènes les plus remarquables auxquelles M. Gray et sa femme eussent encore assisté. Les réunions avaient été toujours plus suivies, depuis que Rachel y chantait, et un étranger traversant le quartier en plein jour, n'aurait pas manqué de les entendre mentionner d'une façon ou de l'autre. On n'aurait cependant pu prétendre qu'on y jurait moins, qu'on y buvait moins, qu'on y menait une existence moins déréglée. Le Rectangle n'aurait, d'ailleurs, pas avoué qu'il était en train de devenir meilleur, ou que le chant dont il se montrait si ravi eut, en rien, influé sur ses conversations et sur ses manières. Il se targuait bien trop de ses vices pour cela. Mais, en dépit de lui-même, il cédait à une puissance dont il n'avait jamais mesuré l'étendue et qu'il connaissait si peu, qu'il ne s'était pas mis suffisamment en garde contre elle.

M. Gray était remis de son indisposition et, ce samedi soir, il avait recommencé à parler, mais il ne pouvait pas encore hausser beaucoup la voix, ce qui obligeait l'assistance à se tenir plus tranquille que d'habitude. Tous ces gens étaient arrivés graduellement à comprendre que si cet homme employait son temps et usait ses forces à leur parler, depuis des semaines, c'était dans l'unique désir de leur faire connaître leur Sauveur, et parce qu'il éprouvait pour eux un amour absolument désintéressé, aussi cette immense assemblée était-elle aussi attentive que l'eût été l'auditoire bien élevé d'Henry Maxwell. La foule était plus nombreuse que jamais aux alentours de la tente, et les tavernes du voisinage étaient littéralement vides. Enfin le Saint-Esprit faisait son œuvre, et M. Gray comprenait que la prière de toute sa vie commençait à recevoir son exaucement.

Rachel chantait comme Virginia et Jasper Chase, qui l'écoutaient, ne se souvenaient pas de l'avoir jamais entendue chanter, ils étaient là en compagnie du Dr West qui avait passé, durant la semaine, tout son temps libre au Rectangle, occupé à soigner des malades par pure charité. Virginia jouait de l'harmonium, Jasper, assis au premier rang, semblait suspendu au son de sa voix :

> Tel que je suis sans rien à moi
> Sinon ton sang versé pour moi
> Et ta voix qui m'appelle à Toi,
> Agneau de Dieu, je viens !

M. Gray dit à peine quelques paroles, il étendit seulement sa main, et de tous les côtés de la grande salle, de pauvres créatures, plongées dans le péché, s'avancèrent vers la plate-forme. Une femme d'une immoralité notoire se tenait tout près de l'harmonium. Virginia la regarda, et pour la première fois de sa vie la riche jeune fille comprit, avec une soudaineté et une puissance qui ressemblaient à une nouvelle naissance, ce que Jésus était pour cette pauvre femme tombée. Elle se leva, quitta l'harmonium, et prit sa main dans la sienne. A ce contact la jeune fille, car elle était jeune, tomba à genoux et fondit en larmes, toujours cramponnée à la main de Virginia. Celle-ci, après, une minute d'hésitation, s'agenouilla à côté d'elle, une même prière inclinant leurs deux têtes.

Quand tous ces êtres, parmi lesquels plusieurs pleuraient, se furent groupés autour de l'estrade, un homme, en costume de soirée, très différent de tous les autres, se fraya un chemin au travers des bancs et vint se placer auprès de l'homme ivre qui avait troublé la réunion, le soir où Henry Maxwell parlait. Rachel Winslow chantait toujours doucement, tout à coup elle tourna la tête et, à son inexprimable étonnement, reconnut Rollin Page ! Pendant un instant la voix lui manqua, puis elle reprit :

>Tel que je suis, ton grand amour
>A tout pardonné sans retour.
>Je veux être à Toi dès ce jour.
>Agneau de Dieu, je viens.

Il y avait dans sa voix comme un écho de l'amour divin et le Rectangle, à cette heure-là, se sentait poussé vers le port de la grâce rédemptrice.

Chapitre V

> Si un homme me sert, qu'il me suive.
>
> (Jean 12.26)

Il était près de minuit quand le culte du Rectangle se termina. M. Gray resta encore longtemps à prier et à causer avec un petit groupe de nouveaux convertis qui, dans leur inexpérience, cherchaient des lumières auprès de leur évangéliste avec une telle anxiété, qu'il songeait aussi peu à les abandonner que s'il se fût agi de les arracher à la mort physique. Parmi eux se trouvait Rollin Page.

Virginia et son oncle étaient partis peu après onze heures. Jasper et Rachel les avaient accompagnés jusqu'à l'avenue où se trouvait la maison des Page. Le Dr West avait cheminé encore un moment avec eux, puis, arrivé chez lui, il avait laissé Jasper reconduire Rachel chez sa mère.

Il y avait de cela une heure et maintenant Jasper Chase, assis dans sa chambre, fixait un regard sombre sur les papiers qui couvraient sa table à écrire.

Il venait d'avouer à Rachel Winslow son amour pour elle, et il n'avait pas reçu le sien en retour.

Il aurait été difficile de dire à quelle impulsion il avait cédé en lui parlant ce soir-là ; il l'avait fait sans réfléchir aux résultats possibles de sa démarche, parce qu'il se croyait, au fond, certain de l'affection de la jeune fille.

A cette heure, en face de son espoir trompé, il cherchait à se rappeler l'expression de son visage, tandis qu'il lui parlait. Jamais elle ne lui avait paru plus belle, jamais il ne s'était mieux rendu compte du pouvoir qu'elle possédait sur lui que durant cette soirée. Il s'était dit, en l'entendant chanter, que dès qu'il se trouverait seul avec elle il lui dirait qu'il ne pouvait plus vivre sans elle ; mais il comprenait, trop tard, qu'il s'était mépris soit sur le caractère de Rachel, soit sur l'opportunité du moment choisi par lui. Il savait ou du moins il croyait savoir, qu'elle commençait à s'attacher à lui. Ce n'était pas un secret entre eux qu'il l'avait prise comme modèle pour l'héroïne de son premier roman, et que le héros le représentait lui-même. Ils s'aimaient dans le livre, et Rachel semblait ne pas s'en formaliser. Personne d'autre ne le savait, car les noms et les circonstances extérieures ne les trahissaient pas, Rachel seule ne s'y était pas trompée quand Jasper lui avait adressé le premier exemplaire de son ouvrage et, certainement, elle ne s'en fâchait pas, alors. Mais il y avait de cela près d'un an !

Jasper Chase se remémorait, dans ses moindres détails, la scène qui venait de se passer entre eux. Il se rappelait même avoir commencé à parler à l'endroit où, quelques jours auparavant, il rencontrait Rachel marchant à côté de Rollin Page, et se souvenait de s'être demandé ce que celui-ci disait.

— Rachel, pour la première fois il se servait de son nom de baptême, je ne savais pas, avant ce soir, à quel point je vous aime. Pourquoi vous cacherais-je ce que depuis longtemps vous lisez dans mes yeux ? Vous savez que je vous aime plus que ma vie.

Le premier soupçon qui lui vint d'un refus possible, fut causé par le tremblement de la main posée sur son bras. Elle l'avait laissé parler sans tourner son visage vers lui, le regard fixé droit devant elle, et il croyait l'entendre encore répondre d'une voix ferme, mais calme :

— Pourquoi me dites-vous cela ce soir… après ce que nous venons de voir et d'entendre ?

— Quoi donc ?… quand donc… balbutiait-il, sans comprendre.

A ce moment Rachel quittait son bras, sans toutefois cesser de marcher près de lui.

Alors il s'était écrié, avec l'angoisse d'un homme qui se voit menacé d'une grande perte, quand il s'attendait à trouver une grande joie :

— Rachel, Rachel ! Ne m'aimez-vous pas ? Mon amour ne vous est-il pas aussi sacré que quoi que ce soit au monde ?

Mais elle continuait sa route en silence. Comme ils passaient sous un réverbère, il avait vu qu'elle était devenue très pâle, et il avait fait, mais en vain, un effort pour s'emparer de son bras.

— Non, avait-elle dit. En d'autres temps, ma réponse aurait

peut-être été différente, mais vous n'auriez pas dû parler ce soir.

Avec son extrême sensibilité, il comprenait ce que cette réponse avait de définitif. Il lui fallait tout ou rien et il n'aurait pas même pu plaider auprès d'elle une cause qu'il sentait perdue d'avance.

Pourtant, comme ils arrivaient en face de sa porte, il murmurait… « Et maintenant, vous ne me jugez plus digne ?… » Sans paraître l'entendre, elle l'avait quitté ; il se rappelait, avec un serrement de cœur douloureux, que, de part et d'autre, ils avaient oublié de se dire adieu.

Il venait de revivre cette scène une seconde fois et il maudissait sa folle précipitation. Il se reprochait de n'avoir pas tenu compte de l'intensité des sentiments éveillés chez la jeune fille par ce qui s'était passé au Rectangle. Mais il la connaissait trop peu, bien qu'il crût le contraire, pour comprendre le vrai motif de son refus.

Pendant qu'il songeait ainsi à leur conversation, Rachel repassait également, dans son esprit, toutes ses expériences de la soirée. Avait-elle jamais aimé Jasper Chase ? Oui, et non. Un instant il lui semblait avoir repoussé loin d'elle le bonheur de sa vie, l'instant d'après elle éprouvait un étrange sentiment de soulagement, à se souvenir que rien ne la liait à lui. Puis tout s'effaçait en elle devant le souvenir de l'émotion profonde qu'elle avait ressentie, lorsque les êtres misérables et perdus, rassemblés dans la salle, s'étaient levés pour répondre aux appels que le Saint-Esprit leur adressait par le moyen de ses chants.

Quand, en entendant Jasper l'appeler par son nom, elle avait compris qu'il lui parlait d'amour, une sorte de répulsion s'était emparée d'elle, parce qu'il ne savait pas respecter les événements surnaturels auxquels ils venaient d'assister ensemble. Elle sentait que ce n'était pas le moment de songer à autre chose qu'à la gloire divine de ces conversions. La pensée que pendant qu'elle chantait, avec une passion provoquée par le désir unique d'arracher au péché la foule rassemblée devant elle, Jasper l'écoutait, absorbé simplement par son amour pour elle, la troublait comme une profanation.

Elle n'aurait pas su expliquer ce qu'elle éprouvait, mais elle sentait que s'il ne lui avait point parlé à ce moment, ses sentiments pour lui seraient demeurés les mêmes qu'auparavant. Qu'étaient-ils, en réalité, ces sentiments ? Qu'avait-il été pour elle ? Avait-elle fait une méprise ? Elle prit sur une étagère le roman que Jasper lui avait donné, et tandis qu'elle relisait certains passages, lus déjà bien souvent et qu'elle savait écrits pour elle, le rouge lui montait au visage. Ils ne la touchaient plus comme autrefois, car elle ne les comprenait plus de la même manière. Elle ferma le livre et ses pensées la ramenèrent aux scènes vues dans la tente, là-bas, au Rectangle.

Oh ! ces visages d'hommes et de femmes, illuminés pour la première fois par la glorieuse clarté du Saint-Esprit ! Que la vie était belle après tout ! Assister ainsi à la régénération d'êtres avilis par la débauche et l'ivrognerie, les voir ployer les genoux devant le Christ, pour se donner à lui, un spectacle pareil ne témoignait-il pas de tout ce qu'il y a de divin dans l'humanité, même la plus tombée ? Tous les détails de cette heure inoubliable restaient gravés dans sa mémoire, comme autant de tableaux très nets et très brillants : Rollin Page à côté de ce misérable tison arraché du feu, M. Gray penché vers la jeune fille à côté de laquelle Virginia s'était agenouillée, enfin, au moment où elles allaient quitter la salle, Virginia encore, pleurant, les deux mains passées autour du bras de son frère.

— Non ! non ! s'écria-t-elle tout à coup, à haute voix, il n'avait pas le droit de me parler ainsi après tout cela ! Il devait respecter l'endroit où nos pensées auraient dû se trouver encore ! Je suis sûre de ne pas l'aimer, pas assez, en tous les cas, pour lui donner ma vie !

Et de nouveau elle oublia Jasper pour ne plus songer qu'aux choses dont elle venait d'être témoin. Devant l'intervention évidente de l'Esprit Saint, tout reculait dans l'ombre, même le fait qu'un grand amour humain s'était offert à elle.

Les habitants de Raymond s'éveillèrent, le dimanche matin, avec le sentiment que des faits bien étranges se passaient autour d'eux et qu'une révolution commençait à transformer beaucoup des coutumes, jusqu'ici réputées immuables, de la ville. La conduite d'Alexandre Power, dans l'affaire des fraudes de la compagnie du chemin de fer, faisait sensation, non seulement à Raymond, mais dans tout le pays. Le changement complet d'orientation remarqué dans le journal d'Edouard Norman défrayait toutes les conversations. La nouvelle que Rachel Winslow s'en allait, chaque soir, chanter au Rectangle causait, dans la société, un étonnement égalé seulement par celui que soulevait la conduite de Virginia Page, dont l'absence dans toutes les réunions mondaines, délaissées également pour l'amour du

Rectangle, donnait lieu à d'interminables commentaires.

L'attention générale se concentrait autour de ces personnalités si connues, mais, dans mainte famille moins en évidence, il se passait également des faits fort étranges. Ils étaient près d'une centaine, ceux des membres de l'Église d'Henry Maxwell qui s'étaient engagés à faire « ce qu'aurait fait Jésus », et il en résultait une suite d'actions absolument contraires à toute attente. La cité entière en était ébranlée ; l'étonnement approchait même de la stupeur, depuis que le bruit se répandait, que la veille au soir une cinquantaine des pires sujets du Rectangle s'étaient convertis, en compagnie de Rollin Page, le membre le plus élégant du plus élégant des clubs de Raymond.

L'ébranlement causé par tous ces chocs successifs rendait, ce matin-là, la Première Église particulièrement vibrante et préparée à entendre des vérités nouvelles. Peut-être que rien de ce qui se passait ne l'étonnait autant que le changement qui s'était produit chez son pasteur, depuis qu'il leur avait proposé d'imiter l'exemple de Jésus. L'éloquence de ses sermons ne les frappait plus, et rien, dans son attitude et dans son expression, ne rappelait les manières correctement étudiées et le demi-sourire de satisfaction qui le caractérisaient à leurs yeux, si peu de semaines auparavant.

Ses sermons étaient devenus des messages qu'il ne déclamait pas, mais qu'il leur transmettait avec un amour, un sérieux, une passion, une humilité qui faisaient oublier l'orateur et ne laissaient à sa place qu'un homme, parlant de la part de Dieu. Ses prières aussi ne ressemblaient à aucune de celles entendues jusque-là par ses auditeurs. Elles étaient souvent entrecoupées, et une ou deux fois on y avait remarqué des phrases positivement défectueuses. Qui donc, autrefois, aurait cru qu'Henry Maxwell en viendrait à pécher contre la grammaire, lui qui tenait tant à l'absolue correction de son langage. Serait-il possible qu'il y eût dans ses négligences de style une affectation, un blâme à l'adresse de ses belles prières passées ? Non, ce n'était pas cela, seulement, dans l'intensité de son désir d'amener son troupeau à la vérité, il ne songeait plus à soigner ses phrases, et il est certain qu'il n'avait jamais prié aussi efficacement que maintenant.

Il arrive, parfois, qu'un sermon vaut plus par les conditions dans lesquelles il est écouté, que par la force des arguments qu'il contient, et par la manière dont il est prononcé. Les auditeurs d'Henry Maxwell étaient justement dans les dispositions voulues pour l'entendre prêcher sur cette question d'alcoolisme, que jamais, encore, il n'avait abordée de front devant eux.

Que leur disait-il de neuf ? De quels arguments irréfutables disposait-il, de quelles anecdotes illustrait-il son discours qui n'eussent été employés cent fois par les orateurs attitrés des réunions de tempérance.

Il leur parlait, et c'était là sa force, du tort causé par les débits d'eau-de-vie, non seulement aux pauvres, à ceux qui sont tentés par le démon de l'ivrognerie, mais au développement de la ville, aux affaires, et à l'Église elle-même. Il parlait avec une liberté qui donnait la mesure de la conviction entière qu'il avait d'être en accord avec la volonté de Jésus. En terminant, il conjura ses auditeurs de ne pas oublier l'aube de vie nouvelle qui semblait poindre sur le Rectangle.

Le renouvellement des autorités de la ville approchait. La question de la limitation de la liberté du commerce, en ce qui concernait l'alcool, serait un des principaux facteurs de l'élection. Qu'en résulterait-il pour les pauvres créatures qui commençaient seulement à connaître la joie de l'affranchissement du péché ? Comment ne dépendraient-elles pas encore de leur entourage ? Les disciples du Christ, en leur qualité de négociants, d'artisans, de citoyens trouveraient-ils un mot à dire en faveur de ces tavernes et de ces bouges, où tant de crimes s'élaborent, et d'où tant de hontes se répandent au dehors. Le devoir de tout chrétien ne serait-il pas de déclarer la guerre à l'eau-de-vie, et pour cela d'élire des hommes honnêtes aux fonctions vacantes, et de nettoyer cette écurie d'Augias qu'était la municipalité ? En quoi les prières avaient-elles servi à rendre la ville meilleure, alors que les actes et les votes avaient, en réalité, été du côté des ennemis de Jésus ? Aurait-il agi ainsi, lui ? Quel disciple digne de ce nom refuserait de le suivre et de se charger de sa croix dans cette affaire-là ? En quoi les membres de la Première Église avaient-ils eu à souffrir, jusqu'alors, pour avoir voulu suivre Jésus ? La vie chrétienne était-elle une chose de convenance, d'habitude, de tradition ? N'était-il pas nécessaire, pour suivre les traces de Jésus, de gravir le Calvaire, aussi bien que la montagne de la Transfiguration ?

Son appel retentissait plus fort qu'il ne le pensait, il ne mesurait pas la tension spirituelle à laquelle la Première Église était parvenue. L'imitation de Jésus, commencée par les volontaires enrôlés à son service, agissait comme du levain dans l'organisme entier, et M. Maxwell eût été confondu s'il avait pu sonder la profondeur du désir de se charger de la croix de Christ, qui se manifestait dans le cœur, d'une partie de ses paroissiens. Avant qu'il eût prononcé l'amen final, bien des hommes et des femmes répétaient tout bas les paroles que Rachel avait dites à sa mère avec un si grand accent de passion : « J'ai besoin de faire pour Lui quelque chose qui me coûte un sacrifice personnel. J'ai soif de souffrir quelque chose pour Lui. » En vérité, Maxwell avait raison quand il disait qu'aucun appel n'est, en définitive, aussi puissant que celui-ci : « Venez et souffrez ! »

Le service était terminé, la grande assemblée s'était dispersée et, pour la troisième fois, Henry Maxwell se retrouvait en face des disciples déjà enrôlés au service littéral du Maître, et des nouveaux venus, désireux de grossir leurs rangs. Un frisson d'émotion le secoua quand il vit leur nombre : près de deux cents. Il remarqua que Jasper Chase manquait seul au rendez-vous, et demanda à Milton Wright de faire la prière. L'action du Saint-Esprit était manifeste au milieu d'eux. De quoi ne se sentaient-ils pas capables après un semblable baptême de puissance, et comment donc avaient-ils pu se passer de cette force pendant tant d'années ? Bien des prières ferventes montèrent vers le ciel, et c'est de cette réunion spéciale qu'Henry Maxwell data la naissance de beaucoup d'événements importants qui firent, dans la suite, partie de l'histoire de la Première Église de Raymond. Donald Marsh, le président du lycée Lincoln, le raccompagna chez lui.

— Je suis arrivé à une conclusion, Maxwell, commença-t-il lentement. J'ai trouvé ma croix ; elle sera lourde à l'avenir, mais je n'aurai de paix que je ne m'en sois chargé.

M. Maxwell restait silencieux et le président continua :

— Votre sermon de ce matin m'a fait comprendre clairement ce que j'éprouvais déjà depuis un certain temps. Que ferait Jésus à ma place ? Je me suis posé cette question bien souvent, depuis que j'ai fait ma promesse. J'ai essayé de me persuader à moi-même qu'il agirait simplement comme je l'ai fait jusqu'ici, qu'il se contenterait de diriger mon lycée et de donner mes cours de morale et de philosophie. Mais je n'ai pu échapper à la pensée qu'il ferait encore autre chose, et ce quelque chose, c'est justement ce que je n'ai aucune envie de faire, ce que je redoute de toute mon âme, ce qui me causera une véritable souffrance. Devinez-vous ce que c'est ?

— Oui, je crois le comprendre, répondit le pasteur. C'est aussi ma croix, car j'aimerais mieux faire n'importe quoi d'autre.

Donald Marsh eut l'air surpris, autant que soulagé, puis il reprit tristement :

— Maxwell, nous appartenons, vous et moi, à une classe d'hommes qui ont toujours évité les devoirs des citoyens. Nous avons vécu dan un petit monde à part, nous livrant à des études selon nos goûts, et nous tenant à l'écart de toutes les besognes désagréables qu'entraîne la vie publique. Je confesse, avec honte, m'être toujours soustrait, de propos délibéré, aux responsabilités que j'ai envers cette ville. Je crois savoir que nos affaires municipales sont entre les mains d'un groupe d'hommes tarés et sans principes, qui se laissent gouverner eux-mêmes par la lie de la population, et qui dirigent les affaires de la ville à un point de vue purement égoïste. Et cependant, durant toutes ces années, je me suis contenté, comme d'ailleurs presque tous les maîtres du lycée, de laisser les choses aller leur train, et j'ai vécu dans mon petit cercle à moi sans avoir aucun contact avec le vrai peuple, et sans lui témoigner la moindre sympathie. « Que ferait Jésus ? » Jusqu'ici j'ai réussi à esquiver une honnête réponse à cette question, mais je ne le puis plus. Mon devoir évident est de prendre une part directe à l'élection en vue, d'aller aux assemblées, de jeter le poids de mon influence, si petite qu'elle puisse être, dans la balance, afin d'assurer, si possible, la nomination d'hommes honnêtes, de me plonger, enfin, dans le gouffre de corruption, de compromis, de trucs et d'immoralité qu'est aujourd'hui le monde politique de Raymond. Je vous assure qu'il me serait plus agréable d'aller me promener devant la bouche d'un canon chargé. Tout cela me répugne inexprimablement, et je donnerais tout au monde pour pouvoir me dire : « Je ne crois pas que Jésus ferait tout cela ». Mais c'est ce que je ne peux pas. Je préférerais perdre ma position ou n'importe quoi, tant la pensée d'entrer en contact avec ce monde-là m'est odieuse, surtout je préférerais infiniment ne sortir de mon cabinet que pour enseigner à mes étudiants la morale et la philosophie. Mais l'appel est trop clair pour que j'y échappe. « Donald Marsh, suis-moi. Fais ton devoir comme citoyen de Raymond. Travaille à nettoyer cette grande écurie municipale, quand tes sentiments aristocratiques devraient en être légèrement éclaboussés ». Maxwell, ces paroles, je les entends. C'est là ma croix, je dois, ou m'en charger, ou renier mon Maître.

— Vous avez parlé pour moi, aussi bien que pour vous, répondit Maxwell. Pourquoi prétexterais-je ma qualité de pasteur, pour me cantonner dans mes sentiments raffinés et délicats et refuser, lâchement, de prendre ma part des devoirs d'un citoyen, autrement qu'en y faisant de temps en temps allusion dans un sermon ? Je n'ai aucune connaissance de la vie politique de notre ville ; je n'ai jamais contribué d'une manière active à la nomination d'honnêtes gens. Et des centaines de pasteurs sont dans le même cas que moi. Nous ne pratiquons pas, comme le clergé, dans la vie publique, ce que nous prêchons du haut de nos chaires. Que ferait Jésus ? J'en suis arrivé, comme vous, à un point où une seule réponse s'impose. Mon devoir est clair, mais me répugne autant qu'à vous. Toute mon œuvre pastorale, toutes mes petites épreuves, tous mes petits renoncements me paraissent comme rien, comparés à l'irruption dans ma tranquille existence de cette lutte ouverte, violente, grossière, que nécessitera l'épuration de notre vie publique. Je crois qu'il m'en coûterait moins d'aller m'établir pour le reste de mes jours au Rectangle, et de travailler de mes mains pour gagner péniblement mon pain. Mais il ne peut pas être question de reculer, l'appel est trop pressant, je l'entends, sans cesse, retentir à mon oreille : « Fais ton devoir de citoyen chrétien ». Marsh, vous l'avez bien dit, nous avons été jusqu'ici, presque sans exceptions, nous autres intellectuels : pasteurs, professeurs, artistes, littérateurs, savants, des lâches sur le terrain de la politique. Nous avons esquivé les devoirs sacrés du citoyen, soit par ignorance, soit par égoïsme. Certainement, à notre époque, Jésus ne ferait pas cela et le moins que nous ayons à faire, c'est de nous charger de cette croix et de le suivre.

Les deux hommes marchèrent pendant un moment en silence.

Enfin, le président Marsh dit :

— Nous n'avons pas besoin d'agir seuls, en cette affaire. Tous ceux qui ont fait la même promesse que nous se joindront certainement à nous ; nous serons une puissance, et peut-être même aurons-nous le nombre pour nous. Il faut que nous organisions les forces chrétiennes de Raymond, pour la lutte à engager contre l'alcoolisme et la corruption. Il est nécessaire que nous représentions plus qu'une simple protestation. C'est un fait connu que l'élément qui soutient les débits d'eau-de-vie, et qui hante les tavernes, manque d'énergie, en dépit de son mépris des lois. Il nous faut former un parti qui ait la valeur de l'honnêteté organisée. Jésus déploierait une grande mesure de sagesse, dans une affaire de ce genre ; il n'agirait pas à l'aventure. Imitons son exemple. Si nous nous chargeons de cette croix, faisons-le bravement et résolument.

Ils discutèrent encore longuement et se retrouvèrent, le lendemain matin, dans le cabinet de travail de M. Maxwell, pour se concerter sur la conduite à suivre. Leur première décision fut qu'il importait de se rendre en nombre à l'assemblée préliminaire des électeurs de Raymond, convoquée pour le jeudi suivant, dans la grande salle du Palais de Justice.

Les électeurs de Raymond ne devaient pas oublier cette assemblée, si différente de toutes celles auxquelles ils avaient assisté, qu'aucun terme de comparaison capable de la caractériser ne s'offrait à eux. Le *Journal de Raymond* du samedi en publiait un compte rendu complet. Dans l'article du jour, Edouard Norman en parlait, avec cette franchise et cette conviction que les chrétiens de la ville apprenaient à respecter profondément, tant ils les sentaient sincères et désintéressées. Une partie de cet article mérite d'être conservée comme une page de l'histoire de la cité.

« On peut hardiment affirmer que jamais pareille assemblée préliminaire ne s'était vue à Raymond. Elle a été, tout d'abord, une surprise complète pour les politiciens qui avaient pris l'habitude de considérer les affaires de la ville comme leur monopole particulier, et tout ce qui n'était pas eux comme de simples jouets ou de simples chiffres. Ce qui les a le plus surpris a été le fait qu'un grand nombre de citoyens de Raymond, qui n'avaient jusqu'ici participé en aucune façon à la direction des affaires municipales, assistaient à l'assemblée, et y ont pris une part active en proposant des candidats pour chacune des places actuellement à repourvoir.

Cette séance a été, en fait, une splendide leçon de civisme. Le président Marsh, du lycée Lincoln, qui jamais encore n'avait mis les pieds dans une assemblée préliminaire, et que la plupart des politiciens présents ne connaissaient pas même de vue, a fait un des meilleurs discours, que nous nous souvenions d'avoir entendus. C'était presque risible de voir les meneurs auxquels, depuis tant d'années, personne ne s'opposait, au moment où il se levait pour parler. Plusieurs se demandaient : « Qui est donc cet homme ? » A mesure que les discours se succédaient, la consternation de la coterie, dont l'autorité depuis longtemps n'était plus discutée, allait croissant. Henry Maxwell, le pasteur de la Première Église, Milton Wright, Alexandre Power, les professeurs Brown, Willard et Pack, du Lycée Lincoln, le Dr John

West et beaucoup d'autres personnalités bien connues du monde commercial, scientifique et religieux se trouvaient là, dans le but, hautement affiché, d'élaborer une liste de candidats ne comprenant que des noms d'hommes honnêtes et capables.

Il est bientôt devenu évident qu'ils avaient la majorité dans l'assemblée ; aussitôt la clique s'est retirée en protestant et s'en est allée ailleurs former une autre liste.

Le *Journal* attire l'attention de tous les citoyens ayant quelque respect d'eux-mêmes, sur le fait que cette dernière liste contient le nom d'hommes notoirement acquis à la cause de l'eau-de-vie et de la corruption gouvernementale que nous supportons depuis trop d'années, et que la première inaugurerait l'administration propre, honnête et compétente dont nous avons si grand besoin.

Le *Journal* est décidé à soutenir sans réserve le nouveau mouvement. Nous ferons dorénavant tout ce qui sera en notre pouvoir pour détruire l'influence des débitants d'eau-de-vie et leur puissance politique.

Nous appuierons énergiquement les candidats nommés par la majorité des citoyens présents à l'assemblée préliminaire, et nous conjurons tous les chrétiens, tous les membres des Églises de la ville, tous ceux qui désirent y voir régner l'ordre, la justice, la tempérance et les vertus domestiques, de se ranger autour du président Marsh et des citoyens qui ont commencé une réforme d'une urgence incontestable. »

Quand le président Marsh lut cet article, il remercia Dieu de leur avoir donné Edouard Norman. Il savait que, à l'exception du *Journal*, toute la presse de Raymond prenait le parti de leurs adversaires. Il ne se faisait aucune illusion sur les difficultés de la lutte qui ne faisait que commencer. Ce n'était un secret pour personne que depuis que le *Journal* était rédigé d'après le modèle laissé par Jésus, il avait subi des pertes énormes. Il s'agissait maintenant de savoir ce que feraient les chrétiens de Raymond. Permettraient-ils à Norman de continuer à publier un journal chrétien, ou leur désir d'avoir ce qu'on est convenu d'appeler « les nouvelles » sous forme de crimes, de scandales, de potins et de parti pris politiques, serait-il le plus fort et les pousserait-il à abandonner le courageux champion d'une réforme du journalisme, et à lui refuser leur concours financier ? C'était aussi la question que se posait Edouard Norman pendant qu'il écrivait son article, car il n'ignorait pas à quelles représailles il s'exposait de la part de beaucoup des gens d'affaires de Raymond. Mais qu'importait cette question-là, à côté de l'autre, de celle qui faisait maintenant partie intégrante de sa pensée, de celle à laquelle il s'habituait à obéir, sans transiger et sans réserve ?

Le mouvement commencé au Rectangle se poursuivait, sans que le flot montant donnât encore aucun signe de recul. Rachel et Virginia continuaient à s'y rendre chaque soir et les projets que la seconde formait, pour l'emploi de sa fortune, se précisaient et prenaient une forme distincte, au cours de ses conversations avec son amie. Elles se disaient que si Jésus avait eu à sa disposition une grande fortune, il en aurait fait certainement un usage qui aurait varié beaucoup suivant les circonstances, et que Virginia devait en tenir largement compte et ne se poser qu'une seule règle : en disposer de la façon qu'elle jugerait la plus utile et sans aucune arrière-pensée d'égoïsme.

Mais ce qui les préoccupait par-dessus tout, c'était la puissance du Saint-Esprit, telle qu'elles la voyaient se manifester autour d'elles. Chaque soir, elles assistaient à des miracles aussi grands que la multiplication des pains, ou la marche de Jésus sur les eaux, car quel miracle dépasse celui d'une âme passant de la mort à la vie ? La transformation de ces êtres, brutaux et dégradés, en humbles disciples de Jésus, remplissait Virginia et Rachel des sentiments d'adoration et d'émerveillement que durent éprouver ceux qui virent, un jour, Lazare sortir de son tombeau.

Rollin Page assistait à toutes les réunions : il n'y avait pas à se méprendre sur la réalité du changement survenu en lui. Il était extraordinairement calme, parlait peu, et semblait être toujours plongé dans ses réflexions. Il ne s'entretenait guère qu'avec M. Gray et, sans éviter précisément Rachel, ne paraissait pas désireux de reprendre avec elle ses anciennes relations. Elle-même éprouva quelque difficulté à lui exprimer avec quel plaisir elle le voyait entrer dans une voie nouvelle. Il la remercia de sa sympathie, sans rien faire pour prolonger l'entretien.

L'horreur des scènes auxquelles les nouveaux convertis étaient journellement exposés arrivait peu à peu à la connaissance de Virginia et de Rachel, et c'était le cœur lourd qu'elles regagnaient chaque soir leurs luxueuses et confortables demeures.

Une bonne partie de ces pauvres créatures est presque fatalement destinée à retomber dans le bourbier, disait M. Gray avec une tristesse poignante. L'entourage a une si grande influence sur le caractère. Comment supposer que ces gens résisteront toujours à la vue et à l'odeur de cette eau-de-vie maudite, qui les poursuit partout. O Dieu ! combien de temps encore le peuple chrétien contribuera-t-il à maintenir, par son silence et ses suffrages, la pire forme d'esclavage que l'Amérique ait jamais connue ?

Il posait la question, sans grand espoir de la voir résolue de longtemps. Depuis l'assemblée du jeudi, il croyait voir luire dans la nuit un pâle rayon d'espoir, mais il n'osait trop compter sur le résultat final. Les forces ennemies étaient organisées, actives, agressives, exaspérées par tout ce qui s'était passé récemment sous la tente et dans la ville. Le bataillon chrétien saurait-il marcher, bien uni, contre les tripots, les tavernes, les bouges et autres citadelles du vice ? Ne risquerait-il pas d'être divisé par ses intérêts commerciaux, et par ses habitudes d'inertie et de laisser faire ? L'avenir le prouverait.

Le samedi après-midi, comme Virginia sortait de chez elle pour aller voir Rachel, une voiture, contenant trois de ses élégantes amies, s'arrêtait devant sa porte. Elle s'approcha aussitôt de la portière et se mit à causer avec elles. Elles ne venaient pas précisément lui faire une visite formelle, mais seulement l'engager à les accompagner au parc, où il y avait justement de la musique. La journée était trop belle pour être passée entre les quatre murs d'une maison.

— Où vous êtes-vous cachée tous ces temps, Virginia, demanda une des plus jeunes filles en lui tapant sur l'épaule avec son parasol rouge. On prétend que vous donnez dans « le mouvement », racontez-nous donc cela, je vous prie.

Virginia rougit, mais, après un instant d'hésitation, elle leur parla franchement des choses qu'elle avait vues au Rectangle. Les trois jeunes filles parurent bientôt y prendre un réel intérêt.

— Savez-vous quoi, s'écria tout à coup l'une d'entre elles, au lieu, d'aller entendre ce concert, si nous allions voir d'un peu près l'écume de la population sous la conduite de Virginia. Je ne suis jamais allée au Rectangle, ce sera un vrai voyage d'exploration, un voyage des plus... elle allait dire : amusants, mais quelque chose dans l'expression de Virginia l'arrêta et elle reprit : des plus intéressants, vraiment !

Au premier abord Virginia repoussa cette idée, d'un air presque indigné, ce qui n'empêcha pas ses amies d'insister vivement auprès d'elle, pour qu'elle les accompagnât dans cette course qui semblait leur tenir fort à cœur.

Tout à coup Virginia se dit qu'il y avait là, peut-être, une occasion qu'il ne fallait pas laisser échapper. Elles n'avaient jamais vu de près la misère, telle qu'elle s'étalait au Rectangle, ces élégantes ; pourquoi ne pas la leur montrer, quand même elles ne cherchaient qu'à passer une après-dîner amusante ?

— Très bien, s'écria-t-elle, je vais avec vous, mais rappelez-vous que je suis votre guide et que, puisque vous avez voulu voir les bas-fonds de la ville, je ne vous les montrerai pas seulement de loin.

Tout en parlant, elle prenait place dans la voiture, à côté de celle des trois amies qui avait eu l'idée de cette escapade.

— Si nous emmenions un sergent de ville avec nous, dit une d'entre elles avec un petit rire nerveux. On dit qu'on n'est pas sûr de la vie là-bas, vous savez.

— Il n'y a aucun danger, répondit Virginia d'une voix brève.

— Est-il vrai que Rollin se soit converti ? demanda la jeune fille qui avait parlé la première, en regardant d'un air curieux Virginia qui sentait, d'ailleurs, que ses amies la considéraient comme si elle avait eu quelque chose de très particulier.

— Oui, c'est vrai, il y a une semaine de cela, répondit-elle sans vouloir en dire davantage.

— J'ai entendu dire qu'il essaye de prêcher ses anciens amis et les membres de son club, n'est-ce pas drôle ? continua la demoiselle au parasol rouge.

Virginia ne releva pas la remarque, et, quand la voiture enfila les rues conduisant au Rectangle, la gaieté de ses trois compagnes commença à se calmer. Elles semblaient même assez mal à leur aise, à mesure qu'elles approchaient du quartier qui, de loin, leur paraissait si original. Les spectacles, les bruits, les odeurs devenus familiers à Virginia paraissaient horribles à ces belles demoiselles, habituées à la société la plus raffinée. Quand elles atteignirent le centre du district mal famé, le Rectangle entier sembla fixer sur ce fringant équipage, et sur les toilettes de celles qui l'occupaient, des yeux étranges, des yeux au regard hébété par la misère et l'alcool, et troublé par le vice et la débauche.

Il n'y avait jamais eu d'intimité entre les vagabonds et la Société de Raymond, aussi les jeunes filles venues dans l'intention d'examiner le Rectangle comprirent-elles bien vite que c'était lui qui les toisait avec une curiosité méprisante, ce qui les effraya et les dégoûta tout à la fois.

— Partons vite d'ici, j'en ai assez ! s'écria celle qui était assise à côté de Virginia.

Elles se trouvaient justement devant une maison de jeu de la pire espèce. La rue était étroite et le trottoir encombré de monde. Tout à coup une jeune femme sortit en titubant de la taverne. Elle chantait, d'une voix entrecoupée de sanglots, qui semblaient indiquer qu'elle réalisait à moitié son horrible condition : *Telle que je suis, sans rien à moi.* Au moment où la voiture passait, elle leva son visage que Virginia put voir en plein. C'était le visage de la pauvre fille qui pleurait, le soir où elle s'était agenouillée sur le sol de la tente pour prier avec elle.

— Arrêtez ! cria-t-elle au cocher, puis elle sauta hors de la voiture ; l'instant d'après elle s'approchait de la malheureuse et la prenait par le bras.

— Lorine ! lui dit-elle simplement. Celle qu'elle appelait ainsi par son nom la regarda, et la vit pâlir de douleur. Les jeunes filles assises dans la voiture demeuraient muettes de saisissement ; sur le seuil de sa porte, le tenancier de l'antre hideux, d'où venait de sortir cette femme ivre, considérait cette scène, les deux poings sur les hanches. Et le Rectangle, de ses fenêtres, du seuil de ses bouges, de ses taudis sordides, de ses ruelles puantes regardait, également, les deux formes arrêtées, en face l'une de l'autre, sur le bord du trottoir.

Un chaud soleil de printemps répandait sa lumière à flots sur cette scène, en même temps qu'une brise légère apportait le vague écho d'une musique lointaine. Là-bas, dans le parc, le concert commençait, et la société, la richesse, le luxe de Raymond se promenaient pour l'écouter, sous les grands arbres fraîchement feuillés.

Chapitre VI

> Car je suis venu mettre la division entre l'homme et son père, entre la fille et sa mère, entre la belle-fille et la belle-mère ; et l'homme aura pour ennemis les gens de sa maison.
>
> Devenez donc les imitateurs de Dieu, comme des enfants bien-aimés ; et marchez dans la charité, à l'exemple de Christ, qui nous a aimés.
>
> (Matt. 10.35-36 ; Eph. 5.1-2)

Quand Virginia quitta la voiture pour s'approcher de Lorine, elle n'avait aucune idée définie au sujet de ce qu'elle allait faire, ni de ce qui pourrait résulter de sa conduite. Elle voyait simplement une âme qui, après avoir goûté aux joies d'une vie meilleure, glissait de nouveau dans l'enfer de honte et de mort dont elle venait à peine de sortir. Elle ne s'était demandé qu'une chose : « que ferait Jésus ? » et c'est en réponse à cette question qu'elle avait posé sa main sur le bras de cette fille ivre.

Elle se rendait cruellement compte de tout ce que cette scène devait avoir de pénible pour ses compagnes, restées dans la voiture.

— Partez, ne m'attendez pas, leur cria-t-elle, il faut que je ramène Lorine chez elle.

Le cocher fit avancer ses chevaux de quelques pas, mais les jeunes filles hésitaient à abandonner ainsi Virginia. L'une d'elles se pencha un peu hors de la voiture et cria :

— Ne pouvons-nous rien faire ? Avez-vous besoin de notre secours ? Ne… ne pourrions-nous pas ?…

— Non ! non ! vous ne pouvez m'être d'aucune utilité. La voiture s'éloigna et Virginia resta seule avec sa protégée.

Elle regarda autour d'elle et remarqua dans la foule brutale et sordide, qui grouillait dans la rue, plus d'un visage sympathique. Un souffle nouveau passait sur le Rectangle et l'adoucissait visiblement.

— Où demeure-t-elle ? demanda Virginia.

— Personne ne lui répondit, et, plus tard, en y réfléchissant, elle se dit que par ce triste silence, le Rectangle avait fait preuve d'une délicatesse qui eût fait honneur au boulevard lui-même.

Pour la première fois, elle comprit que la créature immorale, jetée comme une épave sur le pavé, n'avait pas, sous la voûte des cieux, un lieu qu'elle pût appeler son home.

Tout à coup, Lorine arracha son bras des mains de Virginia, avec une telle violence, qu'elle la fit trébucher.

Ne me touchez pas ! Laissez-moi ! Laissez-moi aller en enfer, c'est là qu'est ma place ! Ne voyez-vous pas le diable qui m'attend, cria-t-elle d'une voix rauque en montrant du doigt l'homme, toujours debout sur le seuil du cabaret voisin. La foule éclata de rire.

Virginia ne broncha pas. Elle passa son bras autour de la taille de la créature perdue, qu'elle voulait sauver à tout prix, et lui dit d'une voix ferme :

— Venez avec moi, Lorine. Vous n'appartenez pas à l'enfer, vous appartenez à Jésus, et il vous sauvera. Venez.

La pauvre fille se mit à pleurer, à moitié dégrisée par les paroles de Virginia, et par l'effroi que son apparition lui avait causé.

— Où demeure M. Gray ?

Encore une fois Virginia promenait autour d'elle un regard interrogateur. Plusieurs voix lui indiquèrent la direction à suivre.

— Venez, Lorine, je désire que vous m'accompagniez jusque chez Mme Gray, continua-t-elle, et Lorine la suivit sans résistance, quoiqu'en gémissant et en pleurant.

Elles se dirigèrent ainsi, en traversant tout le Rectangle, vers la demeure de l'évangéliste. Ce spectacle semblait impressionner le quartier d'une façon étrange. La vue d'une femme ivre le laissait, en général, tout à fait indifférent, mais le fait qu'une des plus belles demoiselles de la ville prenait, ainsi, soin d'une des créatures les plus diffamées du Rectangle, était sans précédent ; il donnait de l'importance, et jusqu'à une certaine dignité, à

Lorine elle-même. On avait coutume de se divertir quand elle était ivre à rouler dans le ruisseau, mais la voir passer au côté d'une jeune dame de la meilleure société, c'était bien différent, cela remplissait, vraiment, le Rectangle de fierté et d'admiration.

Quand elles arrivèrent à la maison habitée par M. et Mme Gray, une femme leur dit qu'ils étaient sortis tous deux, et ne rentreraient pas avant le soir.

Virginia comptait les consulter et les prier, ou d'héberger Lorine, ou de lui trouver un gîte convenable, jusqu'au moment où elle aurait tout à fait retrouvé son sang-froid. Maintenant elle restait devant leur porte fermée, sans trop savoir que faire. Lorine s'était laissée tomber sur les marches du perron, et s'y était accroupie d'un air stupide, la tête cachée dans ses bras. Virginia la regardait avec un sentiment qui ressemblait, elle se l'avouait, à un profond dégoût.

Que fallait-il faire de cette misérable créature, puant l'eau-de-vie ? Elle savait vaguement qu'il y avait à Raymond deux refuges, où elle aurait peut-être pu la placer, mais, outre qu'elle doutait qu'on la reçût dans l'état d'ivresse où elle était, elle ne savait pas dans quelle rue les chercher. Elle ne pouvait pas l'abandonner, elle savait que Jésus ne l'aurait pas fait. Enfin, une idée lui vint qui, d'abord repoussée, s'imposa peu à peu à elle, avec une force irrésistible : Qui pourrait l'empêcher de l'emmener avec elle, de lui donner asile dans sa propre demeure ? Elle se pencha et lui toucha l'épaule :

— Levez-vous, Lorine, lui dit-elle, vous allez venir chez moi. Nous prendrons le tram là-bas.

Lorine se leva tout d'une pièce et, sans faire de résistance, suivit Virginia, au grand soulagement de celle-ci.

Quand elles atteignirent le tramway, elles le trouvèrent à peu près plein, et Virginia éprouva un sentiment horriblement pénible, en constatant combien leur entrée faisait sensation. Si ces inconnus paraissaient si confondus de la voir en pareille compagnie, qu'en dirait Mme Page ? Elle se le demandait avec une véritable angoisse.

Lorine était tombée dans un état de torpeur, de manière que Virginia était obligée de la tenir toujours par le bras et de la traîner, en quelque sorte après elle. La stupeur des occupants du tramway n'était rien, comparée aux regards que Virginia dut affronter tout le long de l'avenue qu'elle habitait ; aussi éprouva-t-elle, quand elle entra enfin dans le vestibule de sa maison, un tel soulagement, que la perspective de l'explication qu'elle allait avoir avec sa grand-mère ne lui causait plus de frayeur. Après la torture qu'elle venait de subir, elle se sentait de force à supporter n'importe quoi.

Mme Page était dans la bibliothèque et, en entendant rentrer Virginia, elle se dirigea vers le vestibule, où elle se trouva en face de sa petite-fille et d'une vagabonde, qui regardait d'un air hébété les splendeurs inaccoutumées étalées devant ses yeux.

— Grand-maman, dit Virginia sans hésiter et d'une voix singulièrement claire, j'ai amené avec moi une de mes amies du Rectangle. Elle est dans la peine et n'a point de chez elle. Je vais prendre soin d'elle pendant quelque temps.

Mme Page promenait de Virginia à Lorine un regard stupéfait.

— Avez-vous bien dit que c'est une de vos amies ? demanda-t-elle, d'une voix froide et ironique, qui fit plus de peine à Virginia que tout le reste.

— Oui, je l'ai dit.

Virginia semblait prête à s'emporter, mais elle se calma en se rappelant le texte d'une des dernières allocutions de M. Gray : « Un ami des péagers et des gens de mauvaise vie ».

— Savez-vous ce qu'est cette fille ? demanda encore Mme Page d'une voix sourde et tremblante d'indignation.

— Oui, je le sais très bien. Vous n'avez pas besoin de me dire qu'elle appartient à la lie de ce monde, grand-mère, car je le sais peut-être mieux que vous. Mais elle est aussi une enfant de Dieu. Je l'ai vue tomber à genoux, dans un accès de repentance, puis j'ai vu l'enfer tendre vers elle ses bras affreux, pour ressaisir sa proie, et, par la grâce de Christ, je sens que le moins que je puisse faire est d'essayer de la lui arracher. Grand-maman, nous nous appelons des chrétiens. Voici une pauvre créature perdue, sans asile, qui s'en allait glissant dans la mort éternelle, et nous, nous avons bien plus que tout ce qu'il nous faut ! Je l'ai amenée ici et je l'y garderai.

Mme Page leva les bras au ciel et regarda Virginia, comme si elle avait perdu l'esprit. Tout cela était absolument contraire à son code des convenances sociales. Comment la société excuserait-elle une pareille familiarité avec l'écume de la rue ? A quoi Virginia n'exposait-elle pas sa famille ? A des critiques, à la perte de sa position, à se voir abandonnée par une bonne partie de ses relations les plus distinguées peut-être ? Pour Mme Page, la société passait avant l'Église et toute autre institution. C'était la puissance qu'elle craignait, et à laquelle elle obéissait. Perdre son approbation était un malheur surpassé, seulement, par la perte de sa fortune.

Elle se tenait debout, très droite et très digne, regardant Virginia d'un air déterminé ; mais elle lisait, dans les yeux de sa petite-fille, une détermination égale à la sienne.

— Vous ne ferez pas cela, Virginia. Envoyez cette fille à un asile pour femmes abandonnées. Nous payerons ce qu'il faudra ; mais nous ne pouvons pas, par respect pour notre réputation, garder chez nous une personne de cette sorte.

— Grand-maman, je voudrais ne rien faire qui vous déplût, mais je garderai Lorine, ici, cette nuit, et plus longtemps si cela me paraît nécessaire.

— Vous en supporterez les conséquences ! Pour moi, je ne resterai pas dans la même maison qu'une misérable...

Mme Page ne se contenait plus, mais Virginia l'arrêta avant qu'elle en eût dit davantage.

— Grand-maman, cette maison est à moi. Vous y serez chez vous, tant qu'il vous plaira d'y rester. Mais dans ce cas-ci, j'agirai comme je suis convaincue que Jésus le ferait à ma place. Je suis prête à supporter tout ce que la société dira ou fera. La société n'est pas mon Dieu, et son verdict n'a pas de valeur à mes yeux, comparé au prix de cette pauvre âme perdue.

— Je ne resterai pas ici, s'il en est ainsi, dit Mme Page, en se dirigeant vers l'extrémité du vestibule. Elle ne l'avait pas atteint qu'elle revenait sur ses pas et s'écriait, avec une emphase qui trahissait son excitation passionnée :

— Vous vous souviendrez toujours que vous avez chassé votre grand-mère de chez vous, en faveur d'une femme ivre.

Puis, sans attendre de réponse, elle s'éloigna et disparut dans l'escalier.

Virginia appela une des servantes et la chargea de Lorine, qui avait repris ses sens, et dont l'état faisait pitié. Pendant tout le temps qu'avait duré la scène entre Mme Page et sa protectrice, elle s'était cramponnée si fort au bras de celle-ci, que ses doigts y avaient laissé des empreintes douloureuses.

Virginia se demandait si, vraiment, sa grand-mère mettrait à exécution sa menace de quitter la maison. Elle possédait une belle fortune indépendante, des forces et une santé qui la rendaient fort capable de se passer de l'aide des autres ; de plus, elle avait dans le Sud des frères et des sœurs, auprès desquels elle passait, en général, plusieurs semaines par an. Virginia n'éprouvait donc pas de scrupules, concernant son bien-être matériel, mais leur entrevue ne lui en laissait pas moins un pénible souvenir. Et pourtant, en remontant dans sa chambre, elle n'éprouvait pas de regret, au sujet de sa décision, car elle était toujours certaine d'avoir agi en suivant l'exemple de Jésus. Si elle se trompait, c'était son jugement et non point son cœur qui la conseillait mal. Quand la cloche du souper se fit entendre, elle descendit à la salle à manger. Sa grand-mère ne paraissant pas, elle envoya une domestique s'informer d'elle ; elle revint annoncer que Mme Page n'était pas dans sa chambre. Quelques minutes plus tard, Rollin rentra. Il apprit à Virginia que sa grand-mère venait de prendre le train du soir pour le Sud. Il se trouvait à la gare, accompagnant quelques amis, quand il l'avait rencontrée, et elle lui avait raconté la raison pour laquelle elle partait.

Le frère et la sœur se regardèrent tristement.

— Rollin, dit Virginia, qui comprit pour la première fois tout ce que le merveilleux changement survenu chez lui signifiait pour elle : Me blâmez-vous ? Ai-je eu tort ?

— Non, ma chère, je ne puis vous blâmer. C'est très pénible pour nous, mais si vous aviez le sentiment que vous teniez entre vos mains le salut de cette pauvre fille, vous ne pouviez agir autrement que vous ne l'avez fait. Oh ! Virginia, comment avons-nous pu, durant tant d'années, jouir égoïstement de notre belle maison et de tout le luxe qui nous entoure, sans nous préoccuper, en aucune façon, de la multitude de ceux qui sont semblables à cette femme ! Certainement qu'à notre place, Jésus agirait comme vous l'avez fait.

Il continua à consoler sa sœur, et ils restèrent longtemps à causer ainsi ensemble. Rien de ce que Virginia devait voir encore, se produire, dans ce domaine-là, ne l'impressionna jamais aussi profondément que la transformation de la vie de Rollin. En vérité, il était devenu un homme nouveau. Les choses vieilles étaient passées. Toutes choses avaient été faites nouvelles.

Le Dr West, que Virginia avait fait appeler, vint dans la soirée et donna toutes les directions nécessaires au sujet de Lorine. Elle avait bu jusqu'à tomber dans un accès de delirium, et il déclara que ce qu'il lui fallait, c'était beaucoup de repos et une surveillance active et affectueuse. Elle resta donc couchée dans une grande chambre, dont la paroi était ornée d'une belle gravure, représentant le Christ marchant sur les eaux. Ses yeux hagards se tournaient constamment vers lui et, chaque jour, elle semblait comprendre mieux le sens caché de cette admirable histoire, pourtant elle n'aurait su dire encore comment elle avait échoué dans ce port si paisible. Quant à Virginia, elle apprenait à connaître toujours mieux son Maître, à mesure que son cœur s'ouvrait pour cette épave, que les vagues avaient jetée, désemparée et brisée, à ses pieds.

Pendant ce temps, le Rectangle attendait le résultat des élections, avec un intérêt inusité, tandis que M. Gray et sa femme pleuraient sur les créatures misérables qui, après un effort pour lutter contre les tentations rencontrées à chaque pas, y succombaient, comme Lorine, et se précipitaient de nouveau dans le gouffre de leur première condition.

La réunion qui suivait le service du matin, à la Première Église, était maintenant une chose régulièrement établie. Quand Henry Maxwell entra dans la salle de la Bibliothèque, le dimanche qui suivit l'assemblée préliminaire, il y fut reçu avec un enthousiasme qui le fit presque trembler, par son intensité même. Il remarqua de nouveau l'absence de Jasper Chase, mais tous les autres volontaires se trouvaient là, dans un sentiment de confraternité qui s'exprimait par une confiance mutuelle parfaite. Ils sentaient tous que l'esprit de Jésus est un esprit de franchise, et se faisaient part, très ouvertement, de leurs expériences variées. Ainsi, Edouard Norman les mettait au courant, comme si c'eût été la chose la plus naturelle du monde, des affaires de son journal.

— Le fait est que, depuis ces trois dernières semaines, j'ai perdu pas mal d'argent ; je ne saurais dire au juste combien, mais, chaque jour, je vois diminuer le nombre de mes abonnés.

— Quelle raison vous donnent-ils pour renvoyer le journal ? demanda Henry Maxwell.

— Des raisons diverses ; mais la plus fréquente, c'est qu'ils veulent un journal qui leur donne toutes les nouvelles, par où ils veulent dire, des nouvelles à sensations, des crimes, des scandales, toutes sortes d'horreurs, en un mot. D'autres parlent de la suspension du numéro du dimanche. J'ai perdu, de ce fait-là, une quantité d'anciens abonnés, bien que j'aie rempli mes engagements envers eux, en leur donnant le samedi soir, dans mon édition spéciale, plus de matières qu'ils n'en recevaient le dimanche. Mais ce qui m'a causé le plus grave, préjudice, c'est l'épuration des annonces et l'attitude que j'ai été obligé de prendre dans la question politique. Il vaut tout autant que je vous dise franchement, que si je continue à suivre la règle qui serait, je le crois, honnêtement, celle que Jésus adopterait à ma place, le *Journal* ne fera plus ses frais, à moins que je ne puisse compter sur l'appui d'un des facteurs qui forment la population de Raymond.

Il s'arrêta un moment. Un silence intense régnait dans la chambre. Virginia semblait profondément intéressée par ce qu'elle venait d'entendre ; son intérêt était celui d'une personne qui entend discuter un sujet dont elle est, elle-même, particulièrement préoccupée.

— Ce facteur, continua Norman, c'est l'élément chrétien de Raymond. Je vous ai dit que le *Journal* a souffert de lourdes pertes, pour avoir été lâché par des gens qui ne se soucient pas d'avoir une feuille quotidienne, rédigée dans un esprit résolument chrétien, et par d'autres qui ne regardent un journal que comme un objet destiné à les amuser. Reste à savoir s'il y a, à Raymond, des chrétiens disposés à se grouper, pour soutenir un périodique rédigé d'après les principes posés par Jésus, ou si leurs habitudes sont trop profondément enracinées, pour qu'ils puissent se passer de ce à quoi la presse les a accoutumés jusqu'ici. Je puis bien dire ici que de récentes complications, indépendantes du *Journal*, m'ont fait perdre, également, une partie considérable de ma fortune. J'ai été obligé d'appliquer notre règle à certaines transactions ; je ne me suis plus demandé : cela rapportera-t-il ? mais : Jésus le ferait-il ? Ce qui en est résulté, vous venez de l'entendre. Je n'ai pas besoin d'entrer dans des détails, mais j'en suis arrivé à la conviction que notre système d'affaires est tel, actuellement, que si les principes posés par Jésus étaient loyalement appliqués, l'expérience que je viens de faire serait celle du grand nombre. Je ne vous ai parlé de mes pertes récentes que parce que j'ai pleine confiance dans le succès final du *Journal*, pourvu qu'il parvienne à traverser la crise actuelle. Je comptais consacrer ma fortune entière à cette entreprise, — maintenant, à moins que les chrétiens de Raymond ne me soutiennent, en s'abonnant en masse et en me fournissant des annonces, je serai obligé de la laisser tomber.

— Voulez-vous dire, demanda Virginia, qu'un journal chrétien ait besoin, pour vivre, d'un fonds capital considérable, comme ce serait, par exemple, le cas d'un collège chrétien ?

— Oui, c'est exactement ce que j'entends. Si je pouvais, développer mes projets, je ferais du *Journal* un organe dont la valeur religieuse, scientifique et morale, compenserait, largement, ce qui lui manquerait d'autre part et qui finirait, certainement, par s'imposer, au point de devenir même une bonne affaire financière. Mais pour cela il faudrait que je possède un capital qui me permette d'attendre ce moment, et de le développer sans soucis de la question pécuniaire.

— A combien estimez-vous ce capital ? demanda encore Virginia.

Edouard Norman regarda attentivement la jeune fille, et un éclair de joie illumina un instant son visage, à la pensée de ce qu'elle songeait, peut-être, à faire. Il la connaissait depuis que, toute petite fille, elle faisait partie de son groupe, à l'école du dimanche, et il avait eu des relations d'affaires actives avec son père.

— Je crois que, dans une ville comme Raymond, ce ne serait pas trop que de consacrer un demi-million de dollars à fonder un journal, comme celui que j'ai en vue, répondit-il, non sans un léger tremblement dans la voix.

— Alors je suis disposée à placer cette somme dans cette entreprise, à la condition, naturellement, que le *Journal* continue à être rédigé dans l'esprit qui l'anime en ce moment, répondit Virginia, avec le calme d'une personne qui a longuement réfléchi à ce qu'elle dit.

— Dieu soit béni ! murmura doucement Henry Maxwell.

Edouard Norman était devenu très pâle. Chacun regardait Virginia.

— Chers amis, continua-t-elle, avec un accent dont la tristesse les frappa tous profondément, je vous prie de ne pas considérer ce que je fais comme un acte de grande générosité, ou de philanthropie. J'ai compris, dernièrement, que la fortune que j'avais jusqu'alors considérée comme m'appartenant, n'est point à moi, mais à Dieu. Si, en ma qualité de simple gérante, je crois voir un moyen utile de placer mon argent, il n'y a pas là une occasion pour moi de me glorifier ; je n'ai fait qu'administrer loyalement les fonds qu'il m'a confiés afin que je les fasse servir à sa gloire, à lui. Il y a déjà quelque temps que je songe à cela, car, chers amis, si nous voulons lutter contre les ravages que l'eau-de-vie cause au Rectangle, par exemple, nous aurons grand besoin d'un champion tel que le *Journal de Raymond*.

Vous savez que tout le reste de la presse de notre ville est contre nous. Il ne faut pas nous le dissimuler : tant que les buveurs, que M. Gray cherche à relever, trouveront devant eux, à chaque pas, un débit de liqueurs et d'eau-de-vie, il leur sera presque impossible de résister à la tentation, et de ne pas retomber dans leur misérable condition première. Abandonner le *Journal*, équivaudrait à lâcher pied devant l'ennemi. Je ne connais pas, dans ses détails, le plan de M. Norman, mais j'ai pleine confiance dans ses capacités et je crois, comme lui, au succès final, car il me semble impossible que l'intelligence, unie à la piété, n'ait pas une force supérieure à celle de l'intelligence irréligieuse. Mais, même si je me trompais, je ne croirais pas avoir mal employé cette partie de l'argent que Dieu m'a donné à gérer pour lui, si, grâce à lui, le *Journal* peut vivre pendant une année. Ne me remerciez pas et ne pensez pas que j'aie rien fait de remarquable. Jusqu'ici, je n'ai usé de l'argent de Dieu que pour moi, pour satisfaire mes moindres désirs égoïstes ; le moins que je puisse faire, c'est de réparer le tort que je lui ai causé, et de lui rendre ce qui lui est dû. C'est là, je crois, ce que ferait Jésus.

Pendant un moment rien ne troubla le silence profond qui suivit les paroles de Virginia. Henry Maxwell éprouvait, en considérant tous les visages émus, tournés de son côté, une étrange sensation : il lui semblait qu'ils avaient reculé de dix-neuf siècles, pour revenir à cette aurore de l'Église, où les disciples avaient tout en commun, et n'étaient qu'un cœur et qu'une âme. Cette communion parfaite de sentiments et d'intérêts, combien donc des membres de son Église l'avaient-ils expérimentée, avant que cette petite phalange eût commencé à faire ce qu'aurait fait Jésus ? Comment la comprenait-il, lui-même ? Il avait peine à réaliser toute la distance qu'il y avait entre alors et maintenant. Ceux qui l'entouraient éprouvaient, comme lui, la certitude que dans tout ce qui pourrait leur arriver désormais : joies ou douleurs, pertes, difficultés de tout genre, ils seraient certains de trouver, chez chacun de ceux qui s'efforçaient de faire ce qu'aurait fait Jésus, une sympathie complète et active.

Le Saint-Esprit agissait, en eux, d'une façon si puissante, qu'ils sentaient pour ainsi dire sa présence. Et comme les miracles physiques donnaient aux premiers disciples un courage et une confiance qui leur permettaient d'affronter le martyre, eux se sentaient emportés par une grande vague spirituelle, qui les poussait en avant, et leur donnait la force de braver l'ennemi.

Avant de se séparer, ils entendirent encore bien des confidences pareilles à celle d'Edouard Norman. Quelques-uns des jeunes gens présents racontèrent qu'ils avaient perdu leur situation, pour avoir obéi à leur promesse. Alexandre Power annonça, en quelques mots, que les autorités allaient agir contre la Compagnie. Lui-même avait repris une place dans les télégraphes. Chacun avait remarqué que, depuis sa démission, sa femme et sa fille ne se montraient plus en public, mais lui seul savait toute l'amertume que sa conduite avait apportée dans leurs relations domestiques. D'autres encore connaissaient le poids de fardeaux semblables, mais c'étaient là des choses dont il ne pouvaient pas parler.

M. Maxwell, très au courant de ce qui concernait les membres de son Église, n'ignorait point, lui, que l'obéissance à la promesse faite avait eu pour résultat, dans plus d'une famille, des séparations, des refroidissements, et même des haines positives. Il est bien vrai que lorsque l'exemple de Jésus est suivi par les uns et méprisé par les autres : « un homme a pour ennemi les gens de sa propre maison ». Jésus est un grand élément de division. Il faut marcher parallèlement avec lui, ou croiser son sentier à angle droit.

A la fin de cette réunion, si véritablement fraternelle, Edouard Norman se trouva très entouré. Chacun tenait à lui exprimer sa sympathie, et tous lui promirent, sans réserve, leur appui et leur concours, car ils comprenaient bien que, ainsi qu'il le leur expliquait lui-même, l'argent ne pouvait suffire, à lui seul, à faire prospérer son journal ; mais que, pour devenir une force chrétienne, il avait besoin d'être soutenu par tous les chrétiens de Raymond.

La semaine qui suivit fut, pour toute la ville, une période de grande agitation causée par l'approche des élections. Donald Marsh, fidèle à sa promesse, portait bravement sa croix, car c'en était une pour lui, une croix lourde et douloureuse, que d'avoir dû sortir de sa retraite studieuse pour descendre dans la rue, et se mêler à une lutte qui répugnait profondément à sa nature réservée. A ses côtés, combattaient quelques autres professeurs, enrôlés sous la même bannière que lui, et qui souffraient, comme lui, de se trouver en contact avec des réalités très différentes des abstractions avec lesquelles ils s'étaient contentés de vivre, jusqu'alors.

M. Maxwell faisait, lui aussi, de dures expériences : dans les rares moments où il pouvait chercher un peu de repos dans son cabinet de travail, il sentait des gouttes de sueur perler sur son front, et il éprouvait une terreur semblable à celle qui s'emparerait d'un homme, marchant dans l'obscurité, à la rencontre d'un monstre inconnu. Il n'était pas un lâche pourtant, mais, comme beaucoup de ses amis, il s'était jusqu'alors si entièrement dépréoccupé de ses devoirs de citoyen, que son ignorance des exigences et des coutumes de la vie publique les lui rendait particulièrement pénibles, et ajoutait à son malaise un sentiment de honte et d'humiliation, sous le poids duquel il avait peine à ne pas succomber.

Quand arriva le samedi, jour de l'élection, l'excitation était arrivée à son comble. Des démarches avaient été faites pour obtenir la fermeture de tous les débits d'eau-de-vie ; elles avaient en partie abouti, mais on n'en buvait pas moins pour cela dans les diverses parties de la ville, et surtout au Rectangle. M. Gray avait continué, pendant toute la semaine, ses réunions, avec un succès qui dépassait son attente. Maintenant il lui semblait qu'il arrivait au point culminant de la crise, de la lutte engagée entre le Saint-Esprit et l'esprit du mal. Ce n'était plus une lutte seulement, mais un conflit désespéré. Plus l'intérêt pour les réunions grandissait, plus l'hostilité devenait féroce et s'étalait ouvertement. On ne se bornait plus aux menaces, et, déjà un des soirs précédents, M. Gray et le petit groupe de ses aides avaient été assaillis à coups de pierres, et de projectiles de toutes sortes, au moment où ils quittaient la tente. La police, dès lors, avait envoyé ses agents pour les protéger, néanmoins M. Gray avait d'abord hésité à tenir une réunion dans cette soirée du samedi, qui s'annonçait particulièrement houleuse et bruyante, mais, habitué comme il l'était à se laisser guider par les circonstances, il s'était décidé à prêcher comme de coutume, en voyant ses auditeurs habituels accourir à l'heure accoutumée, comme si rien d'inusité ne se passait dans le quartier.

Les urnes avaient été fermées, dans toute la ville, à six heures. Jamais élection n'avait été aussi passionnément disputée à Raymond ; jamais des éléments aussi opposés n'étaient entrés en compétition ; jamais on n'avait vu des hommes comme le président du Lycée Lincoln, le pasteur de la Première Église, le doyen de la cathédrale, d'autres personnalités encore, appartenant au monde des lettres et habitant les belles maisons du boulevard, descendre dans l'arène et représenter, par leur présence et leur exemple, la conscience chrétienne de la cité. Ce fait, sans précédent, avait étonné les politiciens de profession, mais leur étonnement n'avait pas été jusqu'à paralyser leur activité. La lutte avait été si ardente, des deux côtés, que nul n'en pouvait prévoir l'issue, aussi le résultat de la votation était-il attendu avec un intérêt fébrile et passionné.

Il était plus de dix heures quand la réunion prit fin, dans la tente du Rectangle. Elle avait été remarquable à bien des égards. Henry Maxwell s'y trouvait de nouveau, à la requête de M. Gray. Il était exténué de fatigue, mais l'appel de l'évangéliste était fait en des termes auxquels il n'avait pas cru devoir résister. Donald Marsh aussi était présent ; il n'avait jamais été au Rectangle, et ce qu'il savait de l'influence exercée par M. Gray, dans la pire partie de la ville, lui avait inspiré le désir de voir de près cette chose étrange. Le Dr West et Rollin accompagnaient Rachel et Virginia. Lorine était là également : très calme maintenant, mais humble et défiante d'elle-même, elle se tenait tout près de sa protectrice comme un chien fidèle. Elle écoutait la tête baissée, pleurant parfois, sanglotant même, pendant que Rachel chantait : *J'étais une brebis perdue*. Tout, dans sa contenance, proclamait, d'une façon presque tangible, son profond repentir et son immense besoin de pardon. Rien qu'à la voir, on comprenait qu'il y avait bien là une nouvelle création.

Vers la fin de la soirée, l'assemblée fut troublée par des cris et des vociférations. Les hommes du Rectangle revenaient des élections, en grandes bandes titubantes et hurlantes. Pendant un moment, la voix de Rachel parvint encore à soutenir l'attention de la foule nombreuse, qui se pressait dans la tente, mais bientôt l'agitation prit le dessus et M. Gray jugea plus prudent de clôturer la séance.

Rachel, Virginia, Lorine, Rollin et le docteur, le président Marsh et Henry Maxwell sortirent ensemble, dans l'intention de se rendre directement à l'endroit où ils attendaient, en général, le passage du tramway. Mais aussitôt hors de la tente, ils s'aperçurent que le Rectangle était dans un état d'ivresse et d'effervescence tout particulier, et ils ne tardèrent pas à sentir, tout en cherchant à se frayer un passage dans les ruelles étroites, pleines d'une foule grouillante et gouailleuse, qu'ils étaient les objets d'une attention particulière.

— Voyez celui-là, cet animal au chapeau haut. C'est lui qui est le meneur ! cria une voix dure, en désignant le président Marsh, qui dépassait de la tête tous ses compagnons.

— Comment les élections sont-elles allées ? Il est encore trop tôt pour en savoir le résultat, n'est-ce pas ? demanda-t-il tout haut. Un homme lui répondit :

— Ils disent que dans la seconde et la troisième circonscription on a marché, presque comme un seul homme, contre le monde du whisky. Si c'est vrai, enfoncée l'eau-de-vie !

— Que Dieu en soit béni ! J'espère que c'est vrai ! s'écria Henry Maxwell, qui ajouta : Marsh, nous sommes en danger ici. Réalisez-vous bien notre situation ? Il faut que nous trouvions moyen d'amener ces dames dans un endroit où elles soient en sûreté.

— C'est vrai, dit gravement M. Marsh. Au même moment, une grêle de pierres s'abattit sur eux. Tout ce que le Rectangle contenait de pire occupait les issues de la rue dans laquelle ils se trouvaient.

— Cela devient sérieux, murmura Maxwell, qui s'avança résolument avec M. Marsh, Rollin et le Dr West pour essayer de faire une trouée dans la foule, et d'abriter Rachel, Virginia et Lorine. Mais le Rectangle ne se contenait plus ; il voyait dans Donald Marsh et Henry Maxwell deux des chefs du parti qui allait, peut-être, les priver de leurs tavernes bien-aimées, et leur rage se déchaînait contre eux.

— A bas les aristocrates ! hurla une voix qui semblait être celle d'une femme.

Les pierres, mêlées à de la boue, recommencèrent à tomber sur eux. Rachel se souvint, dans la suite, que Rollin lui fit un rempart de son corps et reçut, en pleine poitrine et sur la tête, des coups qui, sans lui, l'auraient atteinte immanquablement.

La police, qui approchait, allait les atteindre quand Lorine fit un bond, pour saisir Virginia par le bras, et la jeter violemment en arrière, avec un cri de terreur. Cela avait été si soudain, que personne n'eut le temps de distinguer le visage de celui qui, d'une fenêtre située au-dessus de la porte d'où Lorine était sortie, huit jours auparavant, venait de lancer une énorme bouteille. Lorine s'affaissa sur le sol, aux pieds de Virginia et Donald Marsh leva un bras et cria, assez fort pour dominer même les hurlements de bêtes fauves de cette houle de sauvages :

— Arrêtez ! Vous venez de tuer, une femme !

Cette nouvelle produisit une accalmie.

— Est-ce vrai ? demanda Henry Maxwell au Dr West qui, aidé de Virginia, soutenait la tête de Lorine.

— Elle se meurt ! répondit-il brièvement.

Elle entr'ouvrit les yeux et sourit à Virginia. Celle-ci essayait d'arrêter le sang qui coulait sur son front, puis elle se pencha pour l'embrasser. Lorine sourit encore ; l'instant d'après elle entrait dans le paradis.

Et ce n'était qu'une femme entre les milliers de celles qui sont tuées par le démon de l'alcool ! Reculez, êtres abjects, pour laisser passer son cadavre. Elle était une des vôtres, et le Rectangle avait posé sur elle l'image de la bête. Béni soit celui qui est mort pour les pécheurs, de ce qu'une âme nouvelle avait remplacé l'ancienne. Faites place ! Laissez-la passer respectueusement, suivie d'un groupe de chrétiens, frappés de terreur et pleurant. Vous l'avez tuée, vous dont l'alcool a fait des assassins. Mais vous, ô vous les chrétiens d'Amérique, n'avez-vous donc rien à vous reprocher ? Qu'aviez-vous fait pour elle, pour eux, pour ces enfants de la rue, pauvres pécheurs abandonnés et perdus, livrés sans défense aux attaques de l'ennemi.

Le jour du jugement, seul, révélera qui a été le meurtrier de Lorine.

Chapitre VII

> Celui qui me suit ne marchera pas dans les ténèbres.
>
> (Jean 8.12)

Le corps de Lorine était étendu, froid et rigide, dans la demeure des Page. C'était dimanche, et par la fenêtre grande, ouverte, la brise matinale répandait sur elle le parfum des fleurs qui s'ouvraient dans les bois, les prés, et dans les jardins de l'avenue. Les cloches des églises sonnaient à toute volée, et les passants, qui se rendaient à leur appel, tournaient des regards curieux vers la grande maison, où reposait la victime de la bagarre dont l'histoire courait déjà la ville.

Dans la Première Église, Henry Maxwell, le visage encore altéré par les émotions de la veille, se trouvait en face d'une immense congrégation, et lui parlait avec une passion, et une force qui découlaient si naturellement des profondeurs de son cœur, que ses auditeurs éprouvaient, en l'entendant, un peu de cet orgueil que leur causait autrefois sa dramatique éloquence. Son attitude, pourtant, n'était plus la même ; il y avait dans son appel vibrant une note de tristesse et de reproche, qui atteignit la conscience de beaucoup de membres de l'Église et les fit pâlir, soit de remords, soit d'indignation.

Car Raymond, après tout, s'était éveillé le matin, pour apprendre que les partisans du désordre et de l'alcool avaient eu la victoire. Le bruit qui courait, la veille, au Rectangle, était faux. La majorité ; il est vrai, était minime, mais le résultat restait le même, les tavernes et les cabarets de Raymond continueraient à jouir, pendant une année encore, d'une liberté illimitée. Et cet échec était imputable aux chrétiens de Raymond, car une centaine d'entre eux s'étaient abstenus de voter, et un beaucoup plus grand nombre avait voté avec les partisans de l'ancien état de chose. Si tous les habitants de Raymond qui faisaient profession de christianisme, en se rattachant à une Église, avaient marché contre l'ennemi, l'alcool, au lieu de trôner en roi de la ville, aurait été forcé de baisser la tête, et de cesser son œuvre de dégradation et d'abrutissement.

Mais ils n'avaient pas marché ; pendant un an encore son règne serait incontesté et de pauvres créatures, sans nombre, seraient dégradées, avilies, tuées, peut-être, comme Lorine.

Tout cela Henry Maxwell le disait à son troupeau, avec une voix que l'angoisse faisait trembler et, en l'entendant, plus d'une femme, plus d'un homme même, sentait les larmes lui monter aux yeux. On aurait pu en voir couler sur le beau visage de Donald Marsh, qui oubliait de les essuyer, lui qui, jusqu'alors, n'avait jamais manifesté, en public, une émotion quelconque. Ceux qui avaient coutume de voir, chaque dimanche, à la même place, cet homme très droit, irréprochable dans son maintien, l'air légèrement hautain, le reconnaissaient à peine dans l'homme affaissé, dont la tête altière se penchait, sous le poids d'une préoccupation trop douloureuse pour être dissimulée. Edouard Normand était assis à côté de lui, pâle, les lèvres serrées, la main crispée sur le rebord du banc qui lui faisait vis-à-vis. Personne n'avait travaillé plus que lui à éclairer l'opinion, personne ne s'était jeté plus résolument que lui dans la mêlée, pendant la semaine qui venait de s'écouler. Mais la pensée que la conscience chrétienne avait été secouée trop tard, ou trop faiblement, pesait lourdement sur son cœur, car qui pouvait dire ce qui serait arrivé si, depuis longtemps déjà, il avait fait ce qu'aurait fait Jésus ?

Plus haut, sur la galerie du chœur, Rachel Winslow, la tête cachée dans ses mains, sentait l'émotion à laquelle elle cherchait vainement à résister, la gagner tellement que lorsqu'elle voulut, à la fin du service, chanter le solo qui devait le terminer, sa voix s'éteignit dans un sanglot.

Jamais on n'avait répandu tant de larmes dans la première Église. Où donc était resté son respect de l'ordre, de la convention, de la solennité du service, que jamais aucune émotion vulgaire, aucune excitation plébéienne, ne devait troubler ? C'est que les convictions les plus intimes de tous ces gens avaient été remuées. Ils avaient si longtemps vécu de sentiments de surface, qu'ils en étaient arrivés à oublier les sources profondes où se puise la vie, et que rien d'autre qu'une crise comme celle qu'ils traversaient, ne pouvait leur rappeler la signification véritable de leur vocation de chrétiens.

Henry Maxwell ne demanda pas, cette fois, si de nouveaux volontaires consentiraient à s'engager à suivre l'exemple de Jésus, en agissant ainsi qu'il l'aurait fait lui-même. Mais il n'en trouva pas moins la petite troupe de disciples plus nombreuse que jamais, quand il la rejoignit à l'issue du service. Ce qui dominait, chez tous, était la résolution, fermement et courageusement affirmée, de continuer ou d'entreprendre la lutte contre le mal sous toutes ses formes, mais surtout contre l'alcool, et de ne déposer les armes que lorsqu'une vie meilleure régnerait dans cette cité terrestre, dont ils se sentaient responsables devant Dieu. Les prières se succédaient, confessant les fautes, l'égoïsme, et l'indifférence du passé, et, de tous les cœurs, des supplications muettes montaient vers le ciel, demandant la délivrance des abus qui étaient devenus, pour tant d'âmes, une cause de malédiction et de mort.

Si les élections et leurs conséquences avaient singulièrement troublé la Première Église, le Rectangle ne s'en montrait pas moins fortement préoccupé. La mort de Lorine ne lui paraissait pas, en elle-même, un fait particulièrement digne de remarque, mais ses relations récentes avec le beau monde de la ville lui communiquait une importance spéciale, et l'entourait d'un certain prestige.

Des rapports exagérés au sujet de la magnificence du cercueil, avaient déjà fourni ample matière aux commérages, mais la question des funérailles passionnait le Rectangle. Seraient-elles publiques ? Qu'allait décider Miss Page ? Jamais la populace du quartier n'avait encore été mise en rapports, si lointains fussent-ils, avec l'aristocratie du Boulevard, car les occasions où ces deux faces de l'humanité pouvaient se rencontrer n'abondaient guère. On assiégeait M. Gray pour savoir de quelle façon les amis et les connaissances de Lorine pourraient être admis à lui rendre les derniers devoirs, car ses amis, après tout, avaient été nombreux, et il s'en trouvait beaucoup parmi les nouveaux convertis.

C'est ainsi qu'il advint que, le lundi après-midi, le service funéraire de Lorine eut lieu dans la tente, devant un immense auditoire, qui débordait sur la place. M. Gray s'était rendu auprès de Virginia et, après avoir discuté la chose avec elle et M. Maxwell, il avait obtenu que la cérémonie eût lieu au Rectangle.

— J'ai toujours été opposé aux grands ensevelissements, disait l'évangéliste, dont la parfaite simplicité constituait une des principales forces, mais la requête des humbles créatures qui connaissaient Lorine est si pressante, que je ne sais comment m'opposer à leur désir de la revoir, et d'entourer d'un peu d'honneur son pauvre corps. Qu'en pensez-vous M. Maxwell ? Je me laisserai guider par vous dans cette affaire, certain que ce que vous déciderez, vous et Miss Page, sera ce qui vaudra le mieux.

— Je pense comme vous, répondit M. Maxwell. En thèse générale, je déteste tout ce qui ressemble à de l'ostentation, dans des moments comme celui-là. Mais ceci est différent. Le peuple du Rectangle ne viendrait pas ici pour le service, ainsi je pense que ce serait agir chrétiennement que de décider qu'il aura lieu dans la tente. Qu'en pensez-vous, Virginia ?

— Oui, vous avez raison, dit tristement Virginia. Pauvre fille ! Elle a donné sa vie pour moi, et, bien que nous ne puissions ni ne voulions profiter de cela pour faire une vulgaire démonstration, il ne me semble pas que je puisse refuser à ses amis la satisfaction qu'ils réclament, d'autant plus que je n'y vois aucun mal.

Les arrangements furent donc pris, non sans quelque difficulté, pour que le service mortuaire se fît dans la tente de M. Gray. Virginia s'y rendit avec son oncle et Rollin ; M. Maxwell, Rachel, le président Marsh et le quatuor de la Première Église les accompagnaient, et tous ensemble ils assistèrent à une des scènes les plus étranges de leur vie.

Le correspondant d'un des plus grands journaux du pays se trouvait, justement à Raymond ce jour-là. Il entendit parler de son enterrement original à plus d'un titre, et eut la curiosité d'y assister. Le lendemain il envoyait à son journal un pittoresque compte rendu, qui fut remarqué par beaucoup de lecteurs, et qui méritait d'être conservé par ceux qui s'intéressaient à l'histoire intime de Raymond.

« Je viens d'assister à un service funéraire bien unique et curieux, qui a eu lieu, cet après-midi, dans la tente dressée par un évangéliste, le Rév. John Gray, dans le quartier mal famé connu comme le « Rectangle ». La femme que l'on enterrait, d'une façon si inusitée, avait été tuée pendant une bagarre qui a eu lieu samedi soir, à l'occasion des élections. Il paraît qu'elle s'était convertie dernièrement pendant une des réunions de l'évangéliste, et elle a été tuée comme elle sortait de la tente, avec d'autres convertis, et quelques amis.

Elle n'était qu'une vulgaire buveuse, et cependant jamais je n'ai entendu, dans aucune cathédrale, de service funèbre plus impressionnant, même alors que le défunt occupait, de son vivant, la situation la plus en vue.

J'ai été dès l'abord très frappé d'entendre, dans un endroit pareil, un fort beau chant exécuté par un chœur remarquablement bien exercé, et tel qu'on ne s'attend à en trouver que dans de grandes églises ou des salles de concert. Mais le chœur a été bien surpassé par un solo chanté par une jeune dame, d'une beauté frappante, une Miss Winslow qui est, si je ne me trompe, la cantatrice que Crandall avait désiré engager pour l'Opéra National et qui refusa, je ne sais pour quelle raison, de paraître sur la scène. Elle a une manière de chanter absolument merveilleuse, elle n'avait pas fait entendre dix notes que tout le monde pleurait. Cela n'aurait eu, après tout, rien de bien étrange, puisque nous étions à un enterrement, mais entre mille voix on n'en trouverait peut-être pas deux comme celle-là. On me dit que Miss Winslow chante à la Première Église, et qu'elle pourrait, si elle s'en souciait, gagner n'importe quelle somme comme cantatrice de profession. On entendra probablement bientôt parler d'elle, une voix pareille se ferait applaudir où que se soit.

Le service lui-même, indépendamment de la musique, était fort particulier. L'évangéliste, un personnage à l'aspect tout simple, a dit quelques mots, puis un homme à l'air distingué, le Rév. Henry Maxwell de la Première Église, lui a succédé. M. Maxwell a parlé du fait que cette femme était tout à fait préparée à mourir, puis il a insisté, d'une manière très impressive, sur les effets que produit la boisson dans les vies des hommes et des femmes qui s'y adonnent, comme l'avait fait celle-ci avant sa conversion. Son discours, malgré son caractère agressif à l'endroit de l'alcool, ne semblait point être déplacé dans ces funérailles.

Ce qui a suivi a été, peut-être, la partie la plus frappante et étrange de tout le service :

Les femmes qui se trouvaient dans la tente, du moins la plus grande partie d'entre elles, se sont mises à chanter, groupées près du cercueil, très doucement et à travers leurs larmes : *J'étais une brebis perdue*, et tout en chantant, elles défilaient les unes après les autres devant le cercueil, sur lequel chacune d'elles laissait tomber une fleur, après quoi elle retournait reprendre sa place dans le chœur. C'était une des choses les plus simples, et pourtant les plus émouvantes que j'aie vues et, pendant tout ce temps, la mélodie continuait à s'égrener, lente, douce et monotone, comme le bruit d'une petite pluie de printemps. Les chanteuses étaient bien une centaine, et je ne saurais décrire l'effet saisissant de ces voix un peu voilées et pourtant distinctes. Les côtés de la toile étaient relevés ; au dehors on voyait une foule énorme, extraordinairement attentive, solennelle et recueillie, si l'on songe dans quelle espèce de monde elle était recrutée.

Miss Winslow a chanté encore : *Ils étaient quatre-vingt-dix-neuf* ; puis l'évangéliste a terminé par une prière, que cette énorme assemblée d'hommes et de femmes, appartenant à l'écume de la ville, a écoutée mains jointes et tête baissée.

L'obligation où j'étais de ne pas manquer mon train ne m'a pas permis d'assister à la fin de la cérémonie, mais j'ai pu apercevoir encore, de loin, la foule, formée en cortège, suivant le cercueil porté par six femmes. Depuis longtemps je n'avais contemplé un tableau pareil dans notre peu poétique République ».

Si l'ensevelissement de Lorine avait impressionné ainsi un simple étranger, il est facile de se représenter ce qu'éprouvaient ceux qui avaient été si intimement liés à sa vie et à sa mort. Jamais le Rectangle n'avait été aussi profondément ému qu'à la vue de Lorine, couchée dans son cercueil, et le Saint-Esprit semblait avoir communiqué une forme spéciale à ce corps sans vie, car ce même soir bien des âmes perdues, des femmes pour la plupart, rentrèrent dans le bercail du Bon Berger.

L'espoir, exprimé par M. Maxwell, au sujet de la taverne d'où était partie la pierre qui avait tué Lorine, sembla être, à un moment donné, bien près de se réaliser : l'autorité la fit fermer ostensiblement durant deux jours, et le tenancier, soupçonné d'avoir commis ce meurtre, fut emprisonné ; mais rien de précis n'ayant pu être prouvé contre lui ni contre personne, il fut rendu à son établissement, qui rouvrit aussitôt ses portes au flot de sa clientèle habituelle. Aucun jugement terrestre n'a jamais été prononcé sur le meurtrier de Lorine.

Personne, dans toute la ville, ne souffrit de la mort de la pauvre fille aussi vivement que Virginia. Il lui semblait avoir fait une perte personnelle. La courte semaine que Lorine avait passée sous son toit avait ouvert son cœur à une vie nouvelle. Elle en parlait à Rachel, assise près d'elle dans le grand hall de la maison Page, le lendemain des funérailles.

— Je vais employer une partie de mon argent à aider ces femmes à mener une vie meilleure, disait-elle. Je crois que mon plan est bon. J'en ai causé longuement avec Rollin, qui est tout à fait d'accord avec moi et qui consacrera également à cette œuvre une forte somme.

— Combien d'argent pouvez-vous employer à cette nouvelle entreprise ? lui demanda Rachel. Jamais autrefois elle ne lui aurait adressé une question pareille, mais il lui semblait maintenant aussi naturel de parler d'argent, que de n'importe quelle autre chose appartenant à Dieu.

— J'ai à ma disposition immédiate au moins quatre cent cinquante mille dollars. Rollin en a davantage, bien qu'il ait — et c'est maintenant un amer regret pour lui — jeté follement par les fenêtres près de la moitié de la fortune que papa lui avait laissée. Nous désirons tous les deux réparer, autant que possible, nos omissions et nos fautes passées, et nous avons examiné, avec beaucoup de soin et de sérieux, la question de l'usage que Jésus ferait de l'argent que nous mettons à sa disposition. Je suis certaine d'avoir agi selon son esprit, en en consacrant une partie à soutenir le *Journal de Raymond.* Il est aussi nécessaire que nous possédions un organe quotidien chrétien, à ce moment surtout, où nous avons à combattre l'influence des débits d'eau-de-vie, qu'il l'est pour nous d'avoir des églises ou des lycées. Je suis donc persuadée que la somme que j'ai mise à la disposition de M. Norman, et dont je sais qu'il fera un usage excellent, sera un puissant moyen d'agir, à Raymond, comme le ferait Jésus.

Pour ce qui est de mon autre projet, je désire, Rachel, que vous me prêtiez votre concours dans l'œuvre que je prépare. Nous allons acheter, Rollin et moi, un vaste terrain, au centre même du Rectangle. Celui que la tente occupe actuellement est depuis des années en litige. Aussitôt que le tribunal aura statué sur les droits réels des propriétaires, nous en ferons l'acquisition. Depuis quelque temps, je me renseigne sur ce qui a été fait ailleurs, pour créer des logements, des asiles, des restaurants, au cœur des grandes cités industrielles. Je n'ai pas encore adopté un plan complet ; je sais seulement qu'avec de l'argent il sera possible de venir au secours de beaucoup de familles, d'ouvrières, et de pauvres filles comme Lorine. Mais ne croyez pas que je veuille me contenter d'être, simplement, dans cette œuvre, une bailleuse de fonds. Que Dieu me préserve d'une chose pareille ! Je veux me consacrer moi-même à la solution de ce problème si compliqué : le relèvement des bas-fonds de la société. Mais je sens, Rachel, que les ressources pécuniaires, même les plus illimitées, et les sacrifices personnels, même les plus complets, ne parviendront jamais que d'une façon partielle à assainir le Rectangle, matériellement et moralement, tant que l'alcool y régnera en maître. L'eau-de-vie causera plus de ruines que tous les bâtiments et tous les efforts de la Mission intérieure ne pourront en relever.

Virginia s'arrêta et se mit à faire les cent pas dans le hall comme, pour calmer son agitation, tandis que Rachel s'écriait :

— C'est vrai, mais pourtant quelle splendide somme de bonheur votre argent va produire ! La question de l'alcool ne peut, d'ailleurs, pas rester toujours ce qu'elle est en ce moment. Le jour viendra où les chrétiens de notre ville triompheront.

Virginia s'arrêta devant Rachel, et son pâle visage s'éclaira.

— Je le crois aussi, dit-elle. Le nombre de ceux qui ont promis de faire ce que Jésus ferait va croissant. Qu'il y ait un jour cinq cents disciples décidés à Raymond, et la cause des débitants d'eau-de-vie est perdue. Mais je voudrais vous parler maintenant, ma chère, de la part que je désire vous voir prendre dans la conquête du Rectangle, car mon ambition ne va pas à moins que cela. Votre voix est une puissance, vous le savez, et voilà mon idée : Organisez une école de musique pour les jeunes filles de la classe ouvrière. Faites-les bénéficier de votre talent et de votre éducation. Il y a de splendides voix parmi elles, aviez-vous jamais entendu quelque chose de comparable à leur chant, hier ? Rachel, quelle occasion unique de travailler ! Vous aurez tout ce que l'argent peut procurer en fait d'orgue et d'instruments divers. La musique n'est-elle pas un des plus puissants moyens d'amener les âmes à une vie meilleure, plus élevée et plus pure.

Avant même que Virginia eût fini de parler, Rachel semblait transfigurée, l'émotion et la joie qui lui étreignaient le cœur étaient si fortes, qu'elle ne pouvait retenir ses larmes. C'était la réalisation d'un rêve, c'était l'emploi de toutes ses facultés mis à sa portée, et dans son enthousiasme elle jeta ses deux bras autour du cou de Virginia, en disant :

— Oh ! oui, je serai heureuse de mettre ma vie au service d'une œuvre comme celle-là. Je crois que c'est ce que ferait Jésus. Virginia, quels miracles ne pourrions-nous pas accomplir au sein de l'humanité, si nous possédions, pour soulever le monde, un levier aussi puissant que l'argent, consacré à Dieu sans réserve.

— Ajoutez-y de l'enthousiasme consacré, comme le vôtre, et il est certain qu'il ferait de grandes choses, dit Virginia en souriant. Avant que Rachel eût pu répondre, Rollin parut sur le seuil de la bibliothèque.

Il hésitait à s'avancer, quand Virginia l'appela pour lui poser quelque question relative à leur projet.

Il prit une chaise et vint s'asseoir à côté des deux jeunes filles, puis tous trois se mirent à discuter ensemble leur plan d'avenir.

Il semblait, en présence de Virginia, n'éprouver aucun embarras à se trouver près de Rachel, seulement il y avait, dans sa façon de lui adresser la parole, une politesse non pas précisément froide, mais cérémonieuse. Le passé semblait avoir été entièrement absorbé par sa merveilleuse conversion. Il ne l'avait pas oublié, mais le but nouveau donné à sa vie, dominait, apparemment, chez lui, toute autre préoccupation.

Au bout d'un moment, quelqu'un vint l'appeler, et Rachel et Virginia se mirent à causer de choses et d'autres.

— A propos, qu'est devenu Jasper Chase ? demanda Virginia. Elle avait posé cette question le plus innocemment du monde, mais elle sourit en voyant Rachel rougir. Je pense qu'il écrit un nouveau roman, continua-t-elle. Va-t-il vous y faire figurer de nouveau ? Vous savez que je l'ai toujours soupçonné de vous avoir peinte dans l'héroïne de sa première histoire.

— Virginia, dit Rachel, avec la franchise qui avait toujours régné entre les deux amies, Jasper m'a dit dernièrement que… au fait il m'a demandé de l'épouser… ou il l'aurait fait si…

Elle s'arrêta, les mains jointes sur ses genoux, des larmes plein les yeux :

— Virginia, je croyais, il y a encore de cela peu de temps,

l'aimer comme il dit qu'il m'aime ; mais quand il a parlé, quelque chose dans mon cœur s'est soulevé contre lui, et je lui ai répondu comme je sentais que je devais le faire. Je lui ai dit non. Je ne l'ai pas revu dès lors. C'était le soir des premières conversions au Rectangle.

— J'en suis heureuse pour vous, dit tranquillement Virginia.

— Pourquoi ? demanda Rachel, un peu surprise.

— Parce que je n'ai jamais pu aimer beaucoup Jasper Chase. Il est trop froid et, je ne voudrais pas le juger, mais je me suis toujours défiée de sa sincérité, depuis qu'il a pris l'engagement à l'église, avec nous tous.

Rachel la regardait d'un air pensif.

— Je suis certaine de ne lui avoir jamais donné mon cœur. Il m'intéressait, et j'admirais beaucoup son habileté comme écrivain. Il fut un temps où je m'imaginais tenir beaucoup à lui, aussi je crois que, s'il m'avait parlé à tout autre moment, je me serais aisément persuadée que je l'aimais. Maintenant je ne le pourrais plus.

De nouveau Rachel s'arrêta, et Virginia se pencha vers elle, pour l'embrasser tendrement. Après avoir vu partir son amie, Virginia reprit sa place favorite, dans le hall, et se mit à songer à la confidence qu'elle venait de recevoir. Elle était certaine que Rachel aurait eu encore autre chose à lui dire, elle l'avait senti à sa manière d'être, mais la pensée qu'elle lui cachait autre chose ne la blessait pas ; elle comprenait, seulement, qu'elle ne lui avait pas dit tout ce qu'elle avait sur le cœur.

Bientôt Rollin rentra, et le frère et la sœur se mirent à arpenter le long vestibule en se donnant le bras. Tout naturellement Virginia dirigea la conversation sur Rachel et la part qu'elle allait prendre dans l'œuvre à laquelle ils comptaient mettre la main, sitôt les terrains nécessaires achetés au Rectangle.

— Connaîtriez-vous une autre personne, douée d'une pareille puissance musicale, capable de consacrer toute sa vie au peuple, comme Rachel va le faire ? Elle va se mettre à donner des leçons de chant en ville, pour gagner de l'argent, puis elle fera bénéficier les gens du Rectangle de sa voix et de sa culture musicale.

— C'est certainement un bel exemple de renoncement à soi-même, dit Rollin d'un ton bref. Virginia leva sur lui un regard interrogateur.

— Mais ne trouvez-vous pas cet exemple tout à fait extraordinaire ? Pouvez-vous imaginer celui-ci ou celle-là, — elle nommait une demi-douzaine d'artistes de renom, — faisant quelque chose de pareil ?

— Non certainement, pas plus que je ne puis me représenter Miss, — il parlait de la demoiselle au parasol rouge qui avait voulu aller au Rectangle, — faisant ce que vous faites, Virginia.

— Et pas plus que je ne vois tel ou tel de vos amis parlant aux membres de son club comme vous, Rollin.

Ils allèrent en silence jusqu'au bout du vestibule, puis Virginia reprit :

— Pour en revenir à Rachel, pourquoi la traitez-vous avec cette politesse formelle, et semblez-vous toujours vouloir la tenir à distance, Rollin. Je crois, pardonnez-moi si je vous blesse, je crois que cela lui est pénible. Vous étiez en si bons termes autrefois, je crois que Rachel est peinée du changement survenu dans vos rapports.

Rollin dégagea brusquement son bras de celui de Virginia et fit quelques pas seul. Il semblait très agité. Enfin il revint vers sa sœur, les mains croisées derrière son dos, et lui dit d'une voix sourde.

— Vous n'avez donc pas deviné mon secret, Virginia ? Elle le regardait d'un air confondu, mais il voyait bien à son trouble qu'elle le comprenait.

— Je n'ai jamais aimé que Rachel Winslow, continua-t-il, avec plus de calme. Le jour où elle était ici, et où vous avez parlé de son refus de se joindre à la tournée de concerts, je lui ai demandé d'être ma femme, là-bas, dans l'avenue. Elle m'a refusé, et je savais d'avance qu'elle le ferait ; elle m'a donné pour raison le fait que je n'avais pas de but dans la vie, ce qui n'était que trop vrai. Maintenant que j'en ai un, que je suis devenu un homme nouveau, ne comprenez-vous pas, Virginia, combien il m'est impossible de lui dire quoi que ce soit. Je dois ma conversion au chant de Rachel, et pourtant je puis dire, en toute sincérité, que ce certain soir sa voix ne m'apparaissait que comme le message de Dieu ; je ne songeais plus à mon amour pour elle, l'amour de mon Dieu et de mon Sauveur effaçait tout le reste. Après un moment de silence, Rollin ajouta avec émotion : je l'aime toujours, Virginia, mais je ne crois pas qu'elle puisse m'aimer jamais.

Je n'en suis pas si sûre, se disait Virginia. Elle regardait son frère, dont la belle figure avait perdu presque toute trace de dissipation ; ses lèvres fermes trahissaient une âme courageuse ; le regard de ses yeux clairs était franc et limpide.

Rollin était un homme maintenant, et elle se demandait pourquoi Rachel n'apprendrait pas à l'aimer, avec le temps. Ne semblaient-ils pas faits l'un pour l'autre, à présent surtout qu'ils puisaient, tous deux, à la même source de vie.

Elle lui dit quelque chose de tout cela, mais sans parvenir à lui redonner grand espoir, et quand il la quitta, elle garda de leur entretien l'impression qu'il se proposait de poursuivre l'œuvre qu'il avait entreprise, parmi les désœuvrés du monde des clubs fashionables, et que sans éviter positivement Rachel, il ne ferait rien pour se rapprocher d'elle. Il se sentait trop peu sûr de pouvoir se dominer, et Virginia comprit que l'idée même d'un second refus, au cas où il se laisserait entraîner à lui parler de son amour, lui était inexprimablement pénible.

Le jour suivant, elle se rendit dans les bureaux du *Journal de Raymond*, pour voir Edouard Norman et prendre les dernières mesures relatives à la mise de fonds à laquelle elle s'était engagée. Henry Maxwell était présent à cette conférence, où les deux parties contractantes affirmèrent, encore une fois, devant lui, leur volonté de se laisser diriger, jusque dans les moindres détails, par cette règle unique : que ferait Jésus ?

— J'ai tracé ici un programme qui me semble répondre à notre règle, dit Edouard Norman, en déployant une grande feuille de papier, qui rappela à Henry Maxwell celle sur laquelle Milton

Wright et lui avaient essayé de transcrire, chacun de leur côté, d'une manière concise et frappante, les différents articles du code nouveau auquel ils voulaient obéir.

— Que ferait Jésus à la place d'Edouard Norman, rédacteur du *Journal de Raymond*?

1. Il ne tolérerait jamais, dans son *Journal,* une phrase ou une illustration qui pût, en aucune façon, encourir le reproche de grossièreté ou d'immoralité.
2. Il dirigerait, probablement, la partie politique de son journal en s'inspirant d'un patriotisme indépendant : il ne s'inquiéterait que du bien du peuple, au lieu de songer à l'avantage de tel ou tel parti. En d'autres termes, il considérerait tous les sujets politiques au point de vue de l'avancement du royaume de Dieu sur la terre.

Edouard Norman leva les yeux de dessus la feuille qu'il lisait :

— Vous comprenez, dit-il, que c'est là mon appréciation personnelle de la manière dont Jésus traiterait les questions politiques dans un journal. Je ne passe point condamnation sur les journalistes dont l'avis différerait du mien. Je ne me préoccupe que de savoir ce que ferait Jésus, s'il était Edouard Norman, et vous venez d'entendre de quelle façon je comprends ce que j'ai à faire.

3. Le but d'un journal quotidien, rédigé par Jésus, serait de faire la volonté de Dieu, et non pas de gagner de l'argent, ou d'acquérir une influence politique. Sa règle première, sa préoccupation dominante, serait de faire comprendre

à tous ses lecteurs, que la chose importante, entre toutes, c'est de chercher premièrement le royaume de Dieu et sa justice. Ce serait pour lui une chose aussi entendue que pour un pasteur, un missionnaire, ou n'importe quel ouvrier, enrôlé au service désintéressé d'une œuvre chrétienne quelconque.

4. Toute annonce d'un genre douteux serait mise de côté, sans une hésitation.

5. Les relations de Jésus avec ses employés seraient empreintes d'une cordialité et d'une bienveillance parfaites.

J'en suis arrivé, en effet, dit Norman en s'interrompant de nouveau, à la conviction que Jésus introduirait dans ses bureaux une forme pratique de coopération, afin d'intéresser, d'une façon effective, tous ceux qui travaillent ensemble à un but commun. Je m'occupe de trouver le moyen de réaliser cette idée, et je crois pouvoir y réussir. En tous les cas, une fois l'élément d'une affection personnelle introduit dans une affaire comme celle-ci, enlevez-en la préoccupation égoïste d'un accroissement continuel des gains, au profit d'un seul ou d'une société, et je ne sais pas ce qui empêcherait encore des relations étroites de camaraderie de s'établir entre rédacteurs, reporters, imprimeurs, tous ceux, en un mot, qui sont liés, d'une façon quelconque, à la vie d'un journal. L'intérêt de tous à la réussite commune ne devrait pas se borner, bien entendu, à être sympathique, mais se traduire par une participation aux bénéfices.

6. Comme rédacteur d'un journal quotidien, à l'heure présente, Jésus ferait une large part aux œuvres chrétiennes. Il

consacrerait des pages aux questions de réformes, aux problèmes sociologiques, à l'activité laïque dans les Églises, et autres choses de ce genre.

7. Il ferait tout ce qui serait en son pouvoir pour combattre l'alcoolisme, par le moyen de son journal, et pour le dénoncer comme un ennemi de l'humanité. Il montrerait que l'utilité des boissons alcooliques, dans notre civilisation actuelle, est absolument contestable, et il le ferait sans s'inquiéter de l'opinion publique à ce sujet, ni des déficits que cette attitude risquerait de produire dans le chiffre de ses abonnés.

8. Jésus ne publierait pas d'édition du dimanche.

9. Il publierait toutes les nouvelles qu'il jugerait de nature à être communiquées au public. Au nombre des choses qu'il n'a pas besoin de connaître, figureraient les exhibitions brutales, les fêtes grossières, les longs compte rendus des crimes, les scandales concernant des familles privées, ou tout autre événement directement opposé au premier point traité dans ce programme : l'accroissement du royaume de Dieu.

10. Si Jésus avait à son service, pour l'employer à son journal, la somme que j'ai à ma disposition, il s'assurerait, probablement, la collaboration des meilleurs écrivains chrétiens, des deux sexes, dont il aurait connaissance. Ce sera un de mes premiers soins, vous aurez bientôt l'occasion de vous en convaincre.

Edouard Norman avait terminé sa lecture, mais il restait

pensif.

— Tout ceci n'est qu'une simple esquisse, dit-il enfin. J'ai une foule d'idées sur la manière de donner une réelle puissance au *Journal,* mais je n'ai pu encore les développer et les fixer. J'ai causé de tout cela avec plusieurs autres journalistes. Plusieurs d'entre eux sont d'avis que j'aurai une feuille de chou, sans valeur ni saveur, une publication d'école du dimanche, à la pâte de guimauve. Si je réussis à produire quelque chose d'aussi bon qu'une école du dimanche, cela n'ira déjà pas si mal. Pourquoi donc les gens, quand ils veulent caractériser quelque chose de particulièrement faible, empruntent-ils toujours leur comparaison à l'école du dimanche, quand ils devraient savoir que les écoles du dimanche sont une des institutions dont l'influence est, aujourd'hui, la plus forte et la plus puissante dans notre pays ?

Mon journal ne sera pas nécessairement fade, parce qu'il sera bon. Les choses bonnes ont plus de force que les mauvaises. La question principale, pour moi, est celle de l'appui que nous donneront les chrétiens de Raymond. La ville compte plus de vingt mille personnes qui sont membres d'une Église. Si la moitié d'entre elles nous soutiennent, notre existence est assurée. Pensez-vous, M. Maxwell, que nous puissions y compter ?

— Je ne suis pas assez au courant des dispositions de tout ce monde pour me prononcer. Tout ce que je sais, c'est que je crois de tout mon cœur en votre journal. S'il peut vivre un an, comme le disait Miss Virginia, on ne saurait prédire tout le bien qu'il pourra faire. La grande chose sera d'arriver à produire un journal, aussi semblable que possible à celui que Jésus publierait selon nous. Pour cela, il faut y faire entrer tous les éléments d'un christianisme vivant, fort, intelligent et pratique, et s'imposer au respect de tous par une absence totale de bigoterie, de fanatisme, d'étroitesse, de tout ce qui est opposé à l'esprit de Jésus. Un journal pareil fera appel à ce que la pensée et l'action chrétiennes produisent de meilleur. Ce serait simplement taxer les plus grands esprits du monde à la plus haute cote possible, que de leur confier la publication d'un journal chrétien idéal.

— Oui, dit humblement Edouard Norman, mais je sais que je ferai, pour ce qui me concerne, de grandes bévues. J'ai un immense besoin de sagesse, mais j'ai besoin aussi de faire ce que ferait Jésus. Je continuerai à me poser cette question chaque jour, et pour le reste, je compterai sur son secours.

— Je crois que nous commençons à comprendre la signification de ce commandement : « Croissez dans la grâce et la connaissance de notre Seigneur et Sauveur Jésus-Christ », dit Virginia. Je suis sûre que je ne comprendrai ce qu'il ferait dans les détails de la vie, qu'à mesure que je le connaîtrai mieux.

— C'est bien vrai, remarqua M. Maxwell. Je commence aussi à comprendre que je ne serai capable d'interpréter les intentions de Jésus, que lorsque je saurai mieux ce qu'est son esprit. A mon avis, cette question : « que ferait Jésus ? » est la question suprême de toute vie humaine, à condition que la réponse en soit basée sur une connaissance intime de Jésus lui-même, car il faut le connaître, pour pouvoir l'imiter.

Quand les derniers arrangements eurent été pris entre Virginia et Edouard Norman, celui-ci se trouvait en possession de cinq cent mille dollars, dont il était libre de disposer, de la façon qu'il jugerait la plus profitable à l'extension et au développement du *Journal*. Dès qu'il se retrouva seul, il ferma sa porte, et demanda à Dieu son secours, avec la simplicité d'un enfant. Et, tandis qu'il priait, agenouillé devant son pupitre, il entendit retentir à ses oreilles cette promesse : « Si quelqu'un de vous manque de sagesse, qu'il la demande à Dieu qui donne à tous et sans reproche, et elle lui sera donnée. » Sa prière devait être exaucée, et le royaume de Dieu avancer, par le moyen de cette presse toute puissante, qui devrait être toujours un instrument dans la main de Dieu, mais que l'avarice et l'ambition des hommes ont trop souvent abaissée et dégradée.

Deux mois passèrent ainsi ; deux mois remplis, pour les chrétiens de Raymond, et surtout pour ceux de la Première Église, d'événements féconds en résultats bénis. Malgré l'approche des fortes chaleurs de l'été, tous ceux qui avaient pris l'engagement de suivre l'exemple donné par Jésus continuèrent à se réunir avec beaucoup d'enthousiasme, chaque dimanche.

M. Gray avait terminé son œuvre. Un observateur superficiel, traversant le Rectangle, n'y eût pas remarqué le moindre changement extérieur, bien qu'il s'en fût produit un dans des centaines de vies. Mais les cabarets, les tavernes, les bouges, les maisons de jeux battaient toujours leur plein et empoisonnaient de leur venin les vies de nouvelles victimes, prêtes à prendre la place de celles que l'évangéliste leur avait arrachées, de sorte que les rangs de l'armée du mal se reformaient rapidement.

M. Maxwell ne prit pas de vacances. Au lieu de cela, il employa l'argent, mis de côté pour un voyage, à payer un séjour au bord de la mer à toute une famille, habitant le Rectangle, qui n'avait jamais quitté les hautes maisons enfermées dans ce triste quartier. Jamais le pasteur de la Première Église ne devait oublier les journées qu'il passa avec cette famille, à cette occasion. Il se rendit au Rectangle, un jour où la chaleur était déjà étouffante, afin de chercher ses protégés et de les conduire à la gare, puis il les accompagna jusqu'au joli village côtier, où il les installa, dans la maisonnette d'une brave chrétienne, où, pour la première fois de leur vie, ils purent respirer l'air vivifiant et salé de la mer, et entendre murmurer, dans les pins plantés le long de la plage, une brise qui semblait leur infuser une vie nouvelle.

Ils étaient six : le père, la mère, un bébé malade et trois autres enfants, dont un infirme. Le père, qui avait manqué d'ouvrage si longtemps, qu'il avait été plusieurs fois, — il le confessa plus tard à M. Maxwell, — sur le point de se suicider, garda pendant tout le temps du voyage son bébé serré dans ses bras, et quand le pasteur les quitta, pour retourner à Raymond, cet homme lui serra les mains et le remercia, avec une telle explosion de reconnaissance, qu'il en éprouva une confusion presque pénible. La mère, une pauvre créature harassée et à bout de force, qui avait perdu trois enfants l'année précédente, pendant une épidémie qui ravageait le Rectangle, ne pouvait rassasier ses yeux du spectacle que lui offrait la mer, les prés et le grand ciel bleu. Tout cela lui semblait un miracle. Quand Henry Maxwell se retrouva dans la ville, qui lui semblait plus chaude et poussiéreuse, après son échappée sur les bords de l'Océan, il remercia Dieu pour la joie dont il venait d'être témoin, et reprit humblement sa tâche. C'était la première fois qu'il apprenait à connaître ce genre de sacrifice, car jamais, jusqu'alors, il ne s'était refusé un séjour d'été, loin des chaleurs de Raymond, qu'il eût, ou non, besoin de repos.

— Le fait est, répondait-il aux questions réitérées des membres de son Église, que je n'éprouve aucun désir de prendre des vacances cet été. Je vais très bien et je préfère rester ici. Il éprouva un vrai soulagement de ce qu'il parvint à cacher à chacun, sa femme exceptée, l'histoire de la famille qui prenait des vacances à sa place. Il sentait le besoin de faire le bien sans ostentation, et sans en être récompensé par l'approbation des autres.

Ainsi, l'été passait, et la Première Église était toujours tenue en éveil par la puissance de l'Esprit. M. Maxwell était émerveillé de voir le mouvement continuer si longtemps. Il comprenait, depuis son début, que la présence de l'esprit de Dieu avait seule préservé l'Église d'être désagrégée par la secousse qui l'avait si profondément troublée. Maintenant encore, beaucoup de ses membres, parmi ceux qui n'avaient pas pris l'engagement, regardaient, ainsi que le faisait Mme Winslow, tout le mouvement comme une interprétation fanatique des devoirs des chrétiens, et désiraient vivement le retour à l'ancien état normal. Tout le groupe des disciples n'en était pas moins sous l'influence du Saint-Esprit ; quant à Henry Maxwell, il poursuivait sa tâche, travaillant avec joie au sein de sa paroisse, s'occupant des ouvriers des ateliers du chemin de fer, comme il avait promis à Alexandre Power de le faire, et grandissant chaque jour dans la connaissance de son Maître.

Chapitre VIII

> Que t'importe. Toi, suis-moi.
>
> (Jean 21.22)

La journée tirait à sa fin, une journée d'août, durant laquelle une fraîcheur délicieuse avait remplacé une longue période de chaleur. Penché à sa fenêtre, Jasper Chase parcourait du regard l'avenue sur laquelle donnait son appartement. Sur sa table à écrire reposait une pile de feuilles manuscrites. Depuis le soir où il avait parlé à Rachel Winslow, il ne l'avait plus rencontrée. Sa nature singulièrement sensible, sensible jusqu'à l'irritabilité dès qu'on le contrariait, le condamnait à un isolement attribué, en général, à ses habitudes d'homme de lettres. Pendant tout le gros de l'été, il avait écrit, et maintenant son livre était presque terminé. Il s'était acharné au travail, avec une ardeur fiévreuse, qui menaçait à chaque instant de l'abandonner, et de le laisser sans force. Il n'avait point oublié l'engagement, pris avec tant d'autres membres de la Première Église. Son souvenir s'était imposé à lui pendant tout le temps passé à écrire, et surtout depuis que Rachel lui avait dit non. Il s'était demandé plus de mille fois : « que ferait Jésus ? Écrirait-il cette histoire ? » c'était un roman mondain écrit en un style populaire. Il n'avait d'autre but que d'amuser le lecteur, il ne contenait rien d'immoral, rien, non plus qui fût positivement chrétien. Jasper Chase savait que les livres de cette espèce se vendent, il savait posséder le genre de talent que le monde élégant encense et admire. Que ferait Jésus ? Cette question l'obsédait dans les moments les plus inopportuns. Cela finissait par l'exaspérer. L'idéal proposé par Jésus était beaucoup trop élevé pour qu'un romancier pût s'y conformer. Évidemment, Jésus emploierait son talent à écrire quelque chose d'utile, qui pût aider quelqu'un à vivre, quelque chose qui eût un but. Pourquoi donc écrivait-il, lui, Jasper Chase ? Pourquoi ? Mais pour gagner de l'argent et pour se faire un nom, comme presque tous ses confrères. Il ne se dissimulait pas que ce serait la seule raison d'existence du livre qu'il allait terminer. Il n'était pas pauvre, aussi obéissait-il moins au désir du gain, qu'à une grande ambition. Tout le poussait à écrire uniquement en vue du succès. Mais Jésus, l'aurait-il fait ? Cette question le hantait, plus encore que le souvenir du refus de Rachel. Allait-il donc manquer à sa promesse ?

Comme il songeait à tout cela, penché à sa fenêtre, il vit Rollin Page sortir de son club, qui occupait la maison faisant face à celle où il se trouvait. Jasper remarqua sa fière tournure et son mâle visage ; il le vit descendre l'avenue, puis il se détourna pour feuilleter quelques pages du manuscrit posé sur son bureau. Il revint ensuite à la fenêtre, sous laquelle Rollin Page passait de nouveau, marchant à côté de Rachel qu'il avait, sans doute, rencontrée au moment où elle sortait de chez Virginia, avec laquelle elle avait passé l'après-midi.

Jasper Chase suivit des yeux les deux jeunes gens, jusqu'à ce qu'ils eussent disparu au coin de l'avenue, après quoi il s'assit et se mit à écrire, sans plus s'interrompre.

Quand il eut fini la dernière page de son dernier chapitre, il se faisait tard. Il ne se demandait plus ce que ferait Jésus, car il avait définitivement résolu la question en reniant son Maître. Il avait choisi de propos délibéré, poussé par son désappointement et par son amour perdu.

Mais Jésus lui dit : Quiconque met la main à la charrue et regarde en arrière, n'est plus propre pour le royaume des cieux.

Rollin, cependant, ne songeait pas à Rachel, au moment où Jasper Chase l'avait vu sortir de son club, et ne s'attendait point à la rencontrer. Il s'était trouvé tout à coup en face d'elle, et son cœur avait bondi en la reconnaissant. Et maintenant il la raccompagnait chez elle, heureux, malgré tout, de pouvoir jouir un moment de cet amour terrestre, qu'il ne réussissait pas à bannir de sa vie.

— Je viens de voir Virginia, lui dit Rachel. Elle m'a raconté que l'acquisition du terrain du Rectangle est chose à peu près faite.

— Oui, mais cela a été une ennuyeuse chose à régler en tribunal. Virginia vous a-t-elle montré les plans des bâtiments que nous allons faire construire ?

— Nous en avons regardé une grande partie. Je ne comprends pas où Virginia a pris toutes ses idées au sujet de cette œuvre.

— Elle en sait plus long, maintenant sur Arnold Toynbee, sur ce qui s'est fait dans les quartiers de l'Est de Londres, et sur les œuvres de relèvement des Églises d'Amérique, que beaucoup des ouvriers de la mission parmi les vagabonds et les déguenillés de grands centres. Elle a employé presque tout son été à réunir des renseignements.

A mesure qu'ils avançaient dans leur conversation, Rollin se sentait plus à l'aise. Cette œuvre commune, en faveur de l'humanité, était un terrain sur lequel ils ne couraient pas le risque de mal se comprendre.

— Qu'avez-vous fait pendant cet été ? Je vous ai à peine aperçu, demanda tout à coup Rachel, qui rougit aussitôt, à la pensée que sa question pouvait être interprétée comme le signe d'un trop grand intérêt pour Rollin, ou d'un trop grand regret de ce qu'elle ne le voyait pas plus souvent.

— J'ai été occupé, dit Rollin.

— Dites-moi un peu ce que sont vos occupations, persista Rachel. Vous en parlez si peu. N'ai-je pas le droit de vous le demander ?

Elle posait cette question avec beaucoup de naturel, en tournant vers Rollin un regard qui exprimait un réel intérêt.

— Oui, certainement, répondit-il avec un sourire reconnaissant. Mais je n'ai pas grand'chose à vous raconter. Je cherche simplement à atteindre les hommes qui étaient mes compagnons d'oisiveté, et à les gagner à l'idée d'une vie meilleure.

Il s'arrêta, comme s'il eût peur d'en dire davantage. Rachel n'osait pas s'aventurer à le questionner encore.

— Je fais partie de la même compagnie que Virginia et vous, continua Rollin, au bout d'un moment. Je me suis engagé à faire ce que ferait Jésus, et c'est en cherchant à répondre à cette question que j'ai cherché à faire mon œuvre.

— C'est ce que je ne savais pas. Virginia m'avait bien parlé d'un grand changement survenu en vous, mais j'ignorais que vous vous fussiez enrôlé sous la même bannière que nous. Mais que pouvez-vous faire parmi les hommes dont vous me parliez tout à l'heure ?

— Votre question est trop directe pour permettre une réponse évasive, reprit Rollin, en souriant de nouveau. Voilà ce qui en est : Je me suis demandé, après le soir que vous savez, au Rectangle, quel but je pourrais désormais me proposer, dans la vie, pour racheter le passé, et remplir ce qui me semblait devoir être la vocation d'un disciple de Christ ; et plus j'y songeais, plus je sentais que je devais porter ma croix dans le milieu qui m'était le plus familier. Avez-vous jamais pensé qu'il n'est point, chez nous, d'êtres plus négligés et plus abandonnés, que les jeunes gens, très élégants, qui peuplent les clubs, et perdent leur temps et leur argent, ainsi que j'avais coutume de le faire ? Les Églises s'occupent des pauvres et des misérables, comme ceux qui peuplent le Rectangle ; elles font quelques efforts pour atteindre les ouvriers ; elles ont de profondes ramifications dans la petite bourgeoisie ; elles envoient de l'argent et des missionnaires aux païens des contrées lointaines, mais les jeunes gens à la mode, ceux qui mènent une existence dissipée et sans but, sont laissés en dehors de tous les plans d'évangélisation, et de toute influence chrétienne. Et cependant aucune classe de la société n'en aurait un aussi urgent besoin. Je me suis dit : Je connais ces hommes, leurs bons et leurs mauvais côtés, j'ai été un des leurs. Je ne suis pas fait pour travailler parmi le peuple du Rectangle, je ne saurais pas m'y prendre ; mais peut-être pourrais-je atteindre quelques-uns de ces jeunes gens, qui ont du temps, et de l'argent, à dépenser. Voilà ce que j'ai essayé de faire. Quand je me suis demandé, comme vous l'avez fait : que ferait Jésus ? cela a été ma réponse. Cela a aussi été ma croix.

Rollin prononça cette dernière phrase d'une voix si basse, que Rachel eut peine à l'entendre, au milieu du bruit de la rue. Mais elle devinait ce qu'il disait. Elle aurait aimé à lui demander quelle méthode il suivait, mais elle ne savait trop comment s'y prendre. Son intérêt pour ce qui le concernait ne provenait pas d'une simple curiosité. Rollin Page différait tellement de l'homme blasé, et efféminé, qui lui avait demandé de devenir sa femme, qu'elle ne pouvait s'empêcher de penser à lui et de causer avec lui, comme s'il eût été pour elle une toute nouvelle connaissance.

Ils avaient quitté l'avenue, et suivaient la rue qu'habitait Rachel ; c'était celle-là même où il lui avait demandé si elle ne pourrait pas l'aimer. Ni lui, ni elle, n'avaient oublié ce jour ; ils s'en souvenaient à ce moment avec une intensité qui les mettait mal à l'aise l'un vis-à-vis de l'autre. Ce fut elle qui rompit, enfin, un long silence, en lui posant la question qu'elle n'avait pas su exprimer plus tôt :

— De quelle façon vos anciens compagnons vous reçoivent-ils ? De quelle façon les abordez-vous, et que vous disent-ils ?

Rollin ne répondit pas immédiatement.

— Oh ! cela varie selon l'individu. Un bon nombre d'entre-eux pensent que mon cerveau a une fêlure. Je continue à être membre de mon club, cela me facilite la tâche. De plus, je m'efforce d'éviter tout ce qui pourrait provoquer d'inutiles critiques. Mais vous seriez étonnée du nombre de ceux qui ont répondu à mon appel. Croiriez-vous qu'une douzaine de ces hommes du monde engageaient avec moi, il y a quelques soirs à peine, une conversation animée et sérieuse sur des questions religieuses. J'ai déjà eu la joie de voir quelques-uns d'entre eux abandonner leurs mauvaises habitudes, et commencer une vie nouvelle. Je ne cesse de me demander : « que ferait Jésus ? » La réponse vient lentement, car je cherche mon chemin à tâtons. J'ai déjà découvert une chose, c'est que ces hommes ne me fuient pas. Il me semble que c'est un bon signe. Une autre chose encore : j'ai réussi déjà à en intéresser quelques-uns à l'œuvre du Rectangle, et quand elle pourra être reprise, ils donneront quelque argent pour aider à son extension. Enfin, ajouté au reste, j'ai trouvé moyen d'empêcher quelques très jeunes gens de se perdre, en se laissant entraîner dans le jeu.

Rollin parlait avec enthousiasme ; son intérêt pour la cause qui était devenue la vraie raison d'être de sa vie, transformait toute sa personne. Rachel, pour la seconde fois, fut frappée de la manière ferme, mâle, et saine, dont il s'exprimait. Et puis elle comprenait tout le poids de cette croix, si sérieusement, bien que si joyeusement portée. Quand elle reprit la parole, ce fut poussée par un vif sentiment de la justice qui était due à Rollin et à sa vie nouvelle.

— Vous rappelez-vous que je vous ai reproché, un jour, de n'avoir pas de but qui valût la peine de vivre ? lui dit-elle — et quand Rollin se sentit assez sûr de lui pour la regarder, il lui sembla qu'il ne l'avait jamais vue si belle. — Il faut que je vous dise, j'ai besoin de vous dire, que je vous honore, aujourd'hui, pour le courage avec lequel vous obéissez à votre promesse. La vie que vous vivez, maintenant, est très grande et très noble.

Un tremblement secouait Rollin. Rachel ne put s'empêcher de le remarquer. Ils continuèrent leur chemin en silence ; à la fin, pourtant, il murmura :

— Je vous remercie. Je ne puis vous dire ce que cela a été pour moi de vous entendre parler ainsi.

Il la regarda pendant un moment. Elle lut dans ses yeux que son amour pour elle était toujours le même, mais il ne parla pas.

Quand ils se séparèrent, sur le seuil de sa porte, Rachel se rendit tout droit dans sa chambre, puis, assise toute seule dans l'ombre, et la tête cachée dans ses mains, elle se dit à elle-même :

« Je commence à savoir ce que c'est que d'être aimée par un homme distingué. J'aimerai Rollin Page, après tout. Que dis-je ? Rachel Winslow, avez-vous oublié ?... »

Elle se leva et se mit à marcher de long en large dans sa chambre. Elle était profondément émue, mais elle sentait bien qu'il n'y avait dans son émotion ni regret ni chagrin. Une joie toute nouvelle s'était emparée d'elle. Elle venait d'entrer dans un nouveau champ d'expériences, et, plus tard dans la soirée, elle constata, avec un bonheur profond et sérieux, que les sentiments qui l'agitaient ne troublaient pas sa vie chrétienne. Bien plus, ils en faisaient partie, car si elle commençait à aimer Rollin Page, c'était le chrétien, en lui, qui avait gagné son cœur. L'autre ne l'aurait jamais changée.

Rollin, en rentrant chez lui, emportait au fond de son cœur un espoir qu'il ne connaissait plus, depuis le jour où Rachel lui avait dit : non. Ce fut avec cet espoir qu'il reprit son œuvre, et jamais il ne fit autant de bien à ses anciens compagnons, qu'à l'époque qui suivit sa rencontre fortuite avec Rachel Winslow.

L'été avait fini. Raymond était à la veille d'affronter, une fois de plus, les rigueurs de l'hiver. Les plans de Virginia, concernant le Rectangle, étaient en bonne voie d'exécution, mais comme les grandes constructions ne sortent pas de terre à la façon des champignons, et comme les terrains vagues ne se transforment pas en un jour en parcs et en jardins, il restait encore énormément à faire, quand la mauvaise saison interrompit les travaux. Cependant, un million de dollars, placé dans les mains d'une personne décidée à l'employer comme l'aurait fait Jésus, est une somme capable d'accomplir beaucoup de choses, aussi M. Maxwell fut-il étonné de voir combien les travaux étaient avancés, un jour qu'en sortant des ateliers du chemin de fer, il se détourna de son chemin, pour leur donner un coup d'œil. Et pourtant il remporta de cette course une tristesse profonde. Tout ce qu'il avait vu, en parcourant les rues du Rectangle, ressemblait tellement à ce qu'il se rappelait d'y avoir vu au printemps, qu'il se demandait en quoi consistaient les traces visibles du travail de M.

Gray, de Rachel et de Virginia ? Il s'était fait du bien, il le savait, mais les vociférations qu'il entendait sortir de tous ces antres de la débauche, les figures abruties ou bestiales des hommes et des femmes qu'il rencontrait, la dépravation et la misère étalées autour de lui, semblaient défier tellement toutes les tentatives de réformes, qu'il se prenait à douter qu'un million de dollars pût assainir, en quelque mesure, cet immense cloaque. Et la source de presque toute la misère humaine qu'ils s'efforçaient de soulager, ne fallait-il pas la chercher dans l'alcool ? Que pourrait faire la charité chrétienne, désintéressée et pure, de Virginia et de Rachel, pour endiguer le grand fleuve de vice qui coulait au travers du Rectangle, tant que cette source conserverait sa force et sa profondeur ? N'était-ce pas en pure perte que ces deux jeunes filles sacrifieraient leur vie au sauvetage de cet enfer terrestre, quand, pour une âme arrachée au mal, on pouvait en compter deux saisies par lui ? Il ne réussissait pas à se débarrasser de cette question, qui correspondait bien à ce qu'éprouvait Virginia, quand elle disait à Rachel : « Tant que les débits d'eau-de-vie seront tout puissants au Rectangle, nous n'y arriverons à rien de sérieux, en fait de réformes ».

Si la question de la limitation des cabarets préoccupait l'opinion publique à Raymond, la Première Église et sa petite phalange de disciples décidés à faire ce que ferait Jésus ne la laissait pas davantage indifférente. Placé au centre du mouvement, comme l'était Henry Maxwell, il ne pouvait se rendre compte de l'impression qu'il produisait sur ceux qui ne s'y rattachaient pas, et qui, mieux placés que lui pour en apprécier les résultats, les jugeaient plus étendus qu'il ne s'en doutait.

Une lettre, écrite le soir même du dimanche où les volontaires de la Première Église célébraient l'anniversaire de leur engagement, par le Rév. Calvin Bruce, pasteur de l'Église de l'avenue de Nazareth, à Chicago, à son ami le Rév. Philippe Caxton, à New-York, résumait d'une façon assez complète l'opinion d'observateurs impartiaux :

« Mon cher Caxton, il est tard, mais je suis si éveillé, et si plein de tout ce que j'ai vu et entendu en cette journée de dimanche, que je me sens poussé à vous écrire, pour vous parler de la situation religieuse à Raymond, telle que j'ai pu l'étudier durant la semaine qui vient de s'écouler. Toutes les impressions que j'ai reçues ont atteint aujourd'hui leur point culminant : c'est ma seule excuse pour vous écrire à une heure aussi indue.

Vous vous rappelez Henry Maxwell. Si je ne me trompe, vous m'avez dit, la dernière fois que je vous vis à New-York, que vous ne l'aviez plus rencontré depuis notre sortie du séminaire. Il était, vous vous en souvenez, un jeune homme distingué, possédant une haute culture. Quand, un peu plus tard, il fut appelé à la Première Église de Raymond, je dis à ma femme : « Raymond a fait un bon choix. Ils seront satisfaits de Maxwell comme prédication ». Voici onze ans qu'il est ici, et on me dit que, jusqu'à l'an dernier, il a rempli ses fonctions à la satisfaction de tous, attirant, par sa prédication, un nombre considérable d'auditeurs. Son Église était connue comme la plus nombreuse et la plus élégante de toute la ville. Tout ce que la société de Raymond comptait de mieux s'y rattachait. Le chœur de l'Église était réputé pour sa perfection, grâce surtout à une soliste, Miss Winslow, dont j'aurai l'occasion de vous reparler. En un mot, j'ai cru comprendre que la situation de Maxwell était des plus confortables, et qu'il possédait tout ce qui nous semblait, au séminaire, constituer le poste idéal : un salaire considérable, un joli presbytère, une paroisse peu exigeante, composée de gens riches, respectables et bien élevés.

Mais, il y a aujourd'hui un an qu'à l'issue du service, Maxwell fit une proposition étonnante aux membres de son Église. Il leur demandait de s'engager à ne rien faire, pendant un an, sans se demander tout d'abord : que ferait Jésus ? et d'agir ensuite, sans s'inquiéter de ce qui pourrait en résulter, comme ils jugeraient, en leur âme et conscience, qu'il l'aurait fait.

Les effets de cette proposition, à laquelle un certain nombre de membres de l'Église avaient adhéré, ont été si remarquables, que l'attention de tout le pays s'est portée, comme vous le savez, sur ce mouvement. Je parle d'un « mouvement », parce que, d'après ce que j'ai pu voir aujourd'hui, il est probable que l'essai tenté ici va se répéter ailleurs et causer une révolution dans la vie des Églises, et plus spécialement dans leur façon de comprendre le christianisme.

Maxwell m'a dit que, tout d'abord, il avait été étonné de l'accueil fait à sa proposition. Quelques-uns des membres les plus en vue de son Église promirent de faire ce qu'aurait fait Jésus. Parmi eux se trouvaient Edouard Norman, qui a fait une si grande sensation dans le monde de la presse, Milton Wright, un des premiers négociants de la ville, Alexandre Power, dont les révélations, à propos des fraudes auxquelles se livrait une de nos grandes compagnies de chemin de fer, firent tant de bruit, il y a un peu moins d'un an, Miss Page, une héritière qui a consacré, je crois, toute sa fortune à soutenir le journal de Norman, et à des œuvres de relèvement dans le plus mauvais quartier de Raymond, et Miss Winslow, la cantatrice à laquelle j'ai déjà fait allusion, qui voue son talent aux femmes et aux jeunes filles les plus pauvres, et les plus misérables, de la population.

A ces personnalités bien connues se sont joints, peu à peu, des membres toujours plus nombreux de la Première Église d'abord, puis d'autres Églises de Raymond ; une forte proportion de volontaires, engagés au service de Jésus, se recrutent dans les sociétés d'activité chrétienne. Ces jeunes gens avaient déjà placé dans les statuts de leurs sociétés ces mots : « Je promets à Jésus de m'efforcer de faire tout ce qu'il voudrait que je fisse ». Cela n'équivaut pas tout à fait à la proposition de Maxwell, mais les résultats de l'un et de l'autre engagement sont si semblables, qu'il n'est pas étonnant que la plus ancienne des sociétés ait procuré de nombreux renforts à la plus jeune.

Vous me demanderez, sans doute : Quel sont-ils, ces résultats ? Qu'est-ce qui a été accompli, qu'est-ce qui a été changé dans l'Église, ou dans la communauté ainsi formée ?

Vous savez déjà un peu par le bruit public, ce qui se passe à Raymond. Mais il faut venir ici et voir, par ses propres yeux, les transformations opérées dans quelques individus, et tout spécialement dans la vie de l'Église, pour réaliser ce que c'est que de suivre ainsi, littéralement, les traces de Jésus. Pour vous raconter tout ce qui s'est passé, il faudrait écrire une longue histoire, ou plutôt toute une série d'histoires. Je ne suis pas en état de le faire, mais je puis vous donner, peut-être, quelque idée de la situation, telle que me l'ont décrite mes amis et Henry Maxwell lui-même.

Le résultat de l'engagement pris au sein de la Première Église a été double. Il a produit une fraternité chrétienne, qui ne s'était jamais manifestée auparavant, à ce que me dit Maxwell, et qui lui paraît très semblable à celle qui existait entre les disciples dans la primitive Église ; d'un autre côté, il a séparé l'Église en deux groupes distincts. Ceux qui n'ont pas pris l'engagement reprochent aux autres d'avoir, sur la manière dont on doit suivre Jésus, des idées follement littérales. Quelques-uns d'entre eux n'assistent plus aux cultes de l'Église, ou l'ont même tout à fait quittée, pour se joindre à d'autres congrégations. Il y en a encore qui sont un perpétuel élément de contestations et qui ont, si j'en crois certaines rumeurs, essayé de forcer Maxwell à donner sa démission. Mais je ne crois pas que ce dernier parti soit très fort dans l'Église. Il a été, jusqu'ici, contenu par la merveilleuse manifestation de la puissance du Saint-Esprit, qui date du premier dimanche où l'engagement a été pris, et aussi par le fait que tant de membres éminents se sont identifiés avec le mouvement.

L'effet produit sur Henry Maxwell est très frappant. Je l'ai entendu prêcher à une assemblée de notre association de pasteurs, il y a de cela quatre ans. Je lui trouvai une puissance oratoire dont il semblait se rendre fort bien compte. Son sermon était bien composé ; ce que nous appelions les « beaux passages », quand nous étions étudiants, y abondaient ; en un mot, le genre de sermon qui plaît au grand public. Ce matin, je l'ai entendu de nouveau, pour la première fois depuis ce jour-là. Ce n'est plus le même homme : on sent qu'il a dû traverser une crise profonde. Il me dit que cette crise tient simplement à la façon nouvelle dont il envisage le christianisme. Il est certain que la plupart de ses idées ont changé. Ainsi, son attitude dans la question de l'alcool est radicalement opposée à ce qu'il pensait il y a un an. Il en est de même de la manière dont il considère son ministère. Pour autant que j'aie cru le comprendre, il estime, maintenant, que le christianisme de notre époque doit consister en une imitation plus littérale de Jésus, et faire à la souffrance une part plus grande que celle que nous lui faisons généralement. Au cours de notre conversation, il m'a cité ce verset de la première épître de Pierre : « C'est à cela que vous avez été appelés, parce que Christ aussi a souffert pour vous, vous laissant un exemple, afin que vous suiviez ses traces », et il semble croire que la chose dont nos Églises ont le plus grand besoin, aujourd'hui, c'est de membres sachant souffrir pour Jésus, d'une manière ou de l'autre.

Je ne saurais dire que je sois tout à fait d'accord avec lui, mais, mon cher Caxton, il est certainement étonnant de constater les résultats que cette idée a eus dans cette ville, et dans cette Église.

Comme je vous le disais, j'ai entendu Maxwell prêcher ce matin. Son sermon différait de celui dont je me souvenais, autant que s'il avait été prononcé par quelqu'un habitant une autre planète. Il m'a profondément touché, au point même que je crois avoir senti des larmes me monter aux yeux. D'autres semblaient émus comme moi. Son texte était : « Que t'importe ? Toi, suis-moi. » Il en a tiré, un appel singulièrement vibrant à l'adresse des chrétiens de Raymond, qu'il conjurait de suivre Jésus, en obéissant à ses enseignements, sans s'inquiéter de ce que pourraient faire les autres. A la fin du service il y eut une réunion, qui est devenue un des rouages réguliers de la Première Église, et à laquelle prennent part tous ceux qui se sont engagés à faire ce que Jésus ferait. Ils mettent en commun leurs expériences, ils se consultent sur ce que Jésus ferait, dans tel cas spécial, et ils prient ensemble, demandant surtout que chacun des disciples soit conduit par le Saint-Esprit.

Maxwell m'avait engagé à assister à cette réunion. Jamais, Caxton, dans toute ma carrière pastorale, rien ne m'avait pareillement impressionné. Jamais je n'avais senti d'une façon si puissante, la présence du Saint-Esprit. Je me suis senti irrésistiblement ramené, en pensées, aux premières années du christianisme, car il y avait dans toute cette assemblée une simplicité et une intensité de vie absolument apostoliques.

J'ai posé quelques questions. Celle qui a paru exciter le plus d'intérêt concernait la propriété personnelle des disciples du Christ, et la mesure dans laquelle ils estiment qu'il faut en faire le sacrifice. Henry Maxwell m'a répondu que, jusqu'ici, aucun d'eux n'a estimé que Jésus aurait, à sa place, abandonné tous ses biens, comme cela se pratique dans certains ordres, comme l'a fait, par exemple, saint François d'Assise. Il n'en est pas moins vrai que plusieurs d'entre eux ont poussé l'obéissance jusqu'à ses extrêmes limites, sans s'inquiéter des dommages financiers auxquels ils s'exposaient. Plus d'un homme d'affaires, parmi eux, a perdu de fortes sommes, pour avoir voulu imiter Jésus, d'autres, comme Alexandre Power, ont sacrifié leur position ; il n'y a eu sur ce point ni manque de courage, ni inconséquences.

Il est bon d'ajouter que tous ceux qui ont eu à souffrir, de cette manière, ont été financièrement secourus par ceux qui en avaient le moyen ; en ce sens on peut bien dire qu'ils ont toutes choses en commun. Certes, je n'avais jamais vu, dans mon Église ni ailleurs, des choses comme celles auxquelles j'ai assisté ce matin. Je n'aurais jamais rêvé qu'une pareille communion fraternelle pût exister à notre époque. J'en crois à peine le témoignage de mes sens ; je me demande encore si c'est bien la fin du dix-neuvième siècle, en Amérique.

Mais, cher ami, j'en arrive à la vraie raison de ma lettre, au fond de toute la question, telle que la Première Église de Raymond l'a imposée à mon attention. Avant la fin de la réunion, il a été décidé de faire des démarches, afin de s'assurer la coopération de tous les autres chrétiens de cette contrée. Je crois qu'Henry Maxwell ne s'y est pas décidé sans de longues réflexions. Il m'en avait dit quelque chose, un de ces jours, comme nous discutions au sujet de l'effet que ce mouvement pourrait avoir dans l'Église en général.

Supposez, me disait-il, que tous les membres des Églises, dans notre pays, prissent cet engagement et y soient fidèles, quelle révolution cela ne causerait-il pas dans la chrétienté. Pourquoi pas ? Est-ce donc plus que ce que tout disciple devrait être tenu de faire ? A-t-il suivi Jésus tant qu'il n'est pas prêt à cela ? Et serait-ce une chose moindre d'être un disciple, aujourd'hui qu'au temps de Jésus ?

Cette idée, qu'il mûrissait sans doute depuis longtemps, a pris aujourd'hui une forme positive. Un plan d'extension, tendant, à faire entrer dans l'association tous les chrétiens d'Amérique, a été adopté. Les Églises seront sollicitées, par le moyen de leurs pasteurs, à former dans leur sein des groupes de disciples, comme celui qui existe dans la Première Église de Raymond. On demandera à la grande armée des membres d'Églises, aux États-Unis, des volontaires disposés à promettre de faire ce que ferait Jésus. Maxwell a parlé, surtout, des effets qu'une action commune, comme celle-là, aurait sur la question de l'alcoolisme, qui le préoccupe d'une façon particulière, et d'où toute l'œuvre de l'évangélisation populaire lui paraît dépendre. Quoi qu'il en soit, et bien que nous différions d'avis sur ce point, il a convaincu son Église que le moment est venu de s'unir à d'autres chrétiens. Il est certain que, si la Première Église de Raymond a pu produire dans la société et autour d'elle de pareils changements, l'Église, en général, si elle pouvait arriver à fonder une vaste fédération, basée sur l'unité, non de doctrine, mais de conduite, communiquerait à toute la nation un idéal de vie plus élevé, et une nouvelle conception du christianisme.

C'est une grande idée, Caxton, et cependant c'est justement ici que j'hésite. Je ne puis nier que tous les chrétiens devraient suivre les traces de Christ, d'aussi près que ces gens de Raymond ont essayé de le faire, mais je ne puis m'empêcher de me demander ce qui arrivera, si je demande à mon Église, à Chicago, de faire de même.

Je vous écris ceci après avoir senti, d'une manière profonde et solennelle, l'action du Saint-Esprit, et je vous confesse, cher ami, que je ne trouve pas, dans mon Église, une douzaine d'hommes dont je puisse me dire qu'ils consentiraient à courir les risques que cet essai entraînerait. Feriez-vous mieux dans la vôtre ? Que dirons-nous ? Que nos Églises ne répondraient pas à cette invitation : « Venez et souffrez ». Les résultats de l'obéissance à cet engagement sont de nature à faire trembler tout pasteur, et à lui inspirer, en même temps, un immense désir de les voir se produire dans sa propre paroisse. Certainement, je n'ai jamais vu d'Église aussi manifestement bénie que celle-ci. Mais, suis-je moi-même prêt à prendre cet engagement ? Je me pose cette question et… j'ai peur d'y répondre. Je ne sais que trop tout ce que je devrais changer, dans ma vie, pour suivre ainsi ses traces de tout près. Il y a bien des années que je m'appelle moi-même un chrétien. Depuis dix ans j'ai joui d'une vie dans laquelle la souffrance occupe une place comparativement petite. Je me tiens, je le confesse honnêtement, à une considérable distance des problèmes municipaux, et de la vie réelle des pauvres, des dévoyés, et des abandonnés de ce monde. Qu'est-ce que l'obéissance à l'engagement en question exigerait de moi ? J'hésite à répondre. Mon Église est pleine de gens riches, à leur aise, satisfaits. Je ne les crois pas capables d'entrer dans la voie des renoncements. Mais peut-être leur fais-je tort, et n'ai-je pas su pénétrer jusqu'aux profondeurs de leur être intime.

Caxton, mon ami, je vous ai dit le fond même de ma pensée. Dois-je retourner auprès de mon troupeau et, dimanche prochain, quand je le verrai rassemblé devant moi, dans ma grande église, lui dire : « suivons Jésus de plus près. Suivons ses traces, là où il nous en coûtera plus qu'il ne nous en coûte aujourd'hui. Prenons l'engagement de ne rien faire sans nous demander avant tout : « que ferait Jésus ? » Si je me présentais devant eux pour leur transmettre ce message, cela leur paraîtrait bien étrange. Et, pourtant, n'est-ce pas là ce que nous devrions tous faire ? Qu'est-ce donc que l'imiter ? Qu'est-ce que marcher sur ses traces ? »

Le Rév. Calvin Bruce, de l'Église de l'avenue de Nazareth, à Chicago, laissa tomber sa plume sur son papier. Il était arrivé à une bifurcation du chemin qu'il avait suivi jusqu'alors, et il sentait que la question qu'il s'adressait était celle que se posaient bien des hommes, dans le clergé et dans l'Église. Il alla à la fenêtre et l'ouvrit ; il se sentait oppressé, l'air de la chambre lui paraissait suffocant. Il avait besoin de voir les étoiles et de respirer une bouffée de grand air.

La nuit était très calme. L'horloge de la Première Église frappait minuit. Avec le dernier coup, une voix claire et forte se mit à chanter, dans le lointain :

> Avant moi, sur lui-même,
> Il a chargé la croix,
> Après lui, puisqu'il m'aime,
> Dois-je en craindre le poids ?

C'était la voix d'un des vieux convertis de M. Gray, un veilleur de nuit des entrepôts qui, parfois, trompait la langueur des heures en chantant une strophe ou deux d'un de ses cantiques favoris.

Le Rév. Calvin Bruce quitta la fenêtre et, après un moment d'hésitation, s'agenouilla sur le plancher : « Que ferait Jésus ? Que ferait Jésus ? » Jamais il n'avait cherché ainsi à connaître la volonté de Jésus. Il resta longtemps à genoux, puis il se coucha et dormit d'un sommeil souvent interrompu. Il se leva, avant que l'aube eût blanchi la nue, et rouvrit sa fenêtre. A mesure que la lumière devenait plus vive, il répétait sa question angoissée : « Que ferait Jésus ? Que ferait-il ? Suivrai-je ses traces ? »

Le soleil se leva et inonda la ville de sa lumière. Quand donc la lumière d'en haut illuminera-t-elle les ténèbres, et fera-t-elle étinceler, devant les yeux de grandes troupes de disciples, les traces de Jésus, afin qu'ils les suivent ? Quand donc la chrétienté tout entière posera-t-elle ses pas dans les empreintes des siens ?

> Après lui, puisqu'il m'aime,
> Dois-je en craindre le poids ?

C'est avec cette question dans le cœur que le Rév. Calvin Bruce rentra à Chicago, et, soudain, la grande crise de sa vie pastorale, se déclara avec une force irrésistible.

Chapitre IX

> Maître, je te suivrai partout où tu iras.
>
> (Matthieu 8.19)

La matinée-concert du samedi, à l'Auditorium de Chicago, venait de finir ; comme de coutume, la foule se pressait sur le perron, chacun étant désireux de monter en voiture avant son voisin. Les employés de l'Auditorium appelaient les numéros des différents équipages et les portières se fermaient encore avec bruit, que déjà les chevaux, impatients d'avoir stationné longtemps sous les rafales d'une bise froide, s'éloignaient en piaffant, pour filer bientôt d'un trot allongé le long de l'avenue.

« N° 624 », cria un des hommes ; aussitôt on vit paraître une splendide paire de chevaux noirs, attelés à un coupé, dont les portières portaient, en lettres d'or, les initiales : C. R. S.

Deux jeunes filles sortirent de la foule et s'avancèrent vers le coupé. La plus âgée s'y installa d'un bond, mais la plus jeune restait debout sur la dernière marche du perron, dans une attitude hésitante.

— Venez donc, Félicia ! Qu'attendez-vous ? Je vais prendre froid ! cria une voix impérieuse.

La jeune fille à laquelle s'adressait cette exclamation détacha de son corsage un bouquet de grandes violettes russes, et les tendit à un petit garçon qui grelottait, presque sous les pieds des chevaux. Il les prit avec un « merci Madame » étonné et plongea son petit visage blême dans la touffe des fleurs parfumées ; la portière se referma, avec le bruit sec particulier aux voitures irréprochablement construites, et le coupé prit, à son tour, la direction des boulevards.

— Vous faites toujours des choses étranges, Félicia ! dit l'aînée des jeunes filles.

— Vraiment ! Qu'ai-je donc fait de si étrange à présent, Rose ? demanda la cadette en tournant vers sa sœur un regard interrogateur.

— Vous avez donné vos violettes à ce gamin, qui avait l'air d'avoir infiniment plus besoin d'un souper bien chaud. Je m'étonne que vous ne l'ayez pas invité à venir avec nous ! J'en aurais été à peine surprise, car avec vous il faut s'attendre à tout.

— Aurait-ce été si étrange d'emmener ce garçon pour lui donner à manger ? murmura Félicia, si doucement qu'elle semblait se poser la question à elle-même.

— Etrange ne serait pas précisément le mot, répondit Rose avec indifférence. Ce serait ce que Mme Blanc appelle *outré*, oui, décidément. Aussi, je vous prie, ne l'invitez pas lui, ou quelqu'un de ses semblables, sous prétexte que c'est moi qui vous l'ai suggéré. Oh ! que je suis fatiguée !

Elle étouffa un bâillement et Félicia resta silencieuse, les yeux fixés sur les maisons, dont les fenêtres commençaient à s'éclairer les unes après les autres.

— Ce concert étais assommant et le violoniste déplorablement ennuyeux. Je ne comprends pas que vous ayez pu rester aussi tranquille tout ce temps, s'écria Rose avec impatience.

— J'ai trouvé la musique fort belle, répondit Félicia de sa voix douce et calme.

— Vous admirez tout ! Je n'ai jamais vu personne manquer autant que vous de sens critique.

Félicia rougit légèrement, mais ne répondit rien, et Rose poursuivit :

— Moi, je suis lasse de tout ! J'espère pourtant que les *Ombres de Londres* seront intéressantes ce soir.

— Les *Ombres de Chicago,* murmura Félicia.

— Les *Ombres de Chicago* ? Je parle des *Ombres de Londres,* du grand drame qui fait fureur à New-York, depuis deux mois. Vous savez bien que nous avons une loge, avec les Delanos, pour ce soir.

Félicia se tourna vers sa sœur. Ses grands yeux bruns, très expressifs, brillaient plus que de coutume.

— Nous allons nous émouvoir, au théâtre, sur des misères sur lesquelles nous ne verserons pas une larme quand nous les voyons sur la scène de la vie réelle. Que sont les *Ombres de Londres,* telles que nous les verrons jouées par des acteurs payés, à côté des ombres de Londres ou de Chicago, telles qu'elles existent en réalité ? Pourquoi donc les faits ne nous touchent-ils pas ?

— Parce que le peuple au naturel est sale, désagréable, et ennuyeux par-dessus le marché, je suppose, répondit Rose en haussant les épaules. Félicia, vous ne réformerez jamais le monde, à quoi bon vouloir le tenter. Nous ne sommes pas à blâmer parce qu'il y a de la pauvreté et de la misère dans le monde. Il y a toujours eu des riches et des pauvres, il y en aura toujours. Soyons reconnaissantes d'être du côté des riches, c'est tout ce que nous pouvons faire de mieux.

— Représentez-vous Christ agissant d'après ce principe, reprit Félicia, avec une persistance qui ne lui était pas habituelle. Vous rappelez-vous le sermon du Dr Bruce, il y a quelques dimanches, sur ce texte : « Car vous connaissez la grâce de notre Seigneur Jésus-Christ, qui pour vous s'est fait pauvre, de riche qu'il était, afin que par sa pauvreté vous fussiez enrichis. »

— Je me le rappelle fort bien, s'écria Rose, le Dr Bruce n'a-t-il pas dit qu'aucun blâme ne retombe sur ceux qui possèdent de la fortune, s'ils sont charitables, et donnent de quoi soulager les misères des pauvres ? Je suis sûre que lui-même est fort confortablement établi. Il ne renonce pas le moins du monde à son luxe, parce qu'il y a dans la ville certaines gens qui ont faim. Quel bien ferait-il, s'il s'avisait d'agir ainsi ? Je vous l'ai déjà dit, Félicia, il y aura toujours des riches et des pauvres, en dépit de tout ce que nous pourrions faire. Mais, depuis que Rachel nous a écrit les choses excentriques qui se passent à Raymond, vous avez bouleversé toute la famille. On ne peut pas vivre toujours monté à ce diapason-là. Vous verrez si Rachel ne lâchera pas tout, d'ici peu de temps. Elle ferait bien mieux de venir à Chicago, et de chanter dans les concerts de l'Auditorium. J'ai appris aujourd'hui qu'on le lui a proposé, et je vais lui écrire pour l'engager à accepter ; je meurs d'envie de l'entendre.

Félicia restait silencieuse ; bientôt d'ailleurs le coupé tournait, pour s'engager sous la porte cochère d'une maison particulière de très belle apparence, plus semblable à un palais qu'à une demeure bourgeoise. C'était une construction en pierre grise, somptueusement meublée à l'intérieur, et pleine de tableaux et de statues de prix.

Le propriétaire de cette résidence princière, M. Charles-R. Sterling, fumait son cigare, debout devant une cheminée où flambait un bon feu. Il avait gagné son argent dans des spéculations de grains et dans des affaires ferrugineuses ; il passait pour posséder une très grosse fortune. Sa femme était sœur de Mme Winslow, de Raymond. Elle était malade depuis des années. Rose et Félicia étaient leurs seuls enfants. Rose avait vingt-et-un ans ; elle était blonde, fraîche, vive, éduquée dans une école à la mode ; elle faisait son entrée dans le monde et avait déjà pris un genre un peu cynique et indifférent. Son père la proclamait, parfois en riant, parfois sérieusement, une jeune personne fort difficile à contenter. Félicia avait dix-neuf ans et la beauté méridionale et frappante de sa cousine Rachel Winslow ; elle y joignait un cœur chaud, généreux, qui s'éveillait justement à des sentiments religieux dont on pouvait tout attendre. Elle était une énigme pour son père, une source d'irritation pour sa mère, mais elle possédait en elle-même une puissance de pensée et d'action, dont elle ne se rendait encore que très vaguement compte. On sentait qu'elle serait capable de se plier à n'importe quelle condition de vie, si jamais on lui laissait la liberté de se laisser guider entièrement par sa conscience.

— Voici une lettre pour vous, Félicia, lui dit M. Sterling en lui tendant une enveloppe fermée.

Elle s'assit et l'ouvrit immédiatement, en disant : « C'est de Rachel ».

— Qu'y a-t-il de neuf à Raymond ? demanda M. Sterling en sortant son cigare de sa bouche, et en regardant Félicia, de ses yeux à demi fermés, comme pour l'étudier attentivement.

— Rachel me dit que le Dr Bruce a passé deux dimanches à Raymond, et qu'il a paru très intéressé par ce qu'il a vu dans l'Église de M. Maxwell.

— Que dit-elle d'elle-même ? demanda Rose, qui était couchée sur une chaise longue, à moitié ensevelie sous d'élégantes couvertures.

— Elle chante toujours au Rectangle. Depuis que les réunions sous la tente ont cessé, elle chante dans une vieille salle abandonnée, en attendant le moment où le bâtiment que fait construire son amie, Virginia Page, soit terminé.

— Il faut qu'elle vienne ici. Elle ne peut continuer à vilipender ainsi sa voix, dans cette ville d'ouvriers, et parmi des gens qui ne peuvent l'apprécier à sa valeur.

M. Sterling alluma un nouveau cigare, et Rose continua :

— Rachel est affreusement étrange, à mon avis. Elle pourrait mettre Chicago sens dessus dessous, si elle chantait à l'Auditorium; au lieu de cela elle se contente d'auditeurs qui ne savent pas ce qu'ils entendent.

— Rachel ne viendra ici, que si elle peut le faire sans manquer à son engagement, dit Félicia.

— Quel engagement ? fit M. Sterling, qui ajouta aussitôt : Oh! oui, je sais. Une chose bien particulière, vraiment. Power était un de mes amis, nous avons appris à télégraphier dans le même bureau. Il a fait une grande sensation quand il a démissionné et dénoncé la compagnie. Dès lors il a repris une occupation dans les télégraphes. Oui, il s'est passé de drôles de choses à Raymond, depuis un an. Je voudrais savoir ce que le Dr Bruce en pense, il faudra que je lui en parle.

— Il prêche demain matin, dit Félicia, peut-être qu'il y fera allusion dans son sermon.

Personne ne releva cette phrase, Félicia ajouta tout à coup :

— S'il allait proposer à l'Église de l'Avenue de Nazareth de prendre le même engagement ?

— Qui donc ? De quoi parlez-vous, je vous prie ? fit brusquement son père.

— Je parle du Dr Bruce et je pense qu'il pourrait proposer à son Église ce que M. Maxwell avait proposé à la sienne, c'est-à-dire demander s'il se trouverait parmi nous des volontaires, qui veuillent s'engager à ne rien faire sans s'être posé cette question : « que ferait Jésus ? »

— Il n'y a pas de danger qu'il le fasse, affirma Rose, qui venait de se lever au son de la cloche annonçant que le thé était servi.

— C'est à mon avis un mouvement tout à fait impraticable, dit M. Sterling d'un ton sec.

— Il ressort de la lettre de Rachel, que l'Église de Raymond va faire une tentative pour étendre ce mouvement à d'autres Églises. Si cette tentative aboutit, nous assisterons certainement à de grands changements dans les Églises et dans les vies des individus, continua Félicia.

— Si nous commencions par prendre le thé, fit Rose en se dirigeant vers la salle à manger. Son père et sa sœur la suivirent, et ils prirent leur repas en silence. Mme Sterling était servie dans sa propre chambre. M. Sterling semblait préoccupé ; il mangea peu et se leva de table de bonne heure, sous prétexte d'occupations pressantes. Il annonça, en même temps, qu'il serait probablement retenu très tard par ses affaires, bien que ce fût un samedi soir.

— Ne trouvez-vous pas que, depuis quelques jours, papa n'est pas lui-même ? demanda Félicia, dès qu'il fut sorti.

— Non, je n'ai rien remarqué de pareil, répondit Rose qui ajouta aussitôt : Viendrez-vous au théâtre ce soir, Félicia ? Mme Delano viendra nous prendre à sept heures et demie. Il me semble que vous devez y aller. Si vous refusez, elle en sera blessée.

— J'irai, bien que je ne m'en soucie guère. Je n'ai pas besoin d'aller au théâtre pour voir des ombres.

— Quelle remarque lamentable pour une jeune fille de dix-neuf ans, observa Rose, mais cela vous ressemble, Félicia. Si vous allez voir maman, à présent, je lui dirai bonsoir à notre retour, pour peu qu'elle soit encore éveillée.

Félicia se rendit, en effet, chez sa mère et resta auprès d'elle jusqu'à l'arrivée de la voiture des Delano. Mme Sterling était inquiète au sujet de son mari, ce qui la rendait plus irritable que de coutume. Les moindres remarques de sa fille excitaient sa contradiction, elle ne voulut pas entendre lire la lettre de Rachel, et quand Félicia lui offrit de rester avec elle, elle refusa positivement sa proposition.

La jeune fille se rendit donc au théâtre avec un sentiment de tristesse qu'elle éprouvait souvent, mais qui se manifestait, ce soir-là, avec une acuité particulière. Elle se retira au fond de la loge, heureuse de pouvoir s'isoler en une certaine mesure. Mme Delano avait une assez grande habitude de chaperonner des jeunes filles pour savoir que Félicia ne ressemblait pas aux autres, aussi n'essaya-t-elle pas même de la décider à changer de place, et la laissa-t-elle aux réflexions que devait lui suggérer la pièce qu'elles étaient venues entendre.

C'était un mélodrame anglais, plein de situations extraordinaires, de scènes réalistes et de rencontres imprévues. Une des scènes du troisième acte impressionna Rose Sterling elle-même.

Elle se passait à minuit, sur le pont de Blackfriar. La Tamise coulait au-dessous, sombre et menaçante. On apercevait, dans l'obscurité lointaine, la silhouette imposante de St-Paul, dont le dôme semblait flotter au-dessus des bâtiments environnants. Une enfant parut sur le pont, et s'y arrêta elle cherchait évidemment quelqu'un. Plusieurs passants allaient et venaient d'une rive à l'autre; vers le milieu du pont une femme était penchée sur le parapet; elle regardait l'eau avec une expression tellement angoissée, qu'il était facile de comprendre ses intentions. Au moment où elle se disposait à enjamber le parapet, l'enfant la reconnaissait, se précipitait vers elle, avec un cri plus semblable à celui d'une bête qu'à celui d'un être humain, et se cramponnait à ses vêtements. Alors arrivaient soudain deux personnages qui avaient déjà figuré dans la pièce : un homme grand, distingué, vêtu à la dernière mode, et un jeune garçon, aussi élégant de tournure et d'apparence que la petite fille, toujours cramponnée à sa mère, était hideuse dans ses haillons et sa répulsive misère. Ces deux personnages empêchaient le suicide de la femme. Après que l'assistance eût appris que la pauvresse et le monsieur élégant étaient frère et sœur, la scène se transportait dans une des grandes maisons locatives d'un des pires quartiers de Londres. Le peintre décorateur et le metteur en scène avaient fait leur possible pour reproduire, aussi exactement que possible, une allée et une cour fameuses bien connues des pauvres créatures qui font partie de la lie de l'humanité, telle qu'on la rencontre à Londres. Les haillons, les murs sordides, les meubles vermoulus et crasseux, les horribles promiscuités au milieu desquels grouillent des créatures, créées à l'image de Dieu, étaient représentés avec un tel réalisme, que plus d'une élégante, assise comme Rose Sterling dans une loge somptueuse, tendue de soie et de velours, se recula instinctivement, comme pour échapper à la contamination des choses que leur dévoilaient ces toiles peintes. C'était par trop cru, et cependant ce spectacle exerçait sur Félicia une horrible fascination ; elle n'en pouvait détacher ses yeux, et, blottie dans son coin, elle s'absorbait en des pensées qui passaient bien au-dessus du dialogue prononcé sur la scène.

Une exclamation de soulagement parcourut les rangs des spectateurs quand, par un habile changement à vue, ce lieu hideux se transforma en l'intérieur du palais d'un grand seigneur. Le contraste était saisissant ; il fit une belle impression sur Félicia, qui, incapable de penser à autre chose, ne prêta plus la moindre attention au reste de la pièce. Elle n'avait jamais philosophé sur les causes de la misère humaine, elle était trop jeune pour cela ; d'ailleurs, elle n'avait pas un tempérament philosophique. Mais elle était intensément intuitive, et ce n'était pas la première fois que le contraste qu'il y a entre les diverses conditions de la vie lui étreignait le cœur, à lui causer une douleur physique. C'était là ce qui depuis quelque temps la rendait « originale », selon Rose, « très inusuelle », selon ses connaissances mondaines. C'était simplement le problème de la destinée humaine, avec ses extrêmes de richesse et de pauvreté, de raffinement et de grossièreté, qui s'imposait à elle, et se gravait en lettres de feu dans son cerveau. C'était ce problème qui devait faire d'elle, selon la façon dont elle le résoudrait, une femme dévouée jusqu'au sacrifice, ou une misérable énigme, indéchiffrable pour ses alentours, aussi bien que pour elle-même.

— Allons, Félicia ! C'est le moment de sortir, dit tout à coup la voix de Rose, tout près d'elle. La pièce était finie, le rideau venait de tomber, les gens sortaient, riaient et causaient, comme si les *Ombres de Londres* n'étaient qu'une heureuse diversion à leurs préoccupations ordinaires.

Félicia se leva et suivit le flot en silence, toujours absorbée dans ses propres réflexions.

— Eh bien! Qu'avez-vous pensé de cette représentation demanda Rose, quand elles se retrouvèrent dans leur salon.

— Que c'est une frappante peinture de la vie réelle.

— Comment avez-vous trouvé les acteurs?

— Il m'a semblé que la scène du pont était bien jouée par la femme, mais que l'homme forçait un peu la note.

— Vraiment! Cela m'a beaucoup plu. Mais la scène dans cette affreuse cour était horrible. On ne devrait pas nous montrer des choses pareilles, elles sont trop pénibles à voir.

— Elles doivent l'être également dans la vie réelle.

— Oui, mais nous n'avons pas besoin de regarder les choses réelles. Cela suffit de les voir au théâtre, et en payant pour cela encore.

Rose se leva pour aller dans la salle à manger, où se trouvait un plateau chargé de fruits et de gâteaux dont elle se servit abondamment.

- N'allez-vous pas dire bonsoir à maman, lui cria Félicia qui était restée près de la cheminée du salon.

— Non, répondit Rose, je ne veux pas la déranger. Si vous la voyez, dites-lui que je suis trop fatiguée pour être aimable.

Félicia se rendit donc auprès de sa mère. Quand elle arriva au haut de l'escalier, elle vit qu'il y avait encore de la lumière dans la chambre de Mme Sterling. La femme qui la soignait se tenait sur le seuil de la porte ouverte, et lui fit signe d'entrer.

— Faites sortir Clara, s'écria Mme Sterling, au moment où

Félicia s'agenouillait près de son lit pour être mieux à portée de sa voix.

Félicia eut l'air étonné, mais elle fit ce que voulait la malade, puis elle lui demanda comment elle se trouvait.

— Félicia, murmura-t-elle, savez-vous prier ?

Cette question ressemblait si peu à tout ce que sa mère lui avait jamais demandé, que Félicia en fut troublée. Mais elle répondit :

— Oui, maman. Pourquoi me le demandez-vous ?

— Félicia, j'ai peur. Votre père, — j'ai été effrayée à son sujet toute la journée. Il y a quelque chose qui ne va pas chez lui. J'ai besoin de vous entendre prier.

— A présent, ici, mère ?

— Oui. Priez, priez, Félicia !

Félicia prit la main de sa mère dans les siennes. Elle était tremblante. Jamais Mme Sterling n'avait témoigné grande tendresse à sa fille cadette ; son étrange demande était le premier signe de véritable confiance qu'elle lui donnât.

La jeune fille se mit à prier. Il est probable que jusqu'alors, elle ne l'avait jamais fait à haute voix. Elle devait avoir trouvé les paroles dont sa mère avait besoin, car, lorsqu'elle se tut, celle-ci pleurait doucement et sa tension nerveuse semblait avoir passé.

Félicia resta encore un moment auprès d'elle, et ne se leva que lorsqu'elle se fut assurée que sa présence n'était plus nécessaire.

— Bonsoir, maman. Si vous vous sentez mal cette nuit, vous

me ferez appeler par Clara, n'est-ce pas ?

— Je me sens mieux, murmura Mme Sterling, qui ajouta, comme Félicia s'éloignait : « Ne voulez-vous pas m'embrasser mon enfant ? »

Félicia revint près de sa mère et l'embrassa tendrement. Ce baiser lui paraissait aussi étrange que sa prière. Quand elle sortit de la chambre, ses joues étaient inondées de larmes, ce qui ne lui était pas arrivé depuis sa petite enfance.

La matinée du dimanche était, en général, très tranquille dans la maison Sterling. Les jeunes filles allaient à l'église pour le service de onze heures ; M. Sterling, qui n'était pas membre inscrit de la congrégation, mais contribuait, cependant, d'une façon très large à ses frais, les accompagnait le plus souvent. Ce jour-là, il ne descendit pas pour déjeuner, et finalement son domestique vint dire qu'il ne se sentait pas assez bien pour sortir.

Quand le Dr Bruce monta en chaire et ouvrit la Bible, ceux qui le connaissaient le mieux ne remarquèrent rien d'insolite dans ses manières, ni dans son expression. Il commença, comme de coutume, le service par une lecture liturgique ; il était très calme et lisait d'une voix forte et assurée. Sa prière, au contraire, frappa ses auditeurs ; jamais, depuis douze ans qu'il était pasteur de l'Église de l'avenue de Nazareth, le Rév. Calvin Bruce, docteur en théologie, n'avait prié ainsi ; mais aussi comment un pasteur pourrait-il ne pas prier d'une manière toute nouvelle, quand sa conception même du christianisme a changé tout à coup ? Pas une âme, dans l'église, ne se doutait que, depuis quelques jours, le Rév. Bruce avait passé de longues heures à demander comme l'aurait fait un petit enfant, la force et le courage de suivre Jésus et d'adresser à ses paroissiens le message qu'il sentait devoir leur transmettre. Sa prière, cependant, trahissait les expériences qu'il venait de faire et différait de toutes les prières prononcées, jusqu'alors, du haut de cette chaire.

Un léger frémissement sembla passer sur l'assemblée ; il était évident que chacun s'attendait, plus ou moins, à ce qui allait suivre. Félicia, avec son intuition particulière des choses religieuses, levait sur le Dr Bruce des yeux pleins d'une entière sympathie ; d'autres encore autour d'elle écoutaient, penchés en avant, avec une attention intense.

« Je reviens d'une visite à Raymond, commença le prédicateur, et je désire vous dire l'impression qu'a faite sur moi le mouvement religieux dont vous avez tous entendu parler.

Chers amis, continua-t-il, après leur avoir raconté les choses qu'il avait pu constater de ses yeux, chers amis, je viens proposer à mon Église de prendre aussi l'engagement qui a produit, dans l'Église de Raymond, de si merveilleux résultats. Je n'ignore pas ce que cela entraînera pour vous et pour moi : nous serons obligés, sans doute, de changer bien des habitudes qui nous sont chères, nous serons exposés, peut-être, à perdre notre position sociale et certainement à perdre de l'argent. Prendre cet engagement, cela signifie suivre Jésus comme le faisaient les disciples au premier siècle de l'Église, c'est-à-dire au prix de beaucoup de renoncements, de dépouillements, de sacrifices et de souffrances. Suivre Jésus, ce n'est pas autre chose, et pourtant, c'est ce qu'il nous commande, quand il nous dit de *suivre ses traces.* »

Le Rév. Bruce ajouta que tous ceux qui seraient disposés à prendre l'engagement dont il venait de parler, étaient priés de rester à l'issue du service, puis il lut le texte de sa prédication : *Maître, je te suivrai partout où tu iras.*

Son sermon touchait aux sources profondes de la vie chrétienne. Il révélait à ses auditeurs ce qu'elle devait être, il les reportait au temps de l'Église primitive et, balayant les idées conventionnelles amoncelées par les années, il leur faisait comprendre ce que doit être une Église et ce que signifie le fait d'en être membre. C'était un de ces sermons qu'un homme ne peut prêcher qu'une fois dans sa vie, et dont le contenu peut influencer une vie entière.

Quand l'assemblée se leva pour quitter l'église, il était facile de constater qu'un certain désarroi régnait au milieu d'elle, et que la foule ne s'écoulait pas avec sa régularité accoutumée.

Rose Sterling, cependant, sortit de son banc d'un pas très délibéré ; arrivée dans le couloir, elle tourna la tête et fit signe à Félicia, qui n'avançait pas assez vite à son gré, de se hâter.

— Je reste ici, dit-elle simplement, d'une voix que Rose connaissait bien et qui signifiait une résolution inébranlable. Pourtant Rose rentra dans le banc, le rouge de l'indignation colorait ses joues et, penchée vers sa sœur, elle s'écria à demi-voix :

— Félicia, ceci est de la folie ! Pensez à ce que vous faites. Vous allez nous couvrir tous de ridicule. Que dira notre père ? Venez immédiatement avec moi.

Félicia la regarda, mais ne lui répondit pas tout de suite, trop émue qu'elle était pour se fier à sa voix. Enfin elle lui dit, en secouant la tête :

— Non, je suis décidée à rester. Je prendrai l'engagement, et je suis décidée à lui obéir. Vous ne savez pas pourquoi je le fais.

Rose lui lança un dernier regard, puis elle sortit du banc et se dirigea vers la porte, sans s'arrêter pour saluer même ses connaissances. Sur le perron elle rencontra Mme Delano.

— Ainsi vous n'allez pas vous joindre à la compagnie de volontaires que le Dr Bruce recrute ? demanda celle-ci d'un ton énigmatique qui fit rougir Rose.

— Non, et vous ? C'est simplement absurde. J'ai toujours considéré le mouvement commencé à Raymond comme une crise de fanatisme. Vous savez que ma cousine Rachel nous a constamment tenues au courant de tout ce qui s'y passait.

— A ce que j'ai entendu dire, il en est résulté des difficultés sans nombre, dans beaucoup de cas. Pour ma part, je crois que le Dr Bruce va tout bonnement nous mettre sens dessus dessous. Le résultat sera que l'Église de l'Avenue de Nazareth se scindera en deux, vous verrez si je n'ai pas raison de le penser. Il y a des masses de personnes, dans l'Église, qui sont placées dans des positions qui ne leur permettraient pas de prendre un engagement comme celui-là et de le tenir. Je suis une de ces personnes-là, ajouta Mme Delano, comme elle s'éloignait avec Rose.

Quand l'aînée des demoiselles Sterling rentra chez son père, elle le trouva fumant son cigare à sa place favorite, auprès de la cheminée du salon.

— Où est Félicia ? demanda-t-il, en voyant qu'elle était seule.

— Elle est restée à l'église, répondit Rose, qui se disposait à monter dans sa chambre pour ôter son manteau et son chapeau.

— Restée à l'église. Et pourquoi faire ?

— Le Dr Bruce a proposé à son troupeau de prendre l'engagement de l'Église de Raymond.

M. Sterling prit son cigare entre ses doigts et l'y retourna d'un mouvement nerveux.

— Je n'aurais pas cru cela de Bruce, dit-il. Est-il resté beaucoup de monde ?

— Je ne sais pas, en tous les cas, je ne l'ai pas fait, répondit Rose en sortant de la chambre.

Au bout de quelques minutes, M. Sterling s'approcha de la fenêtre et se mit à regarder les gens qui circulaient sur le boulevard. Son cigare s'était éteint, mais il ne s'en apercevait pas. Il quitta la fenêtre pour se mettre à arpenter le salon avec agitation. Une domestique vint annoncer que le dîner était servi ; il lui dit d'attendre que Félicia fût rentrée. Rose redescendit et se rendit à la bibliothèque ; M. Sterling marchait toujours de long en large dans le salon.

Enfin, lassé de cette marche fiévreuse, il se jeta dans un fauteuil où Félicia le trouva plongé dans ses réflexions. Il se leva et la regarda en face.

Elle était encore évidemment sous l'empire d'une vive émotion ; mais on voyait qu'elle ne désirait pas parler de ses sentiments intimes. Pourtant Rose, qui sortait de la bibliothèque, en cet instant, lui cria, avec une curiosité fortement mélangée de scepticisme :

– Combien étiez-vous ?

— Près d'une centaine, répondit-elle gravement.

M. Sterling eut l'air surpris.

— Avez-vous vraiment l'intention de tenir cet engagement ? lui dit-il.

Félicia devint toute rouge, mais elle se contenta de répondre : — Vous ne m'adresseriez pas une question pareille, papa, si vous aviez assisté à cette réunion, après quoi, elle quitta le salon en priant de l'excuser si elle ne redescendait pas tout de suite pour le dîner.

Elle s'arrêta à peine dans sa chambre et se rendit auprès de sa mère. Personne ne sut jamais ce que fut cette entrevue. Il est certain que Félicia lui parla de la puissance spirituelle qui s'était manifestée à tous ceux qui faisaient partie de la compagnie de disciples, réunie autour du Dr Bruce, et on peut affirmer qu'elle n'aurait jamais pensé à lui en dire quelque chose, si elle n'avait pas prié avec elle, le soir précédent.

Quand elle rejoignit son père et Rose, elle répondit évasivement aux questions qu'ils lui adressèrent encore. Elle ne pouvait pas davantage leur parler de ce qu'elle venait d'éprouver, qu'elle n'aurait pu décrire un merveilleux coucher de soleil à une personne habituée à ne parler que de profits et de pertes.

Au moment où les derniers rayons du soleil couchant entraient à flots au travers des grandes fenêtres de la maison Sterling, Félicia s'agenouillait, dans l'angle le plus obscur de sa chambre. Quand elle se releva, le visage qu'elle tourna vers la lumière était celui d'une femme qui venait de se décider à donner à sa vie la direction la plus haute que puisse avoir une existence humaine.

Cette journée du dimanche tirait à sa fin. Le Dr Bruce, après avoir terminé son service du soir, causait avec sa femme de tout ce qui venait de se passer. Ils n'étaient qu'un cœur et qu'une âme, et regardaient l'avenir avec un courage et une ferveur égales, bien qu'ils ne se fissent aucune illusion sur ses difficultés probables.

Le bruit de la sonnette de l'appartement interrompit tout à coup leur causerie. Le Dr Bruce alla ouvrir lui-même la porte, et s'écria joyeusement : « C'est vous Edouard. Entrez vite, mon ami ! »

L'instant d'après il introduisait dans le salon un homme de haute taille à l'aspect imposant : l'évêque de l'Église anglicane épiscopale de Chicago.

Il salua Mme Bruce qui, après quelques paroles échangées, de part et d'autre, le laissa seul avec son mari.

L'évêque s'assit dans un fauteuil, près du feu de cheminée, que l'air frais d'un premier printemps, un peu tardif rendait fort agréable.

— Calvin, dit-il, en levant sur son vieux camarade de collège ses grands yeux sombres, vous venez de prendre une décision bien importante. J'en ai entendu parler cet après-dîner, et je n'ai pu résister au désir de vous voir encore avant la nuit.

— Je suis heureux que vous soyez venu, dit le Dr Bruce en lui posant une main sur l'épaule. Vous comprenez tout ce que cela me réserve, Edouard.

— Oui, je le crois, j'en suis même certain. L'évêque parlait lentement et d'un air pensif. Ses deux mains étaient serrées l'une dans l'autre et sur son visage, qui portait les traces de beaucoup de luttes et de fatigues, se voyait une ombre qui n'était pas causée par la lumière du feu.

— Calvin, poursuivit-il, nous nous sommes toujours compris ; bien que nos pas nous aient conduits dans des Églises différentes, nous avons toujours marché ensemble, dans une communion chrétienne complète.

— C'est vrai, répondit le Dr Bruce, avec une émotion qu'il ne cherchait pas à cacher. C'est vrai, et j'en bénis Dieu. Je tiens à nos relations plus qu'à celles que je pourrais avoir avec n'importe qui d'autre ; je les ai toujours appréciées à leur juste valeur, tout en ne m'en sentant guère digne.

L'évêque regarda son ami avec un sourire affectueux mais l'ombre qui assombrissait son visage ne diminuait pas.

— Cette nouvelle manière de considérer la vocation d'un disciple de Christ va causer une crise dans votre œuvre, dit-il, après un moment de silence. Si vous tenez l'engagement de faire, en toutes choses, ce qu'aurait fait Jésus — et je sais que vous le tiendrez — point n'est besoin d'être prophète pour vous prédire que de grands changements se produiront dans votre paroisse. Il fit une pause, puis il continua : je ne comprends pas comment nous pourrions éviter un bouleversement complet du christianisme, tel qu'il existe actuellement, si le clergé et les Églises se joignent en grand nombre au mouvement inauguré à Raymond.

Il s'arrêta comme s'il s'était attendu à ce que le Dr Bruce lui posât une question relative à l'attitude que lui-même allait prendre vis-à-vis de ce mouvement. Mais comme son ami se taisait, il reprit :

— Pour ce qui concerne mon Église, je crains que la chose ne soulève bien des difficultés, car j'ai peur de n'y trouver que peu de personnes qui consentent à prendre un engagement comme celui-là, et à y conformer leur vie. Nous avons perdu le secret de l'art du martyre. Notre christianisme aime bien trop ses aises et son confort, pour se charger d'une chose aussi lourde qu'une croix. Et pourtant, qu'est-ce donc que suivre Jésus ? Qu'est-ce que marcher sur ses traces ?

L'évêque semblait se parler à lui-même et avoir oublié la présence de son ami. Comme à la lueur d'un éclair, celui-ci entrevit la vérité. Que serait-ce si l'évêque jetait dans le mouvement de Raymond le poids de sa grande influence ? Il était suivi par la plus grande partie de la société aristocratique, riche et distinguée, non seulement de Chicago, mais de plusieurs autres grandes villes. Que serait-ce, s'il se joignait à eux ?

Le Dr Bruce allait dire tout ce que cette pensée lui suggérait, avec l'entière familiarité d'une longue intimité, quand le bruit de la sonnette, tirée violemment, les fit tressaillir tous les deux. Mme Bruce venait d'ouvrir la porte et parlait à quelqu'un qui se tenait dans le vestibule. Ils entendirent une vive exclamation et allaient s'avancer, pour s'informer de ce qui se passait, mais déjà Mme Bruce les avait prévenus. Pâle, tremblante, elle se tenait devant eux, et s'écria :

— Oh! Calvin! Quelle terrible nouvelle M. Sterling... Oh! je ne puis vous le dire. C'est affreux pour ces deux pauvres jeunes filles?

— Qu'y a-t-il? demanda M. Bruce, en poussant sa femme de côté, et en s'adressant à l'homme arrêté devant la porte ouverte, un domestique des Sterling qui, sans chapeau, avait évidemment couru tout le long du chemin, pour annoncer quelque grave nouvelle.

— M. Sterling vient de se tirer un coup de pistolet, monsieur! Il s'est tué dans sa chambre à coucher! Et Mme Sterling...

— Il faut que j'y aille, Edouard, dit le Dr Bruce en se tournant vers l'évêque. Les Sterling sont d'anciens amis pour nous. M'accompagnez-vous?

L'évêque était très pâle, mais calme comme toujours.

— Oui, Calvin, répondit-il, j'irai avec vous, non seulement dans cette maison de deuil, mais, s'il plaît à Dieu, partout où l'on rencontre le péché humain et l'humaine misère.

Et malgré le trouble que lui causait cette nouvelle inattendue, Calvin Bruce comprit ce que son ami voulait dire.

Chapitre X

> Ils suivent l'Agneau partout où il va.
>
> (Apocalypse 14.4)

Q<small>UAND</small> le Dr Bruce et l'évêque entrèrent dans la maison Sterling, ils trouvèrent cet intérieur, toujours si correctement tenu, dans un état de complète confusion. Les grandes salles du rez-de-chaussée étaient vides, mais on entendait, à l'étage au-dessus, des bruits de pas précipités et de voix confuses. Comme les deux messieurs se disposaient à monter l'escalier, ils rencontrèrent une servante, qui le descendait en courant.

« Miss Félicia est avec Mme Sterling », répondit-elle à la question qu'ils lui adressaient, puis elle poussa un cri perçant et se précipita vers la porte qui donnait dans la rue.

Au haut de l'escalier, Félicia les attendait. Elle s'avança vers le Dr Bruce, les deux mains tendues. L'évêque, qui connaissait la jeune fille depuis qu'elle était enfant, posa une des siennes sur sa tête, puis tous trois restèrent, pendant un moment, parfaitement silencieux.

Ce fut l'évêque qui parla le premier : — Que Dieu ait pitié de vous dans cette heure sombre, Félicia. Votre mère ?...

Il hésitait à continuer. Pendant le court trajet qu'il venait de faire, entre la maison de son ami et celle où il se trouvait, l'unique roman de sa vie s'était levé hors du passé, où il croyait l'avoir enseveli. Bruce lui-même ignorait qu'un jour l'évêque avait offert à la belle Camilla Rolfe l'amour unique de sa jeunesse, et qu'elle lui avait préféré un millionnaire. Il n'y avait pas d'amertume dans son souvenir, mais il n'avait jamais oublié tout à fait.

Pour toute réponse à cette question inachevée, Félicia se dirigea vers la chambre de sa mère, avec un calme qui frappa les deux hommes. Sur le seuil elle se retourna et leur fit signe de la suivre. Ils obéirent, avec le sentiment qu'ils allaient se trouver en face de quelque chose d'extraordinaire.

Rose, les bras étendus, était à demi couchée sur le lit. Clara, la garde, était assise tout auprès, la tête cachée dans ses mains, secouée par ses sanglots.

Mme Sterling reposait sur ses oreillers, si tranquille, en apparence, que l'évêque lui-même s'y trompa au premier abord. Puis la vérité lui apparut tout à coup, et la douleur poignante de son ancienne blessure lui étreignit le cœur à le briser. Mais cela ne dura qu'une minute, et il retrouva, dans cette chambre mortuaire, le calme éternel et la force que les enfants de Dieu possèdent de droit. Les jours qui suivirent lui fournirent amplement l'occasion de déployer cette force et ce calme.

L'instant d'après un vrai tumulte éclatait dans la maison. Le docteur arrivait en même temps que des officiers de police, que les domestiques effrayés étaient allés chercher. A leur suite entraient quatre ou cinq correspondants de journaux et plusieurs voisins. Les deux pasteurs reçurent tout ce monde au haut de l'escalier et réussirent à congédier ceux dont la présence n'était pas nécessaire. Puis, avec les quelques personnes qui restaient, ils se firent raconter les détails de ce que les journaux du lendemain appelèrent, dans leur style sensationnel, la « tragédie Sterling ».

M. Sterling s'était rendu dans sa chambre, vers neuf heures, et personne ne l'avait revu jusqu'au moment où, une demi-heure plus tard, un coup de feu retentissait dans la maison. Un domestique, qui traversait justement le vestibule, s'était précipité dans la chambre de son maître, pour le trouver étendu sans vie sur le parquet. Félicia passait la soirée auprès de sa mère. Rose, qui lisait dans la bibliothèque au moment où le coup partait, était arrivée comme les domestiques soulevaient le corps de son père et le déposaient sur son lit; l'instant d'après elle entrait dans la chambre de sa mère, avec un air égaré et se laissait tomber dans un fauteuil, en proie à une crise de nerfs. Quand elle avait appris ce qui venait de se passer, Mme Sterling avait perdu connaissance. Revenue à elle, elle avait donné l'ordre, avec une présence d'esprit étonnante, qu'on allât chercher le Dr Bruce; après quoi elle avait insisté pour voir son mari. Malgré les supplications de Félicia elle s'était levée, pour se traîner, soutenue par Clara et sa femme de chambre, jusqu'à la chambre où M. Sterling était étendu. Après l'avoir considéré avec des yeux sans larmes, elle s'était laissé ramener chez elle sans résistance; enfin, au moment où le Dr Bruce et l'évêque entraient dans la maison, elle expirait, avec une prière de pardon pour elle et pour son mari sur les lèvres.

C'est ainsi que la mort grimaçante était entrée dans ce palais débordant de luxe, en ce soir de dimanche. Mais ce ne fut que lorsque l'état des affaires de M. Sterling fut connu, que l'on comprit la cause de sa mort.

On apprit alors, comment, depuis quelque temps déjà, il se trouvait en face d'un désastre financier, par suite de spéculations malheureuses qui, dans l'espace d'un mois, avaient englouti sa fortune entière. Il avait lutté, avec l'énergie désespérée d'un homme qui voit lui échapper la chose à laquelle il a voué son cœur et sa vie, pour sauver cet argent, auquel il avait tout sacrifié. Mais, le samedi après-midi, il apprenait que la ruine ne pouvait plus être évitée ni cachée, que la maison qu'il habitait, les sièges sur lesquels il s'asseyait, l'argenterie dans laquelle il mangeait, toutes ces choses payées avec de l'argent dont pas la moindre parcelle n'avait été gagnée par un travail honnête, ne lui appartenaient plus. Tout l'échafaudage de sa fortune reposait sur un tissu tromperies et de spéculations louches, sans aucun fondement qui ait une valeur réelle, il le savait mieux que personne, mais il espérait, avec l'espoir que ces hommes-là ont toujours, pouvoir conserver son argent par les mêmes méthodes auxquelles il le devait. Il avait été déçu en cela, comme tant d'autres ; et, à l'heure où il s'était trouvé en face de la pauvreté, il n'avait trouvé d'autre issue à sa situation que le suicide. C'était la fin inévitable d'une vie comme la sienne. Il avait fait de l'argent son dieu, son dieu lui échappait, et il ne lui restait rien à adorer, et quand un homme perd l'objet de son adoration, sa vie n'a plus de raison d'être. Ainsi mourut le grand millionnaire Charles-R.

Sterling. Sa mort était vraiment celle d'un insensé, car que sont les pertes ou les gains d'argent, comparés avec les insondables richesses éternelles, ces richesses que ni la spéculation, ni les pertes, ni aucune fluctuation ne sauraient atteindre ?

Mme Sterling n'était pas au courant des affaires de son mari, elle savait pourtant que la source de sa fortune était précaire. Depuis des années elle semblait être plus morte que vivante, mais on disait des Rolfe qu'ils possédaient une force de résistance supérieure à celle de tout le monde, et qu'ils pouvaient supporter, sans faiblir, n'importe quel désastre. Elle se conformait aux vieilles traditions de sa famille quand elle se faisait transporter dans la chambre de son mari, mais sa frêle enveloppe, usée et minée par de longues années de souffrances et de désappointement, n'était pas forgée du même métal que son caractère ; aussi, malgré tout, ce coup de foudre l'avait-il tuée.

Les effets de cette triple catastrophe se firent immédiatement sentir pour les deux sœurs. Pendant des semaines, Rose resta anéantie par l'horreur que la vue de son père mort lui avait causée. Ni la sympathie qu'on lui témoignait, ni les efforts tentés pour la sortir d'elle-même, ne parvenaient à ranimer son intérêt. Elle ne paraissait pas se rendre compte que l'argent, qui avait fait partie intégrante de son existence, ne lui appartenait plus ; et, même quand on lui eut expliqué que Félicia et elle devaient quitter la maison, et dépendaient entièrement de leurs parents et amis, elle ne parut pas comprendre ce que cela voulait dire.

Félicia, par contre, ne se faisait aucune illusion sur leur situation. Elle savait parfaitement la cause des malheurs qui les frappaient, aussi, peu de jours après les funérailles de ses parents, discutait-elle ses plans d'avenir avec sa cousine Rachel. Mme Winslow et sa fille, accourues à Chicago, dès que la terrible nouvelle leur avait été transmise, s'occupaient, avec d'autres amis de la famille, des affaires de Rose et de Félicia.

— Vous allez venir avec nous, à Raymond, maman ne veut pas entendre parler d'un autre arrangement, disait Rachel, en regardant Félicia avec une affection qui ne faisait que grandir, depuis qu'elle la savait enrôlée, comme elle, dans la petite phalange des disciples de Jésus.

— A moins que je ne puisse trouver à faire quelque chose ici, répondit Félicia d'un air pensif.

— Que pourriez-vous faire, ma chérie ?

— C'est ce que je me demande. Je n'ai rien appris, si ce n'est un peu de musique, mais pas assez pour donner des leçons ou gagner quoi que ce soit. Si, pourtant, j'ai appris à faire un peu la cuisine. Et Félicia prononçait ces dernières paroles avec un petit sourire de fierté.

— C'est parfait ! vous pourriez remplacer notre cuisinière, elle est pour maman un continuel tourment, s'écria Rachel qui comprenait combien la perspective de tout devoir aux autres était pénible à sa cousine.

— Le pourrais-je vraiment ? répondit Félicia, comme si elle prenait tout à fait au sérieux la proposition de Rachel. Je suis prête à faire n'importe quel travail honorable, pour gagner ma vie et celle de Rose. Pauvre Rose ! J'ai peur qu'elle ne se remette jamais de cette secousse !

— Nous verrons cela quand nous serons à Raymond, dit Rachel en souriant, au travers de ses larmes, de l'ardeur que Félicia mettait à vouloir se tirer d'affaire à tout prix.

C'est ainsi qu'au bout de quelques semaines les deux demoiselles Sterling se trouvèrent faire partie de la famille Winslow. Ce fut une amère expérience pour Rose ; force lui fut bien, cependant, d'accepter l'inévitable ; elle s'y résigna, mais avec des lamentations et une mauvaise grâce qui faisaient d'elle un fardeau pour Félicia et Rachel.

L'atmosphère religieuse dans laquelle Félicia se trouvait transportée, répondait tellement à toutes ses aspirations qu'il lui semblait être au ciel. Il est vrai que Mme Winslow n'était pas d'accord avec la direction que sa fille donnait à sa vie, mais les événements remarquables, provoqués par ceux qui se laissaient diriger par la même règle qu'elle, n'avaient pu la laisser complètement indifférente, aussi son hostilité appartenait-elle au passé.

Par contre, l'intimité était complète entre Rachel et Félicia, et bientôt celle-ci trouva une occupation spéciale dans l'œuvre du Rectangle. Elle avait insisté pour qu'on la laissât s'occuper du ménage chez sa tante, et déployé de si étonnantes aptitudes culinaires, que Virginia lui demanda de se charger de la direction de l'école de cuisine, nouvellement installée au Rectangle.

Félicia se voua à cette tâche avec le plus vif plaisir. Pour la première fois de sa vie elle éprouvait la joie de faire quelque chose d'utile pour le bonheur des autres. Sa résolution de faire toutes choses en se demandant : « que ferait Jésus », faisait vibrer les cordes les plus profondes de sa nature. Elle se développait et se fortifiait d'une manière remarquable ; Mme Winslow elle-même rendait hommage à la beauté de son caractère.

Elle observait avec étonnement cette citadine, élevée dans le plus grand luxe, cette fille de millionnaire qui allait et venait dans sa cuisine, les bras blancs de farine, parfois même un peu de farine sur le front, — car Félicia avait dans les débuts l'habitude de se frapper le front du bout de ses doigts quand elle cherchait une recette, — et qui semblait trouver tout naturel de remplir l'office d'une servante, soit à la maison, soit au Rectangle. Mme Winslow avait d'abord essayé d'une remontrance.

— Félicia, ce n'est pas votre place d'être ici, à faire un ouvrage pareil. Je ne puis pas le permettre.

— Pourquoi donc, ma tante ? N'avez-vous pas aimé mes gaufres, ce matin ? Félicia posait cette question avec un sourire malicieux, car elle connaissait le faible de sa tante pour les gaufres.

— Elles étaient parfaites. Mais il ne s'ensuit pas que vous deviez vous livrer, pour nous, à ce genre d'occupation, mon enfant.

— Pourquoi ? Que pourrais-je faire d'autre ?

Mme Winslow considéra, d'un air pensif, la belle jeune fille, aux yeux candides, debout devant elle.

— Vous ne pensez pourtant pas, Félicia, à continuer longtemps tout ceci ?

— Bien au contraire, j'y compte bien. Mon rêve serait d'ouvrir un restaurant idéal à Chicago, ou dans quelque grande ville, et d'aller dans les familles misérables des quartiers pauvres, comme le Rectangle, pour apprendre aux mères à cuisiner proprement. Je me souviens d'avoir entendu dire, un jour, au Dr Bruce, que, selon sa conviction, une des plus grandes causes de maladies, chez les pauvres, était la mauvaise préparation de la nourriture ; il prétendait même qu'on pourrait faire remonter certains crimes jusqu'à du pain aigre et de la soupe à la graisse rance. Je crois que, de cette façon, je pourrais gagner notre vie, à Rose et à moi, tout en rendant service aux autres.

Félicia devait développer ce rêve jusqu'à en faire une réalité. En attendant elle s'attirait l'affection du Rectangle, où elle était connue sous le nom de « la cuisinière angélique », mais la base de tous ses projets, comme de son développement, restait toujours la promesse faite un dimanche matin à l'église de l'avenue de Nazareth.

« Que ferait Jésus ? » Ses prières, ses espérances, ses occupations, gravitaient autour de cette question et en dépendaient, comme aussi sa plus haute ambition consistait à y conformer sa vie.

Il y avait trois mois que le Dr Bruce avait transmis à son Église, du haut de sa chaire, le message de la Première Église de Raymond. Jamais il ne s'était rendu compte, avant ce jour, de la profondeur des sentiments religieux d'une partie des membres de son troupeau. Il confessait, humblement, que son attente avait été complètement dépassée par l'accueil qu'avaient fait à son appel des hommes et des femmes, avides, comme Félicia, de mettre dans leur vie quelque chose d'autre que ce qu'ils trouvaient dans la forme toute conventionnelle de leur qualité de membres d'une Église.

Mais le Dr Bruce n'était pas content de lui-même et ce fut encore dans une conversation intime avec son ami, l'évêque de l'Église anglicane, qu'il donna un libre essor aux pensées qui pesaient sur son cœur.

— Savez-vous pourquoi je suis venu ici ce soir ? demanda l'évêque, après s'être assis, comme trois mois auparavant, dans un des fauteuils du cabinet de travail du Dr Bruce. Celui-ci branla la tête pour toute réponse.

— Je suis venu vous confesser que je n'ai pas encore tenu la promesse, que j'ai faite à Jésus, de suivre ses traces, comme je vais être obligé de le faire pour satisfaire ma conscience.

— Et moi, s'écria le Dr Bruce, j'en suis au même point que vous ! Moi non plus, je ne suis pas satisfait. J'en suis au moins arrivé à voir clairement ma route, seulement… pour la suivre, il faut que je donne ma démission de pasteur de l'Église de l'avenue de Nazareth.

— Je savais que vous en arriveriez là, dit tranquillement l'évêque, et je suis venu, ce soir, vous dire que je vais démissionner également.

Le Dr Bruce se leva et se rapprocha de son ami.

— Est-ce bien nécessaire dans votre cas ? demanda-t-il avec émotion.

— Oui. Laissez-moi vous dire mes raisons, quand même je

suis certain qu'elles sont les mêmes que les vôtres. Il s'arrêta un moment, puis continua avec passion :

Calvin, vous savez depuis combien d'années je remplis les devoirs de ma charge, et vous savez quelles en sont les responsabilités et les soucis. Je ne veux pas dire que ma vie ait été exempte d'épreuves et de difficultés, mais il est certain qu'aux yeux des pauvres, des désespérés, des abandonnés de cette ville, elle aura été très confortable, et même très luxueuse. J'habite une belle maison, je dépense largement pour ma nourriture, mes vêtements et mon agrément. Je me suis souvent accordé le plaisir de faire de beaux voyages, je me suis entouré d'objets d'art, j'ai vécu dans un milieu raffiné, jouissant de tout ce que la musique et la littérature pouvaient m'offrir de meilleur. Je n'ai jamais su ce que c'est que de manquer de quoi que ce soit. Et je n'ai pu m'empêcher de me demander constamment, ces derniers temps, à quoi j'ai renoncé pour l'amour de Christ ?

Il a été dit à Paul qu'il devrait souffrir beaucoup pour l'amour de son Maître. Maxwell est dans le vrai quand il insiste, là-bas, à Raymond, sur ce que suivre les traces de Jésus équivaut à souffrir pour Lui. Qu'ai-je donc eu à souffrir, moi ? Les petits ennuis, les mesquines épreuves de ma carrière pastorale ne valent pas la peine d'être appelés des tribulations ou des souffrances. Si je compare ma vie à celle de Paul, ou de quelqu'un des martyrs ou des premiers disciples, je suis obligé de dire que j'ai vécu dans le luxe, la paresse et le péché. Je ne puis pas supporter cela plus longtemps. La façon dont j'ai cru, jusqu'ici, suivre Jésus s'élève en condamnation contre moi. Je n'ai pas suivi ses traces. Dans l'état actuel de notre système ecclésiastique et social, je ne vois pas, pour moi, d'autre moyen d'échapper à la condamnation, que de consacrer le reste de ma vie au soulagement des misères physiques et spirituelles de la lie de notre population, telle qu'on la trouve dans la plus mauvaise partie de notre ville.

L'évêque se leva, fit quelques pas dans la chambre, puis, les bras étendus vers la fenêtre ouverte, il s'écria, en montrant la rue brillamment éclairée et le flot mouvant des passants :

— Calvin, c'est une ville terrible que celle que nous habitons. Son péché, son égoïsme, sa misère, me pèsent lourdement sur le cœur. Ce n'est pas d'hier, c'est depuis des années que je lutte avec moi-même, persuadé que le moment viendrait où je serais obligé d'abandonner mon agréable position, pour entrer en contact personnel avec le paganisme de ce siècle. L'affreuse condition des jeunes filles employées dans les grands magasins, l'égoïsme brutal de la société insolente, élégante et frivole, qui ignore les misères qui l'entourent, l'horrible malédiction des cabarets et des maisons de jeux, le cri des sans-travail, la haine vouée aux Églises par des multitudes d'hommes, qui ne voient en elles que de belles constructions en pierre, et en leurs pasteurs que des hommes payés pour ne rien faire, tout cela me hante et me poursuit. Le bruit assourdissant de ce torrent débordant qu'est l'humanité, avec ses idées justes et ses idées fausses, ses amertumes, ses hontes et ses inexprimables souffrances, qui tiennent à tant de causes complexes, ne cesse de retentir à mes oreilles et me remplit d'une sorte de terreur : « En tant que vous ne l'avez pas fait à un de ces plus petits d'entre mes frères, vous ne l'avez pas fait à moi-même », a dit Jésus. Quand ai-je visité les prisonniers, les désespérés, les âmes perdues, au prix d'une souffrance positive de ma part ? N'ai-je pas, au contraire, borné ma vie à des besognes faciles et agréables, ne l'ai-je pas passée dans la société des membres riches, cultivés, aimables et bien élevés de ma congrégation ? Savez-vous, Calvin, que j'ai été quelquefois tenté dernièrement de me frapper moi-même avec une corde ? Si j'avais vécu au temps de Martin Luther, j'aurais offert mon dos à la torture !

Le Dr Bruce était devenu très pâle. Jamais son ami ne s'était livré, devant lui, à un pareil accès de passion. Un silence profond régnait maintenant dans la chambre. Ce fut lui qui le rompit.

— Ai-je besoin de vous dire, Edouard, que vous avez exprimé mes sentiments aussi bien que les vôtres. Tout ce que vous venez de dire, je l'ai éprouvé également. Ma vie dans ses grandes lignes, a été semblable à la vôtre. Je ne prétends pas avoir été exempt, pendant le cours de mon ministère, de désappointements, de découragements, de lourds fardeaux à porter, mais quand j'ai souffert, était-ce bien pour Jésus ? Ce verset de saint Pierre me revient sans cesse à l'esprit : « Christ aussi a souffert pour vous, vous laissant un exemple afin que vous suiviez ses traces », et je me sens condamné par ces paroles. La grande vague de péché et de misère de cette ville est venue se briser sans cesse contre les murailles de mon église et de la maison où nous sommes ; à peine l'ai-je entendue ; les murailles, trop épaisses, en ont atténué la clameur. Le moment est venu où, comme vous, je ne puis plus supporter tout cela. Je ne condamne pas l'Église, je l'aime et ne l'abandonne pas. Je crois en sa mission et n'ai aucun désir de détruire. Je désire, par-dessus tout, n'être pas soupçonné de vouloir renoncer à la communion fraternelle, mais je n'en dois pas moins renoncer à ma charge de pasteur de l'Église de l'avenue de Nazareth afin de pouvoir suivre les traces de Jésus ainsi que je me sens appelé à le faire. En agissant de la sorte, je ne blâme aucun autre pasteur, je ne critique aucun autre disciple. Je sens seulement, comme vous, le besoin d'entrer en contact personnel avec le mal, la honte et la dégradation de cette ville immense et corrompue.

Ce n'était pas une chose ordinaire que celle que ces deux hommes décidaient de faire. Ils étaient arrivés aux mêmes conclusions par des raisonnements identiques, et ils étaient trop sérieux, trop habitués à ne rien entreprendre à la légère, pour se faire des illusions sur les difficultés de leur position.

— Quel est votre plan ? demanda l'évêque avec un sourire qui illumina sa belle et intelligente figure.

— Mon plan est, en résumé, celui-ci : Je vais aller m'établir au centre de la partie de la ville où la misère humaine, et la nécessité d'y porter remède, me paraîtront les plus grandes. Ma femme est parfaitement d'accord avec moi, nous sommes décidés à nous placer à l'endroit où nous pourrons faire produire à nos vies la plus grande somme possible d'utilité.

— Laissez-moi vous indiquer un endroit, s'écria l'évêque avec une vivacité pleine d'enthousiasme. Il se mit à développer un plan si grandiose que le Dr Bruce, quelque capable et expérimenté fût-il, se sentit comme ébloui par la vision qu'une âme, plus haute que la sienne, faisait passer devant lui.

Ils restèrent ensemble jusque tard dans la nuit, aussi heureux que s'ils eussent combiné un voyage d'exploration, dans un pays inconnu. Souvent, dans la suite, l'évêque raconta que, dès l'instant où il s'était décidé à vivre la vie de sacrifice et de dévouement dont il avait fait choix, un poids énorme avait été enlevé de dessus ses épaules. Il rayonnait positivement, et le Dr Bruce partageait sa joie.

Leur plan consistait à louer un vaste bâtiment, autrefois occupé par une brasserie, à le réparer et à s'y établir, pour vivre au cœur même d'un territoire où les cabarets régnaient en maître, où les logements étaient les plus sordides, où le vice, l'ignorance, la honte et la pauvreté s'étalaient sous leur forme la plus hideuse. Ce n'était pas une idée nouvelle. C'était l'idée réalisée par Jésus-Christ, quand il quittait la maison de son Père et renonçait à la gloire qui lui appartenait, afin de s'identifier à l'humanité et de la séparer de son péché en le prenant sur lui.

Les colonies universitaires — ces grands établissements fondés à Londres et dans d'autres villes, par des étudiants qui vont porter la lumière dans les ténèbres du vice et de la misère — ne sont pas une invention moderne. Elle est vieille, au contraire, comme Bethléem et Nazareth. Et, dans ce cas particulier, cette forme de renoncement à soi-même était la seule qui put satisfaire ces deux hommes, avides de souffrir quelque chose pour la cause de leur Maître. C'était aussi le seul moyen, pour eux, de se rapprocher de la grande misère physique, et de la grande détresse spirituelle de l'immense cité dont la vie palpitait autour d'eux ; ils ne pouvaient leur porter remède qu'en s'identifiant avec elles, dans la mesure où il est possible de s'identifier à la misère d'autrui.

Cette voie, ils la choisissaient pour eux sans juger les autres. Ils tenaient simplement leur engagement, en faisant ce qu'ils croyaient, en toute sincérité, que Jésus aurait fait à leur place. Ils l'avaient promis. Auraient-ils pu reculer devant l'œuvre qui venait de s'imposer irrésistiblement à eux ?

L'évêque possédait une belle fortune personnelle, et le Dr Bruce avait gagné, par des travaux littéraires, menés de front avec les devoirs de sa charge, de quoi se créer une position indépendante. Ils décidèrent de mettre cet argent en commun, et d'en employer une grande partie à la location et à l'aménagement de la maison dont ils allaient faire le centre d'une mission urbaine.

Les résultats de l'engagement pris par un certain nombre des membres de l'Église de Nazareth ressemblaient, par des côtés, à ceux observés dans l'Église d'Henry Maxwell à Raymond. La congrégation entière se réveillait ; des horizons nouveaux s'ouvraient devant elle, elle comprenait la vie chrétienne d'une façon toute autre que par le passé, et pourtant, le jour où le Dr Bruce annonça sa démission du haut de la chaire, la stupeur de l'assemblée fut immense et se propagea dans toute la ville. Il en avait pourtant conféré d'avance avec ses anciens, en sorte que cette nouvelle ne leur causa aucune surprise.

Mais quand le public apprit que l'évêque renonçait également à la position qu'il occupait depuis si longtemps, pour s'en aller vivre dans le pire quartier de Chicago, l'étonnement général ne connut plus de bornes.

— Expliquez-moi donc pourquoi ce que nous nous proposons de faire vous paraît si extraordinaire ? demandait l'évêque à un ami qui essayait, les larmes aux yeux, de le faire revenir sur sa décision. Qu'y a-t-il d'étrange à ce qu'un docteur en théologie et un évêque éprouvent le désir de sauver des âmes par ce moyen-là ? Si nous renoncions à nos postes pour nous en aller à Bombay, à Hong-Kong ou en Afrique, les Églises et tout le monde exalteraient jusqu'aux nues l'héroïsme des missions. Pourquoi ne consacrerions-nous pas nos vies au salut des païens et des âmes perdues, qui vivent à nos portes, dans notre ville même ? Est-ce donc un événement si stupéfiant, que deux ministres chrétiens soient désireux de se rapprocher assez des plus misérables d'entre les misérables de ce monde, pour apprendre à les connaître et à les comprendre ? Pourquoi l'amour de l'humanité ne se manifesterait-il pas sous la forme d'une œuvre de sauvetage, comme celle que nous allons entreprendre ?

Mais quoi que l'évêque pût dire pour prouver que ce qu'ils faisaient n'était pas si remarquable, le public n'en continuait pas moins à parler, et les Églises à manifester leur étonnement, de ce que deux hommes aussi distingués pussent quitter leurs confortables demeures et renoncer volontairement à leurs agréables positions sociales, pour se vouer à une vie de labeur, de renoncement, et de souffrance. Amérique chrétienne, la stupéfaction que te causent les renoncements de ceux qui veulent sincèrement suivre les traces de Jésus, n'est-elle pas la condamnation de ta manière de considérer le christianisme ?

L'Église de l'avenue de Nazareth se sépara de son pasteur avec des regrets unanimes, bien que ces regrets fussent mélangés de quelque soulagement chez ceux de ses membres qui avaient refusé de prendre l'engagement. Le Dr Bruce emportait avec lui le respect d'hommes qui gardaient, au fond de leur cœur, une admiration sincère pour le courage moral, quand bien même ils se trouvaient pris dans des engrenages tels, que la fidélité à la promesse demandée eût immanquablement causé leur ruine. Ils connaissaient depuis des années le Dr Bruce comme un homme bon et sûr ; mais ils ne se le représentaient pas sous le jour sous lequel il se montrait maintenant. Ils n'eurent pas plutôt compris ses intentions, qu'ils le considérèrent comme absolument d'accord avec ses récentes convictions. Ils reconnaissaient qu'il mettait en pratique ce qu'il leur avait dit sur la manière dont il faut suivre Jésus ; et dans leur âme ils l'honorèrent comme ils ne le faisaient pas auparavant. L'Église de l'avenue de Nazareth n'a jamais perdu l'impulsion que le Dr Bruce lui avait donnée. Ceux qui l'avaient suivie, dès le début, ont fait passer dans la congrégation entière un souffle de vie divine et continuent, jusqu'à aujourd'hui, à travailler à l'extension de de cette vie d'En-Haut.

C'était de nouveau l'automne, bientôt l'hiver allait faire sentir ses rigueurs dans la ville. L'évêque venait de quitter la Colonie — c'est ainsi qu'on appelait couramment la grande maison qu'il habitait avec les Bruce, — dans l'intention d'aller voir quelques-uns des nouveaux amis qu'il s'était faits dans ce district. Il n'était pas encore allé bien loin, quand ses yeux furent attirés par un magasin, qui ne ressemblait à aucun de ceux du voisinage. Le quartier ne lui était encore qu'imparfaitement connu ; chaque jour il y faisait quelque découverte nouvelle, ou s'y heurtait à un spécimen de l'humanité absolument inédit pour lui.

La boutique, qui le frappait pour la première fois, occupait le rez-de-chaussée d'une petite maison, située à côté d'une buanderie chinoise. Ses deux fenêtres reluisaient de propreté, et ce fait seul les faisait remarquer de loin. A l'intérieur des fenêtres s'étalaient, sur des assiettes, des mets tout préparés. Les prix, indiqués sur des étiquettes, étonnèrent l'évêque, qui commençait à se familiariser avec les détails matériels de la vie du peuple.

Comme il restait en contemplation devant ces fenêtres, la porte qui les séparait s'ouvrit, et Félicia Sterling en sortit.

— Félicia! s'écria l'évêque, quand êtes-vous arrivée dans ma paroisse sans que je le sache?

— Comment m'avez-vous si vite découverte? demanda Félicia.

— Comment? N'avez-vous pas remarqué que ces fenêtres sont les seules, dans tout le voisinage, qui aient jamais été lavées?

— Je crois, en effet, qu'elles sont uniques, répliqua Félicia avec un éclat de rire perlé qui fit du bien à l'évêque.

— Mais pourquoi avez-vous osé revenir à Chicago sans me le dire, et entrer dans mon diocèse sans ma permission? demanda-t-il gaiement. Félicia ressemblait tellement au beau monde propre, raffiné et distingué, qu'il avait fréquenté autrefois, qu'on pouvait bien lui pardonner de voir en elle quelque chose du paradis perdu, dans lequel pourtant il ne désirait pas retourner.

— Je vous dirai, mon cher évêque, — Félicia l'appelait toujours ainsi quand elle était enfant, — je vous dirai que je vous savais surchargé de travail, et que je ne voulais pas vous ennuyer de mes affaires. D'ailleurs, j'ai l'intention de vous offrir mes services; je me rendais même chez vous, en cet instant, pour vous voir et vous demander quelques conseils. Pour le moment, je suis établie avec Mme Bascom, une revendeuse qui loue trois de nos chambres, et avec une des élèves de Rachel, venue ici pour poursuivre des études de violon que Virginia Page paye pour elle. Elle est du peuple, continua Félicia, qui prononçait ces mots « du peuple » si gravement, que l'évêque sourit en l'entendant, et je tiens le ménage pour elle, en même temps que je tente un essai pour procurer aux masses des aliments de bonne qualité. Je suis experte en la matière, et j'ai des projets que je désire vous faire admirer. Voulez-vous que je vous les raconte, mon cher évêque ?

— Mais certainement que je le veux, s'écria-t-il presque ahuri par la vue de Félicia, par son entrain, son enthousiasme, et son air entendu et déterminé.

— Martha pourra se rendre utile dans la Colonie avec son violon ; moi, je vous aiderai avec mes casseroles ! J'ai voulu être établie et avoir fait mes preuves, avant de vous proposer mon concours. Je suis capable de gagner ma vie, maintenant.

— Vraiment, dit l'évêque un peu incrédule. Et comment vous y prenez-vous ? En cuisant ces choses-là ?

— Comme vous dites : « ces choses-là ». Venez plutôt les goûter, vous me faites l'effet de n'avoir pas pris un seul repas convenable depuis un mois.

Elle insista pour le faire entrer dans une petite salle où Martha, jeune fille au visage éveillé, était en train de s'exercer.

— Ne vous en allez pas, Martha, dit Félicia, voici l'évêque dont vous m'avez souvent entendu parler. Je vais lui faire goûter les produits de mon art !

L'évêque, qui depuis des semaines avait à peine pris le temps d'avaler ses repas, prit place à la petite table que Félicia dressait en toute hâte pour lui, et fit honneur, autant qu'elle pouvait le désirer, à l'appétissant goûter qu'elle plaça devant lui.

— Je savais bien, dit-elle, en le regardant manger, que vous trouveriez mon menu aussi bon que celui des grands banquets de l'Auditorium !

— Aussi bon ! Ces banquets n'étaient rien comparés à ceci. Mais il faut que vous veniez voir notre Colonie, Félicia. Je suis encore tout étonné de vous avoir découverte ici, gagnant votre vie de cette façon. Allez-vous, vraiment, vous mettre à enseigner à ces pauvres gens ce que vaut une nourriture saine ? Vous pourriez nous être d'un grand secours.

— Oui, c'est bien ce que je compte faire, répondit gravement Félicia. C'est ma tâche. Ne dois-je pas l'accomplir ?

— Ah ! que Dieu vous bénisse, mon enfant, vous et votre bon sens. Quand j'ai quitté le monde, — l'évêque souriait en prononçant ces paroles, — on y parlait beaucoup de la « femme nouvelle ». Si vous en êtes une, je suis tout gagné à sa cause.

— Ne saurait-on échapper à la flatterie, même dans les bas-fonds de Chicago ? Et Félicia se reprit à rire de son rire jeune et frais. Le cœur de l'évêque, sur lequel la tristesse ambiante pesait lourdement depuis des semaines, se dilata en l'entendant. Il était consolant ce rire, il était bon, il venait de Dieu.

Félicia était impatiente de voir la Colonie, aussi l'évêque l'emmena-t-il avec lui pour la lui montrer en détail. Elle fut confondue de tout ce que l'argent, joint à une intelligence consacrée au service de Dieu, avaient été capables de produire. Son enthousiasme ne tarissait pas, et se manifestait à chaque pas.

Ils descendirent au sous-sol. L'évêque ouvrit une porte derrière laquelle on entendait un bruit de rabot, et la fit entrer dans un petit atelier de menuiserie. Un jeune homme, vêtu d'une longue blouse et coiffé d'un béret, rabotait une planche tout en sifflant. Il leva les yeux, entendant le bruit de la porte et souleva son béret; un petit copeau, enroulé autour d'un de ses doigts, s'accrocha à ses cheveux et y resta suspendu.

— Miss Sterling, M. Stephen Clyde, présenta l'évêque. Clyde vient nous aider deux après-midi par semaine.

A ce moment on appela l'évêque, qui s'éloigna, en laissant Félicia seule avec le jeune menuisier.

— Nous nous sommes déjà rencontrés, dit la jeune fille, en le regardant avec ses grands yeux francs et lumineux.

— Oui, « là-bas dans le monde », comme dit l'évêque, répondit le jeune homme dont les doigts qui serraient le rabot tremblaient un peu.

— Je suis très contente de vous revoir, s'écria Félicia après une minute d'hésitation.

— L'êtes-vous réellement! fit le jeune homme en devenant rouge de plaisir. Vous avez passé par de tristes choses dès lors..., il s'arrêta comme s'il craignait de lui avoir fait de la peine ou d'avoir réveillé en elle de tristes souvenirs. Mais Félicia les avait surmontés.

— Vous aussi, répondit-elle simplement. Comment se fait-il

que vous travailliez ici ?

— C'est une longue histoire, Miss Sterling. Mon père a perdu sa fortune et j'ai été obligé de me mettre à travailler. C'est une excellente chose pour moi. L'évêque dit que je dois en être reconnaissant et je le suis. Je suis très heureux maintenant, j'ai appris un peu de menuiserie dans l'espoir de pouvoir me rendre utile ici ; mais je suis, en réalité, secrétaire de nuit dans un des grands hôtels de la ville. Ce certain dimanche matin où vous avez pris l'engagement à l'Église de l'Avenue Nazareth, je l'ai pris également !

— Je l'ignorais, dit lentement Félicia, mais j'en suis bien, contente.

L'évêque rentrait justement et il emmena Félicia, laissant le jeune menuisier à son ouvrage, qu'il reprit en sifflant plus fort qu'avant.

— Félicia, dit l'évêque, aviez-vous vu Stephen Clyde ?

— Oui, mon cher évêque, « là-bas dans le monde ».

— Ah ! fit-il.

— Nous étions très bons amis, continua Félicia.

— Mais rien de plus ? risqua l'évêque.

Félicia devint toute rose, mais elle répondit très franchement :

— Non, non, vraiment… rien de plus.

Ce serait la chose la plus naturelle, aux yeux du monde, si ces deux jeunes gens venaient à s'aimer, se disait l'évêque, quand Félicia l'eut quitté, et quelque chose de l'ancienne douleur que lui avait causée autrefois la mère de la jeune fille, fit tressaillir son cœur. Il se prit à songer à l'avenir de Félicia et, peu à peu, il se laissa aller à espérer pour elle le bonheur que donne un amour partagé. Après tout, se dit-il, en homme bon et sensible qu'il était, le roman ne fait-il pas partie de l'humanité ? L'amour est plus ancien que moi… et plus sage.

Chapitre XI

> La justice marchera devant lui, et affermira ses pas dans le sentier.
>
> (Psaume 35.13)

La semaine suivante, l'évêque s'en revenait, fort tard dans la soirée, d'une assemblée de grévistes, et marchait les mains derrière le dos, quand deux hommes s'élancèrent de derrière une barrière délabrée qui séparait de la rue une fabrique abandonnée. L'un d'eux braqua un pistolet sur le visage de l'évêque, pendant que l'autre le menaçait avec un gros bâton informe, qu'il venait évidemment d'arracher à la palissade.

— Levez les bras un peu vite ! dit l'homme au pistolet.

L'endroit était solitaire, l'évêque ne pensa pas un instant à résister. Il fit ce qu'on lui ordonnait, et l'homme au bâton se mit à fouiller ses poches. L'évêque restait parfaitement calme, pas un de ses nerfs ne tremblait. Un spectateur, passant là par hasard, aurait pensé peut-être qu'il priait pour ces deux hommes ; c'était bien ce qu'il faisait, et sa prière devait être exaucée d'une manière bien singulière.

Il n'avait pas l'habitude de porter grand argent sur lui, aussi l'homme au bâton proféra-t-il un jurement, en voyant le peu de monnaie qu'il trouvait, au fond des poches si soigneusement retournées.

— Arrachez-moi sa montre, cria l'autre, qui tenait toujours son pistolet en main. Il faut que nous tirions tout le profit possible de notre coup.

L'homme au bâton se disposait à s'emparer de la chaîne de montre, quand un bruit de pas l'arrêta.

— Allons derrière la barrière. Nous n'avons pas fini. Tenez-vous tranquille, si vous ne tenez pas à…

Le pistolet s'approcha plus près encore du front de l'évêque, tandis qu'un bras le poussait au travers de l'ouverture pratiquée dans la barrière.

— Avez-vous la montre ?

— Non ! la chaîne est prise, je ne sais pas où, répondit le bandit, avec un nouveau juron.

— Cassez-la !

— Non, ne la cassez pas, dit l'évêque qui n'avait pas encore dit un mot. C'est un souvenir d'un ami bien cher, je serais peiné de la voir abîmée.

Au son de cette voix, l'homme au pistolet trébucha, comme s'il venait d'être frappé par sa propre arme. D'un brusque mouvement il tourna le visage de l'évêque vers le mince rayon de lumière, qui filtrait au travers de la brèche par laquelle ils avaient passé, et s'approcha davantage de lui. Mais, à la stupéfaction évidente de son compagnon, il s'écria d'une voix rude :

— Laissez cette montre ! Nous avons l'argent, cela suffit…

— Cela suffit ! Cinquante centimes ! Vous oubliez que… Avant qu'il eût pu ajouter un mot de plus, il se trouva en face de la bouche du pistolet.

— Lâchez cette montre, je vous dis ! Et remettez l'argent à sa place ! C'est l'évêque, avez-vous compris ?

— Qu'est-ce que cela peut me faire ! Le président des États-Unis ne serait pas de trop bonne prise pour nous !

— Si vous n'avez pas remis l'argent en place dans cinq minutes, je vous lâche une balle dans la tête, en moins de temps qu'il n'en faut pour le dire !

Pendant une seconde l'homme hésita, puis il replaça la monnaie dans une des poches de l'évêque.

— Vous êtes libre, monsieur, dit l'autre d'un ton brusque, mais respectueux, sans toutefois quitter son compagnon des yeux, comme s'il se méfiait encore de lui.

L'évêque, cependant, ne se hâtait point de s'éloigner, mais restait là, confrontant les deux hommes. Celui qui semblait évidemment le chef répéta :

— Vous pouvez aller, ne restez pas là pour nous. Après quoi il s'assit sur une pierre, tandis que l'autre continuait à se tenir debout, les yeux fixés à terre, le regard vicieux.

— C'est justement pour vous que je reste ! répondit l'évêque, en s'asseyant à son tour sur une poutre qui faisait partie des débris de la barrière.

— Il faut croire que notre société vous plaît ! Les gens ont parfois de la peine à se séparer de nous ! fit l'homme qui se tenait debout, avec un gros rire moqueur.

— Taisez-vous ; cria l'autre. Ce qui est sûr c'est que nous sommes sur le chemin de l'enfer, et que nous avons besoin d'une meilleure compagnie que la nôtre et celle du diable !

— Si vous me laissiez essayer de vous aider, dit l'évêque d'une voix cordiale.

L'homme assis sur la pierre resta un moment silencieux, puis se décida à parler :

— Vous souvenez-vous de m'avoir déjà vu ?

— Non, dit l'évêque, il fait sombre, et je n'ai pas encore pu distinguer vos traits.

L'homme ôta son chapeau, se leva et se penchant en avant : Me reconnaissez-vous, à présent ?

Il avait des cheveux d'un noir d'ébène, au milieu desquels se détachait, droit au-dessus du front, une mèche absolument blanche. L'évêque fit un mouvement de surprise. Un souvenir, vieux de quinze ans, s'éveillait en lui. L'homme vint au secours de sa mémoire :

— Ne vous souvenez-vous pas qu'un jour, en 81 ou 82, je ne sais plus au juste, où un homme vint chez vous, vous raconter que sa femme et son enfant avaient été brûlés dans un incendie à New-York ?

— Oui, murmura l'évêque, je commence à m'en souvenir. Le second individu paraissait prendre, enfin, de l'intérêt à ce qui se passait à côté de lui ; il cessa de creuser, avec son bâton, un trou dans la terre et croisa les bras, comme pour mieux écouter.

— Vous rappelez-vous que vous m'avez recueilli chez vous, ce soir-là, que le lendemain vous avez passé presque toute la journée à me chercher de l'ouvrage, et que, quand vous m'en avez enfin trouvé dans un entrepôt, je vous avais promis de cesser de boire, comme vous me le demandiez ?

— Je m'en souviens, répondit l'évêque, et j'espère que vous avez tenu votre promesse.

— Ma promesse ! J'étais ivre avant la fin de la semaine. Je n'ai jamais cessé de boire depuis lors ; mais je n'ai jamais oublié ni vous, ni votre prière. Quand vous avez fait le culte, le matin, chez vous, vous m'avez dit d'y assister. C'est ça qui m'allait ! Mais ma mère priait, elle aussi ; je crois la voir encore agenouillée près de mon lit, quand j'étais enfant. Un soir qu'elle était ainsi, mon père est rentré ivre et s'est mis à lui donner des coups de pied. N'empêche que je n'ai jamais oublié votre prière de ce certain matin. Vous avez prié pour moi, tout juste comme le faisait ma mère, sans vous inquiéter de mes habits en désordre, ni de ce que j'étais à moitié ivre quand j'ai sonné à votre porte. Mon Dieu ! quelle vie j'ai mené ! Le cabaret a été ma maison, mon chez moi, et a fait, pour moi, de la terre un enfer. Mais, de temps à autre, cette prière me revenait. Deux dimanches ne s'étaient pas passés que j'avais jeté ma promesse à tous les vents, perdu ma place, et échoué dans une prison. Mais je ne sais pas pourquoi je n'ai pas pu vous oublier et je ne voudrais pas vous faire le moindre mal, ni permettre à personne de vous en faire. Voilà pourquoi vous êtes libre de vous en aller. Une heure sonna à une église dans le lointain. L'homme avait remis son chapeau et s'était rassis. L'évêque semblait réfléchir profondément.

— Depuis quand êtes-vous sans ouvrage ? demanda-t-il enfin, et ce fut l'homme qui se tenait debout qui répondit :

— Il y a plus de six mois que nous n'avons rien fait qui vaille la peine d'être mentionné. A moins que vous ne comptiez comme de l'ouvrage le genre de métier auquel nous étions consacrés ce soir ! C'est un ouvrage pas mal pénible, surtout quand on le fait ainsi pour rien.

— Si je vous trouvais de l'ouvrage à tous les deux, renonceriez-vous à ce métier pour recommencer la vie à nouveaux frais ?

— A quoi bon ? dit l'autre, j'ai essayé cent fois de me réformer. Chaque fois je suis retombé plus bas ; le diable a déjà commencé à me détruire. C'est trop tard !

— Non ! s'écria l'évêque, qui n'avait pas cessé un instant de supplier Dieu de prendre ces deux âmes et de les sauver : Non ! il n'est pas trop tard ! Savez-vous ce que Dieu veut pour vous ? Ce que moi je veux importe peu, mais c'est lui qui veut vous sauver, parce que vous êtes d'un prix infini à ses yeux... Et la merveilleuse mémoire de l'évêque vint à ce moment à son secours, pour lui permettre d'adresser à cet homme un appel, qu'en ce moment aucun autre que lui n'aurait pu rendre aussi pathétique : il venait de se rappeler son nom.

— Burns, reprit-il avec un accent de supplication presque

irrésistible, si vous consentez à venir avec moi cette nuit, vous et votre ami, je vous trouverai aux deux des emplois honorables. Je veux croire en vous, et me fier à vous. Vous êtes tous les deux encore comparativement jeunes. Pourquoi Dieu devrait-il vous perdre ? C'est une grande chose que de retrouver l'amour du Père. Cela signifie peu de chose que moi je vous aime, mais si vous avez besoin de sentir qu'il y a encore de l'amour dans ce monde, vous me croirez, quand je vous dirai que je vous aime, mes frères, et qu'au nom de Celui qui a été crucifié pour nos péchés, je ne puis supporter l'idée de vous voir perdre ce qui fait la gloire de la vie humaine ! Venez, soyez des hommes ! Faites encore un effort avec l'aide de Dieu ! Personne d'autre que Dieu, vous et moi, ne saura ce qui s'est passé ici cette nuit. Il vous l'a pardonné, vous le comprendrez à l'instant où vous le lui demanderez. Venez, nous lutterons ensemble, vous et moi. L'enjeu en vaut la peine : c'est la vie éternelle ! C'est pour sauver les pécheurs que Christ est venu ! O Dieu ! donne-moi de pouvoir te rendre les âmes de ces deux hommes !

L'appel de l'évêque se fondit dans une ardente prière ; elle en était comme la continuation naturelle.

Il n'y avait qu'un instant qu'il priait, quand Burns cacha sa tête dans ses mains et se mit à pleurer. Les prières de sa mère, où étaient-elles ? Ne se confondraient-elles pas avec celle qu'il entendait maintenant ? Son compagnon, plus dur, moins préparé que lui à se laisser gagner, s'appuyait à la barrière d'un air indifférent ; mais peu à peu l'émotion le gagnait également.

Les anges seuls auraient pu dire ce qui se passait, sous l'influence du Saint-Esprit, dans ce cœur brutal et endurci. Mais la puissance surnaturelle qui terrassa Paul sur le chemin de Damas, qui s'était manifestée dans l'Église d'Henry Maxwell, le matin où il demandait des disciples prêts à suivre les traces de Jésus, et qui, plus récemment encore, avait éclaté irrésistiblement dans la congrégation de l'avenue de Nazareth, cette même puissance agissait en cet instant, dans ce coin perdu de l'immense cité, et dans ces deux hommes si bas tombés qu'on aurait pu les croire morts à tous les appels de la conscience. La prière de l'évêque semblait avoir brisé l'enveloppe qui les séparait de toute communication divine. Ils en étaient confondus eux-mêmes. Enfin, l'évêque se leva, en s'écriant :

— Venez, mes frères ! Dieu est bon. Vous logerez à la Colonie, jusqu'à ce que j'aie pu tenir ma promesse et vous trouver de l'ouvrage.

Ils le suivirent en silence. Quand ils atteignirent la Colonie, il était plus de deux heures. L'évêque les conduisit dans une chambre vacante. Sa grande taille imposante en remplissait presque la porte, et sur son visage resplendissait un reflet de la gloire divine.

— Que Dieu vous bénisse, mes frères ! leur dit-il, et avec cette bénédiction il les quitta.

Il éprouvait une certaine appréhension de les revoir à la lumière du grand jour, mais les impressions de la nuit ne s'étaient pas effacées encore, comme il le craignait. Fidèle à sa promesse, il leur trouva de l'ouvrage. Le portier de la Colonie ne suffisait plus à sa tâche, il avait besoin d'un aide, la place fut donnée à

Burns, et son compagnon put entrer, en qualité de charretier, chez un négociant des environs. Le Saint-Esprit commençait son œuvre merveilleuse de régénération dans ces deux hommes si bas tombés.

C'était dans l'après-midi qui suivit le jour où Burns était entré dans sa place d'aide-portier. Un balai à la main, il nettoyait les marches du perron de la Colonie. Bientôt il s'arrêta et se mit à regarder tout autour de lui, comme pour reconnaître les lieux où il se trouvait.

La première chose qui attira son attention fut l'enseigne d'un cabaret situé juste en face de lui. La rue était si étroite, qu'en étendant le bras il aurait pu le toucher du bout de son manche à balai. Il y en avait deux autres, plus grands, un peu plus loin.

Tout à coup, la porte de celui qui était situé le plus proche de lui s'ouvrit pour laisser passer deux consommateurs. Une forte odeur de liqueur pénétra jusqu'au perron de la Colonie.

Burns serra son balai plus fort, et reprit son ouvrage. Il avait un pied sur le seuil de la porte, un autre sur la première marche. Il en descendit une seconde, toujours balayant. Des gouttes de sueur perlaient sur son front, malgré le froid. La porte du cabaret s'ouvrit encore, des hommes entrèrent et sortirent. Il descendait toujours, les doigts crispés sur son : manche à balai.

Il fit un effort pour remonter. Mon Dieu ! se disait-il, si seulement l'évêque était là ! Un combat violent se livrait en lui. Ses yeux tombèrent sur la dernière marche du perron ; elle était couverte de poussière, ce lui fut une excuse pour descendre au niveau de la rue. Ne fallait-il pas la balayer un peu, là, devant la Colonie ? Cela aurait meilleure façon, pourtant ! L'odeur de rhum et de whisky devenait plus forte. Ses lèvres étaient sèches, sa langue se collait à son palais ; il passa à plusieurs reprises son bras sur son front, pour en essuyer la sueur. Un bruit de verres et de voix arrivait à ses oreilles. Enfin, n'y tenant plus, il s'avança et posa la main sur le pêne de la porte du cabaret. Au même moment quelqu'un tournait le coin de la rue : c'était l'évêque.

Il saisit Burns par le bras, et l'entraîna vers la Colonie. Mais le malheureux semblait repris par la frénésie de l'alcool. Il se débattait et, avec un jurement, frappa l'évêque de son poing fermé. Savait-il qui était celui qui cherchait ainsi à l'arracher à la tentation ? Peut-être que non, mais une large tache rouge marbrait la joue de l'évêque.

Sans une plainte, sans une parole, celui-ci saisit Burns à bras le corps et le porta dans le vestibule de la Colonie. Il était si grand, et l'homme si pauvrement bâti, que ce fardeau semblait ne lui peser guère.

— Priez, Burns, lui dit-il, quand il eut refermé la porte sur lui, priez comme vous ne l'avez jamais fait encore. Rien d'autre ne peut vous sauver.

— Oh ! mon Dieu ! Priez avec moi ! Sauvez-moi, sauvez-moi de l'enfer ! cria Burns, et l'évêque pria avec lui comme lui seul aurait pu le faire.

Après cela Burns s'en alla dans sa chambre. Quand il en sortit vers le soir, il était humble comme un petit enfant. L'évêque semblait vieilli par l'expérience par laquelle il venait de passer. Vraiment, il commençait à savoir ce que c'est que de suivre les traces de Jésus.

Mais le cabaret! il restait là, comme une trappe, toujours tendue devant les pas de Burns. Combien de temps résisterait-il à l'odeur enivrante ? L'évêque sortit sur le perron : la ville entière semblait imprégnée d'une odeur d'eau-de-vie, et il ne put s'empêcher de s'écrier : — Oh! jusques à quand! Le Dr Bruce vint le rejoindre. Les deux amis se mirent à causer de Burns et de ses tentations.

— Vous êtes-vous jamais informé du nom du propriétaire de cette maison d'en face ? demanda l'évêque.

— Non, je n'en ai pas encore eu le temps; je vais le faire, si vous pensez qu'il en vaille la peine. Mais, Edouard, que pouvons-nous faire contre les cabarets répandus dans cette grande ville ? Ils sont aussi fortement établis que les Églises ou les autorités civiles. Quelle puissance pourrait lutter contre eux ?

— Dieu le fera, avec le temps, comme il a fait cesser l'esclavage, dit gravement l'évêque, en attendant nous avons le droit de savoir de qui dépend celui que nous avons là, à notre porte.

— Je le découvrirai, répondit le Dr Bruce.

Deux jours plus tard, il entrait dans le bureau d'un des membres de l'Église de l'avenue de Nazareth, et demandait à lui parler. Il fut très cordialement reçu par son ancien paroissien, qui le pria d'entrer dans son cabinet particulier, et l'assura qu'il avait tout le temps de l'écouter.

— Je suis venu vous voir, à propos du bâtiment qui fait vis-à-vis à la Colonie que nous habitons, comme vous le savez, l'évêque et moi. Je vais vous parler franchement, parce que la vie est trop courte et trop sérieuse pour nous deux, pour que nous l'employions à de longues circonlocutions. Clayton, croyez-vous que ce soit bien de louer cet immeuble pour un cabaret ?

La question du Dr Bruce était aussi directe que possible ; elle produisit un effet instantané sur l'homme auquel elle s'adressait. Il devint très rouge, puis très pâle, et cacha sa tête dans ses mains. Quand il la releva, le Dr Bruce fut frappé de son trouble.

— Docteur, savez-vous que j'avais pris l'engagement avec les autres, ce certain dimanche ?

— Oui, je m'en souviens.

— Mais vous n'avez jamais su combien j'ai été tourmenté de mon incapacité à le tenir. Cette propriété a été la tentation dont le diable s'est servi pour m'empêcher d'être fidèle. C'est le meilleur placement que je possède. Et pourtant, au moment où vous êtes entré, j'étais dans une agonie de remords à la pensée que, pour un peu de gain terrestre, je reniais ce Christ que j'avais promis de suivre. Je sais parfaitement que jamais il n'aurait loué une de ses propriétés dans un but pareil. Vous n'avez pas besoin, docteur, de me dire un mot de plus à ce sujet.

Clayton tendait sa main ; le Dr Bruce la serra fortement. Un moment après il repartait, et ce ne fut que beaucoup plus tard qu'il apprit l'intensité de la lutte par laquelle M. Clayton avait passé. L'évêque et lui, absorbés par leur œuvre, toujours plus étendue, ignoraient tout ce qui se passait dans la ville immense. Ils ne savaient pas avec quelle puissance l'Esprit agissait, suscitant de nouveaux disciples prêts à tous les sacrifices, touchant les cœurs longtemps froids et fermés, inspirant à des hommes d'argent la résolution de vivre pour autre chose que pour augmenter leur fortune, réveillant enfin les Églises comme elles ne l'avaient encore jamais été. Ils avaient vu déjà de grandes choses se produire autour d'eux ; ils devaient voir, dans la suite, la puissance de Dieu se manifester d'une manière infiniment plus merveilleuse que tout ce qu'ils auraient cru possible à notre époque.

Moins d'un mois plus tard, le cabaret situé près de la Colonie fut fermé. Le bail du tenancier expirait justement. Non seulement M. Clayton ne le renouvela pas, mais encore il mit sa propriété à la disposition des directeurs de la Colonie, dont l'œuvre prenait des proportions telles, que le bâtiment primitif ne suffisait plus à contenir les industries nouvelles qui se créaient, au fur et à mesure que le besoin s'en faisait sentir.

Une des plus importantes était la cuisine populaire, dont l'initiative appartenait à Félicia. Aussitôt que le local occupé par le cabaret fut devenu vacant, elle y installa non seulement un restaurant, mais une école pour les jeunes filles désireuses de se placer comme servantes. Elle appartenait maintenant à l'œuvre générale et demeurait avec les Bruce. Martha, la jeune violoniste, restée dans la maison où l'évêque les avait découvertes un jour, venait plusieurs soirs par semaine donner des leçons de musique à la Colonie.

Au cœur de l'hiver, Chicago présentait, comme toutes les grandes villes du monde le présentent aux yeux de la chrétienté, le contraste le plus frappant entre les riches et les pauvres, entre la culture, l'élégance, le luxe, le confort d'un côté, et l'ignorance, la dépravation, l'âpre lutte pour l'existence de l'autre. C'était un hiver rude, mais fort gai. Jamais on n'avait vu pareille succession de fêtes, de réceptions, de bals, de dîners, de banquets et de divertissements de tous genres. Jamais, non plus, pareil déploiement de bijoux, de toilettes et de somptueux équipages. Jamais, d'autre part, la misère n'avait été si profonde et la souffrance si cruelle, si aiguë, et si meurtrière. Jamais vent si glacé n'avait soufflé sur le lac et au travers des murailles trop minces des immenses baraques pressées autour de la Colonie. Jamais les demandes de vêtements, de charbon, de nourriture n'avaient pareillement importuné la population de la ville, et ne s'étaient présentées à elle sous une forme aussi palpable. Nuit après nuit, l'évêque, le Dr Bruce et leurs aides s'en allaient par les rues, pour arracher des hommes, des femmes et des enfants, aux tortures des privations physiques.

D'énormes quantités de provisions, de vêtements, et de fortes sommes d'argent étaient distribuées par les Églises, les institutions charitables, les autorités civiles, les sociétés d'utilité publique, mais la difficulté consistait à trouver des chrétiens disposés à se mettre personnellement à la brèche. Où étaient-ils les disciples obéissant au commandement du Maître et sachant se donner eux-mêmes, pour ajouter à leurs offrandes ce qui en fait la valeur éternelle ? L'évêque se le demandait, et le cœur lui manquait quand il constatait combien ils étaient rares. Les gens voulaient bien donner de l'argent, mais cet argent ne représentait pas un sacrifice, parce qu'ils n'en sentaient pas la privation. Ils donnaient ce qui leur coûtait et les dérangeait le moins. Etait-ce donc là suivre Jésus, le suivre le long du chemin, et jusqu'au bout ? L'évêque s'était adressé à la plupart des membres de sa brillante et aristocratique congrégation ; il avait été confondu du petit nombre de ceux qui consentaient à s'imposer quelque renoncement positif, pour l'amour de l'humanité souffrante.

La charité consiste-t-elle à donner des vêtements hors d'usage, où à tendre un billet de dix dollars à un collecteur payé ou au caissier de quelque société charitable ? L'homme du monde n'ira-t-il jamais distribuer ses dons lui-même ? La femme élégante ne se privera-t-elle jamais d'une réception, d'un dîner, d'un concert, pour toucher, du bout de ses doigts à elle, la misère humaine, telle qu'elle se manifeste dans les grandes villes ? La charité continuera-t-elle à s'exercer par le moyen conventionnel et facile des comités ? Serait-il donc possible d'organiser l'amour du prochain, de telle manière qu'il puisse accomplir toutes les choses désagréables par procuration ?

Tout cela, l'évêque se le répétait souvent, à mesure que les souffrances, causées par les rigueurs exceptionnelles de l'hiver, se multipliaient autour de lui. Il portait sa croix avec joie, mais il ne pouvait s'empêcher de bouillonner intérieurement, quand il voyait combien nombreux étaient ceux qui se déchargeaient sur quelques-uns des devoirs imposés par la charité véritable. Cependant le Saint-Esprit agissait, sans bruit mais sans trêve, dans les Églises et même dans le cœur de leurs membres les plus aristocratiques, les plus riches, les plus épris de leurs aises, de ceux qui fuyaient les terreurs des problèmes sociaux à l'égal des pires maladies contagieuses.

L'évêque, et tous ceux qui s'occupaient de l'œuvre de la Colonie, en eurent, un jour, une preuve saisissante et qui leur fit comprendre que le mouvement commencé dans l'Église de l'avenue de Nazareth, et l'exemple donné par le Dr Bruce et son ami, commençaient à porter des fruits cachés jusqu'alors à tous les yeux.

Le déjeuner réunissait toute la famille de la Colonie. C'était son heure de délassement, la seule où tous ces infatigables ouvriers se permettaient de respirer un peu. Une franche gaieté régnait alors au milieu d'eux, les vives réparties, les bons rires francs, partaient en fusée autour de la table de la salle à manger. Le Dr Bruce racontait ses meilleures histoires ; l'évêque possédait un fond inépuisable d'anecdotes. Il y avait, chez tous ces disciples, une bonne humeur saine et bienfaisante. L'évêque disait souvent que la gaieté était aussi un don de Dieu ; en ce qui le concernait, c'était la soupape de sûreté de ses facultés, soumises à une trop haute pression ; sans elle, il n'eût peut-être pas résisté au fardeau de soucis et de préoccupations qui pesait sur lui.

Le jour en question, l'évêque lisait à ses compagnons un journal du matin. Tout à coup, il s'arrêta, et son visage s'assombrit. Chacun tourna vers lui un regard interrogateur et anxieux :

« Hier, vers la fin de l'après-midi, un homme s'est tué d'un coup de pistolet, dans une maison de l'Est de la ville. Sa famille mourait de froid et il n'avait pas d'ouvrage depuis six mois. Sa femme et ses six enfants ont été trouvés entassés dans une unique chambre, dénuée de meubles. Un des enfants était couché à peine couvert par les lambeaux d'un châle, dans un vieux seau à charbon ! »

Ces lignes étaient écrites en lettres grasses ; le docteur s'arrêta un instant, puis il continua à lire lentement les détails donnés par un des reporters du journal, qui s'était transporté sur les lieux du suicide. La gaieté de la petite compagnie s'était enfuie, refoulée par le flot montant de la souffrance humaine, dont l'existence venait de lui être rappelée d'une façon si poignante.

Ce lugubre récit suscita des commentaires divers, de la part de ceux qui venaient d'en entendre la lecture. Un des nouveaux venus à la Colonie, un jeune homme qui se préparait à entrer dans le ministère, demanda comment cet homme ne s'était pas adressé à une des sociétés charitables qui aurait pu venir à son secours, ou aux autorités de la ville elles-mêmes ?

— Je ne puis admettre, disait-il, même en mettant les choses au pire, que cette ville pleine de chrétiens laisserait, le sachant et le voulant, qui que ce soit mourir, faute de vivres ou de combustible.

— En effet, répondit le Dr Bruce, elle ne le ferait pas ; seulement nous ne connaissons pas l'histoire de cet homme. Il se peut qu'il eût déjà sollicité tant de fois des secours, qu'à la fin, dans un moment de désespoir, il se soit décidé à en finir avec la vie. Ce n'est pas le seul cas de ce genre dont j'aie eu connaissance cet hiver.

— Ce qu'il y a de terrible dans le cas présent, c'est que cet homme n'ait pas eu, depuis, six mois, la possibilité de travailler, fit remarquer l'évêque.

— Pourquoi ces gens ne vont-il pas à la campagne ? demanda

l'étudiant en théologie.

Une des personnes présentes, qui avait fait une étude spéciale de cette question, expliqua qu'après enquête, il était prouvé que les places stables sont rares à la campagne, qu'elles ne sont, en général, offertes qu'à des célibataires et que la question du voyage et du déménagement est une difficulté à mettre en ligne de compte.

Dans le cas spécial, comment cet homme aurait-il trouvé la somme, — si minime fût-elle, — nécessaire pour le transport de sa femme et de ses six enfants ?

— En attendant, ils sont là, cette femme et ces enfants, s'écria Mme Bruce. C'est affreux ! Où avez-vous dit que cela s'est passé ?

L'évêque consulta le journal. Mais, c'est tout près d'ici, dit-il. Cela doit être même dans cette énorme agglomération de maisons qui appartiennent à M. Penrose, elles sont parmi les pires de la ville. Et Penrose est membre d'une Église !

— Oui, il fait partie de l'Église de l'avenue de Nazareth ! murmura le Dr Bruce à demi-voix.

L'évêque se leva de table avec une exclamation d'indignation. Il ouvrait la bouche, pour prononcer une parole de sévérité rare chez lui, quand on sonna à la porte d'entrée. Quelqu'un alla ouvrir.

— Dites au Dr Bruce et à l'évêque que je désire les voir. Je suis M. Penrose, — Clarence Penrose. — Le Dr Bruce me connaît.

On entendait dans la salle à manger chacune des paroles prononcées sur le seuil de la porte d'entrée. L'évêque échangea un regard d'intelligence avec le Dr Bruce, puis tous deux s'avancèrent dans le vestibule.

— Entrez ici, M. Penrose, dit le Dr Bruce, en introduisant le visiteur dans le parloir, voisin de la salle à manger.

Clarence Penrose était un des hommes les plus élégants de Chicago. Il appartenait à une famille aristocratique, fort riche et fort haut placée dans la société. Il possédait de nombreux immeubles dans différents quartiers de la ville. Il avait été toute sa vie membre de l'Église du Dr Bruce.

Il regardait l'évêque et son ancien pasteur avec une agitation qui prouvait qu'il se passait chez lui quelque chose d'inusité. Il était très pâle, et ses lèvres tremblaient. Depuis quand Clarence Penrose se laissait-il pareillement dominer par l'émotion?

— Cette histoire de suicide! Vous comprenez! — je viens de la lire! — La famille vivait dans une de mes maisons. C'est une terrible affaire, mais elle n'est pas la cause de ma visite.

Il balbutiait et interrogeait avec anxiété le visage des deux hommes assis en face de lui. L'évêque avait un air sévère; il ne pouvait s'empêcher de se dire que cet oisif élégant aurait pu alléger, dans une large mesure, les misères amoncelées dans les maisons qu'il possédait, qu'il aurait peut-être même empêché la tragédie qui venait de s'y passer, s'il avait seulement sacrifié un peu de son luxe et de ses aises pour améliorer le sort de ses locataires.

M. Penrose se tourna vers le Dr Bruce.

— Docteur, s'écria-t-il, avec un accent qui ressemblait à celui d'un enfant en détresse, je suis venu vous dire que j'ai passé par une crise, trop extraordinaire pour pouvoir être attribuée à autre chose qu'à une puissance surnaturelle. Vous vous souvenez que j'étais un de ceux qui s'étaient engagés à faire ce que ferait Jésus. Je croyais alors, pauvre fou que j'étais, qu'il y avait longtemps que je vivais en vrai chrétien. Je donnais largement à l'Église et aux œuvres charitables. Je ne m'étais jamais donné moi-même, je n'avais pratiqué le renoncement en aucune façon. J'ai vécu, dès lors, dans un véritable enfer de contradictions. Peut-être vous rappelez-vous que ma petite Diane avait pris l'engagement avec moi. Elle m'a posé, ces derniers temps, une foule de questions sur les pauvres et sur les logements qu'ils habitent. J'ai été obligé de lui répondre. Hier soir une de ces questions m'a touché au vif : « Possédais-je de ces maisons où les pauvres demeurent ? Etaient-elles jolies et chaudes comme la nôtre ? » Vous connaissez la persistance que les enfants mettent dans leurs questions. Je me couchai tourmenté par les tiraillements de ma conscience. Je ne pouvais dormir, il me semblait assister au jour du jugement. Je me voyais en face du Juge, obligé de rendre compte de mes actes : « Combien de pécheurs avais-je visité dans les prisons ? Comment avais-je administré mes biens ? Qu'en était-il de ces grandes casernes où l'on gèle en hiver, et où l'on étouffe en été ? Y avais-je jamais songé autrement que pour encaisser les loyers ? En quoi consistaient mes renoncements ? Jésus aurait-il agi comme je l'avais fait ? Avais-je rompu mon engagement ? Comment avais-je employé l'argent, l'éducation, l'influence sociale que je possédais ? M'en étais-je servi pour le bien de l'humanité, pour soulager la souffrance, pour apporter la joie aux désolés, et l'espérance aux désespérés ? J'avais beaucoup reçu, combien avais-je donné ? »

Je voyais toute cette scène aussi distinctement que je vous vois maintenant et, pourtant, j'étais parfaitement éveillé. La fin de cette vision s'est perdue dans une sorte de brouillard, je voyais confusément le Christ souffrant étendre vers moi son doigt, pour me condamner, puis tout s'est effacé. Il y a vingt-quatre heures que je n'ai pas dormi, et la première chose que j'ai lue, ce matin, c'est l'histoire du suicide d'un de mes locataires ! Je n'ai pas encore pu surmonter le sentiment d'horreur que cette histoire m'a causé. Je suis un grand coupable devant Dieu !

Il se tut tout à coup. Les deux hommes auxquels il venait de faire cette confession le regardaient d'un air solennel. Ne fallait-il pas que le Saint-Esprit eût agi puissamment, pour remuer aussi profondément l'âme de cet heureux de ce monde, de ce membre d'une société habituée à passer, les yeux fermés, à côté des misères d'une grande ville, et à ignorer absolument ce que c'est que de renoncer à soi-même, pour l'amour de Jésus ?

Le grand souffle qui avait passé déjà sur l'Église d'Henry Maxwell, et sur une partie de celle de l'avenue de Nazareth, passait, à ce moment, dans le parloir de la Colonie. L'évêque posa une de ses mains sur l'épaule de M. Penrose, en disant :

— Dieu a été bien près de vous, rendons-lui en grâce.

— Oui, murmura Penrose, qui ajouta, après que l'évêque eût prié : Voulez-vous m'accompagner jusqu'à cette maison ?

Pour toute réponse le Dr Bruce et l'évêque mirent leurs manteaux et l'accompagnèrent chez la veuve de l'homme qui venait de se tuer. Ce fut l'aurore d'une vie étrange et nouvelle pour Clarence Penrose. De l'instant où il mit le pied dans l'affreux taudis, qui était censé représenter une chambre, et où, pour la première fois, il se trouva en présence d'un abîme de souffrance et de désespoir, dont il n'avait jamais soupçonné la profondeur, data pour lui un complet changement d'existence.

Il faudrait écrire un volume, pour raconter comment, dès lors, il tint son engagement. Que ferait Jésus, s'il avait de grandes maisons à louer, dans un des quartiers pauvres de Chicago ou de quelqu'autre grande ville ? Tous ceux qui trouveront la vraie réponse à cette question se représenteront aisément ce que Clarence Penrose a fait pour ses locataires.

Dans l'après-midi de cette même journée, Félicia sortait de la Colonie, tenant à la main un panier, plein de produits de sa cuisine ; elle allait les porter chez un boulanger du voisinage, qui désirait en avoir un dépôt. Par une de ces coïncidences trop remarquables pour être fortuites, Stephen Clyde ouvrait au même moment la porte de son atelier de menuiserie situé au sous-sol de la maison. Il rattrapa la jeune fille comme elle mettait le pied dans la rue.

— Laissez-moi porter votre panier, je vous en prie, ma..., commença Stephen, qui rougit et ne finit pas sa phrase.

— Pourquoi vous arrêtez-vous ? demanda innocemment Félicia, en lui tendant son panier.

— J'allais vous dire, puisque vous tenez à le savoir : Laissez-moi porter votre panier, ma chère Félicia, fit résolument Stephen, en la regardant d'un air qui disait, à ne pas s'y méprendre, qu'elle représentait pour lui tout ce qu'il y a de meilleur au monde.

Jamais Félicia n'avait été si jolie. Elle continua son chemin pendant un moment, sans tourner la tête du côté du jeune homme, auquel elle savait bien, pourtant, que son cœur appartenait depuis quelque temps déjà. Enfin, elle lui dit, tandis qu'un rayon de tendresse brillait dans ses yeux veloutés :

— Pourquoi ne le diriez-vous pas ?

— Me le permettez-vous vraiment ? demanda Stephen si vivement que Félicia, craignant pour ses bols et ses assiettes, s'écria :

— Ne laissez pas tomber mon panier, de grâce !

— Mais je ne le laisserais pas tomber pour un empire, ma chère Félicia, répondit Stephen, qui semblait marcher sur les nuages.

Ce qu'ils se dirent encore était trop intime pour être raconté. Le fait que ce jour-là le panier n'atteignit pas sa destination appartient, cependant, à l'histoire. Il est également notoire que l'évêque, qui rentrait à la Colonie par une rue relativement déserte, entendit une voix connue qui disait, à quelques pas en avant de lui :

— Dites-moi, Félicia, quand vous avez commencé à m'aimer, et une autre voix répondre, avec un éclat de rire si frais, si doux et si pur, qu'il faisait du bien à entendre :

— Je me suis éprise du petit copeau qui s'était accroché à vos cheveux, juste au-dessus de votre oreille, le jour où, pour la première fois, je vous ai vu à l'atelier.

A ce moment, l'évêque se trouva à côté d'eux.

— Où portez-vous ce panier ? demanda-t-il d'un ton qu'il essayait de rendre sévère.

— Nous le portons… au fait, où le portons-nous, Félicia ?

— Mon cher évêque, nous le porterons à la maison, pour commencer…

— Pour commencer notre ménage, acheva Stephen, venant à la rescousse.

— Est-ce vrai ? dit l'évêque. J'espère que vous m'inviterez à prendre ma part de son contenu, car je sais ce que vaut la cuisine de Félicia.

— Vous serez toujours le plus honoré de nos hôtes, dit Félicia qui ne cherchait pas à cacher sa joie. Mon cher, cher évêque, êtes-vous content ?

— Oui, je le suis, répondit l'évêque, qui interpréta les paroles de Félicia comme elle le désirait.

Il fit une pause, puis il ajouta doucement :

— Que Dieu vous bénisse tous les deux, mes enfants ! Après quoi, il s'éloigna, une larme dans les yeux et une prière au fond du cœur, les laissant seuls avec leur bonheur. Ah ! la puissance divine de l'amour qui appartient à la terre ne peut-elle pas être goûtée et chantée par les disciples de l'homme de douleur, par ceux qui portent avec lui le fardeau du péché ! Oui, en vérité. Désormais cet homme et cette femme devaient marcher la main dans la main, dans le grand désert de souffrance de cette ville. Désormais ils s'encourageraient l'un l'autre, ils sentiraient leur amour grandir à chaque expérience partagée, ils suivraient les pas de Jésus de plus près, à cause de cet amour même. Désormais ils seraient plus capables d'être en bénédiction à des milliers de pauvres créatures perdues, parce qu'ils auraient un chez eux où recevoir les déshérités et les abandonnés de ce monde. « C'est pour cela, dit notre Seigneur Jésus-Christ, que l'homme quittera son père et sa mère et s'attachera à sa femme. »

Ce fut peu de temps après que l'histoire d'amour de la Colonie fut devenue une part de sa gloire, qu'Henry Maxwell vint à Chicago, avec Rachel Winslow, Virginia et Rollin Page, Alexandre Power et le président Marsh, pour prendre part à une grande réunion, qui devait avoir lieu dans la vaste salle dont le Dr Bruce et l'évêque disposaient maintenant.

L'évêque avait invité, pour ce soir-là, des ouvriers sans travail, des créatures misérables qui avaient perdu toute foi en Dieu et en les hommes, des anarchistes et des infidèles, des libres-penseurs et des gens qui ne pensaient pas même. Ceux qui se trouvaient rassemblés devant Henry Maxwell et ses compagnons, quand la réunion commença, étaient pris parmi ce que la population de la ville contenait de pire, de plus dépravé et de plus dangereux. Mais, ce soir encore, le Saint-Esprit se mouvait sur la grande ville égoïste, avide de plaisirs et souillée de vices, qui se trouvait dans la main de Dieu, sans savoir ce qui l'attendait. Chacun des hommes et chacune des femmes qui avaient répondu à l'appel de l'évêque, avaient lu, avant d'entrer dans la Colonie, ces paroles, tracées par l'étudiant en théologie sur un grand transparent lumineux : « Que ferait Jésus ? »

Quand Henry Maxwell passa sur le seuil, au-dessus duquel

resplendissait cette question, il fut saisi d'une émotion profonde, au souvenir du jeune homme aux vêtements usés qui l'avait prononcée pour la première fois, en une matinée de printemps, dans la Première Église de Raymond.

Son grand désir de voir un réveil se manifester parmi les chrétiens allait-il se réaliser ? Le mouvement inauguré à Raymond allait-il s'étendre à tout le pays ? C'était en partie pour s'en assurer, qu'il était venu à Chicago, avec quelques-uns de ses amis, et maintenant il se trouvait en face du peuple même de cette ville. Il ne tremblait plus comme la première fois où il avait parlé aux ouvriers des ateliers du chemin de fer de Raymond ; mais, ce soir, comme alors, il implorait dans le fond de son cœur le secours d'En-Haut. A la vue de ces hommes et de ces femmes, qui depuis tant d'années avaient considéré l'Église en étrangers et en ennemis, il s'écriait intérieurement : « Oh ! mon Maître, enseigne à ton Église à suivre mieux tes traces ! »

La prière d'Henry Maxwell sera-t-elle entendue ? L'Église répondra-t-elle à l'appel ? Consentira-t-elle à suivre Jésus sur la voie du renoncement et du sacrifice ? L'Esprit saint plane au-dessus de toi, Église universelle ! Ne le contriste pas, car il n'a jamais été plus près qu'aujourd'hui à révolutionner le monde !

Chapitre XII

> Il te manque une chose : vends tout ce que tu as et le distribue aux pauvres, et tu auras un trésor dans le ciel : après cela viens, et suis moi.
>
> (Luc 18.22)

JAMAIS encore Henry Maxwell n'avait parlé à une foule semblable à celle qui remplissait l'immense salle de la Colonie. La ville de Raymond ne contenait pas d'aussi nombreuses variétés de l'espèce humaine. Le Rectangle lui-même, pris dans ses pires parties, n'aurait pu fournir un aussi grand nombre d'hommes et de femmes ayant échappé, absolument, à l'atteinte des Églises et à toute influence religieuse, ou simplement chrétienne.

Qu'allait-il leur dire ? Il l'avait décidé d'avance. Il leur raconta, de la façon la plus simple possible, ce qui s'était passé à Raymond. Ils avaient tous entendu parler, une fois ou l'autre, de Jésus-Christ, et si malgré leur révolte contre le christianisme ecclésiastique et la société civile, ils avaient encore certaines notions très vagues et incomplètes du bien et de la vérité, ces notions remontaient jusqu'à l'humble paysan de la Galilée.

Ce que M. Maxwell leur racontait ne pouvait manquer de les intéresser. « Que ferait Jésus ? » Ils sentaient que cette question les concernait personnellement. Il commença à l'appliquer au problème social en général. L'intérêt devint une attention respectueuse, mieux que cela, une attention haletante. A mesure qu'il avançait dans son discours, ses auditeurs se penchaient en avant pour mieux l'écouter, dans l'attitude propre aux ouvriers quand ils sont empoignés par ce qu'ils entendent. « Que ferait Jésus ? » A supposer que ce fût là le mot d'ordre, non seulement des Églises, mais des hommes d'affaires, des politiciens, des journalistes, des gens du monde et des gens du peuple, combien de temps, leur faudrait-il pour changer la face du monde ? De quoi souffrait-il le monde, si ce n'est du règne de l'égoïsme ? Personne, jamais, n'avait triomphé de l'égoïsme comme l'avait fait Jésus. Si les hommes se mettaient à le suivre, quoi qu'il pût leur en coûter, une vie nouvelle se lèverait pour l'humanité.

Henri Maxwell ne se doutait pas de tout ce que l'attention de cette assemblée, si étrangement composée, avait de remarquable, mais l'évêque et le Dr Bruce, en considérant tous ces visages dont plusieurs représentaient le mépris du Christianisme, la haine de l'ordre social, la révolte incarnée, s'étonnaient de les voir si différents de ce qu'ils étaient en général, et de constater comment il suffit de peu, parfois, pour que des cœurs rendus amers par la négligence ou l'indifférence des autres s'ouvrent à l'influence de l'amour.

Il y avait là vingt ou trente ouvriers sans ouvrage, qui avaient lu l'annonce de cette réunion et qui y étaient venus par curiosité, et pour échapper au vent glacé qui soufflait à ce moment. C'était une nuit particulièrement froide et les cabarets regorgeaient de monde. Cela n'avait rien d'étonnant, car il n'y avait pas, dans tout ce district de plus de trente mille âmes, d'autres portes ouvertes devant ces hommes sans famille, sans amis, sans ouvrage, que celle des cabarets, ou celle de la Colonie.

C'était la coutume, chaque fois qu'il y avait dans cette salle des réunions dans le genre de celle-ci, d'avoir un moment de discussion franche et libre. Quand Henry Maxwell eut terminé son discours, l'évêque, qui présidait ce soir-là, annonça que chacun était libre de prendre la parole, pour poser des questions, dire son opinion ou déclarer ses convictions, mais que chacun serait tenu de se conformer aux règles observées dans toutes les assemblées parlementaires, celle entre autres de ne parler que cinq minutes, à moins que ce laps de temps ne fût doublé, du consentement de tous les assistants.

Immédiatement un certain nombre de voix crièrent : « Approuvé, approuvé ! » L'évêque s'assit ; aussitôt un homme placé au centre de la salle se leva et se mit à parler :

— Je tiens à dire que ce que M. Maxwell nous a raconté ce soir m'a beaucoup intéressé. Je connaissais Jack Manning, l'homme dont il nous a parlé et qui est mort dans sa maison. J'ai travaillé à côté de lui, pendant deux ans, dans une imprimerie de Philadelphie. Jack était un bon diable. Je lui avais emprunté cinq dollars, un jour que j'étais à fond de cale, et je n'ai jamais eu l'occasion de les lui rendre. Il s'en alla à New-York, après des changements qui le mirent sur la rue, et je ne l'ai plus revu. Quand la machine à composer fut introduite, j'ai perdu ma place comme lui et, depuis lors, je n'en ai retrouvé une qu'à de rares intervalles. On dit que les inventions sont de bonnes choses. Je ne suis pas de cet avis, mais peut-être que je suis injuste. Un homme est porté à l'être, quand il perd une bonne place pour la voir prendre par une machine. Tout ce qu'on vient de nous dire du christianisme est bel et bon, mais je ne crois pas que je voie jamais tous ces gens d'Église faire des sacrifices comme ceux-là. Pour autant que j'ai pu les observer, ils sont aussi égoïstes, aussi avides de gagner de l'argent, aussi ambitieux que qui que ce soit d'autre. J'en excepte l'évêque, le Dr Bruce et quelques autres. Mais je n'ai jamais trouvé grande différence entre les gens du monde, comme on les appelle, et les membres des Églises, quand il s'agit d'affaires et de questions d'argent. Les uns sont aussi mauvais que les autres, voilà !

Des cris : « C'est vrai ! C'est bien comme ça ! Vous avez raison ! » interrompirent l'orateur. Il n'avait pas encore repris sa place, quand deux hommes, qui étaient debout depuis un moment déjà, commencèrent à parler les deux à la fois. L'évêque les rappela à l'ordre et désigna celui qui serait entendu le premier. Celui-ci commença aussitôt :

— C'est la première fois que je me trouve ici, et il se peut que ce soit la dernière. Le fait est que je suis à peu près à bout de mes expédients. J'ai couru la ville pour chercher de l'ouvrage, à m'en rendre malade, et je suis en nombreuse compagnie. Dites donc ! J'aimerais poser une question au ministre, si c'est une chose à faire. Est-ce permis ?

— C'est à M. Maxwell à en juger, dit l'évêque.

— Mais certainement, s'écria M. Maxwell, seulement je ne puis pas promettre d'y répondre à la satisfaction de ce monsieur.

— Voici ma question, reprit l'homme en se penchant en avant et en étendant un long bras, avec un geste dramatique qui ne manquait pas de spontanéité.

— J'aimerais bien savoir ce que Jésus ferait à ma place. Voilà deux mois que je n'ai eu pour deux sous d'ouvrage à faire. J'ai une femme et trois enfants et je les aime autant que si j'étais un monsieur possédant un million de dollars. J'ai vécu jusqu'ici d'une petite épargne que j'avais pu réaliser pendant l'Exposition. Je suis charpentier de mon métier, et j'ai fait tout ce qui était en mon pouvoir pour trouver de l'ouvrage. Vous dites qu'il nous faut prendre comme règle : que ferait Jésus ? Eh bien ! que ferait-il s'il était sans ouvrage, comme moi ? Je ne puis pas me transformer en quelqu'un d'autre pour poser cette question ? Je ne demande qu'à travailler. Je donnerais tout au monde pour m'éreinter à travailler dix heures par jour, comme j'avais coutume de le faire. Suis-je à blâmer parce que je ne puis pas me fabriquer une place ? Il faut que je vive et ma femme et mes enfants aussi. Mais comment ? Que ferait Jésus ? puisque vous prétendez que c'est là ce qu'il faut demander ?

Henry Maxwell restait silencieux, les yeux fixés sur le grand flot de visages humains étendu devant lui. Il ne trouvait aucune réponse à faire à cet homme. Mon Dieu, se disait-il, cette question résume tout le problème social. Elle met en cause tout l'inextricable assemblage de fautes humaines et de circonstances économiques qui ont créé une situation contraire à tout ce que Dieu avait préparé pour le bonheur de ses créatures. Y a-t-il pour un homme en bonne santé, capable et désireux de travailler, et n'ayant d'autre ressource que ses deux bras, quelque chose de pire que de ne rien trouver à faire, et de n'avoir le choix qu'entre trois alternatives : mendier, se tuer ou mourir de faim. Que ferait Jésus ? A la vérité cet homme pouvait bien le demander. C'était même la seule question qu'il pût se poser, à supposer qu'il fût un disciple du Christ. Mais quelle question pour quel homme que ce soit, quand il est obligé de se la poser dans de pareilles conditions !

Ces réflexions, et bien d'autres, se pressaient dans l'esprit d'Henry Maxwell et s'imposaient également à ses amis. L'évêque avait un air si sérieux et si triste qu'il était facile de voir combien cette question l'impressionnait. Le Dr Bruce baissait la tête. Le problème de la destinée humaine ne lui avait jamais paru si tragique que depuis le moment où il avait pris l'engagement et quitté son Église, pour venir s'établir à la Colonie.

Que ferait Jésus ? C'était une terrible question. Et toujours cet homme restait debout, très grand, très raide et presque terrible, avec son bras tendu dans un appel qui semblait devenir de seconde en seconde plus pressant.

Enfin, M. Maxwell parla :

— Y a-t-il dans cette salle un homme qui soit un disciple de Christ et qui, placé dans une condition pareille, ait essayé de faire ce qu'aurait fait Jésus ? S'il y en a un, il pourrait répondre mieux que moi à cette question.

Il y eut un léger frémissement dans l'assemblée, puis un homme assis au premier rang se leva. C'était un vieillard et la main qu'il appuyait sur le dossier de son banc tremblait, quand il prit la parole :

— Je crois pouvoir dire que je me suis trouvé souvent dans une position tout à fait semblable, et que j'ai toujours cherché à agir en chrétien, malgré tout. Je ne sais pas si je me suis jamais demandé ce que ferait Jésus, quand j'étais sans ouvrage, mais ce que je sais, c'est que j'ai essayé d'être son disciple en tous temps. Oui, continua le vieillard avec un sourire que M. Maxwell et l'évêque trouvèrent plus pathétique que le désespoir farouche du jeune ouvrier, oui, j'ai tendu la main et j'ai eu recours à la charité organisée, j'ai fait tout, quand je me trouvais sans place, pour me procurer de quoi me nourrir et me vêtir, tout, excepté de voler et de mentir. Je ne sais pas si Jésus aurait fait tout ce que j'ai été obligé de faire pour vivre, mais je sais que je n'ai jamais fait, volontairement, de mal à personne. Parfois, je me dis que peut-être il aurait préféré avoir faim, plutôt que de mendier. Je ne sais pas...

La voix du vieillard lui manqua, il promenait autour de lui un regard timide. Il se fit un moment de silence, bientôt rompu par un homme aux larges épaules, aux cheveux noirs, à la barbe touffue, qui était assis à trois pas de l'évêque. Dès qu'il eut pris la parole, les trois quarts des assistants se penchèrent en avant pour mieux l'entendre. L'homme qui avait posé la question, au sujet de ce que ferait Jésus, se rassit, en disant à son voisin :

— Qui est ce compagnon-là ?

— C'est Carlsen, le chef socialiste. Vous allez entendre quelque chose qui vaudra la peine d'être écouté.

— A mon avis tout ça n'est que des bêtises, commença Carlsen, dont les yeux lançaient des éclairs de colère. C'est tout notre système qui est faux. Ce que nous nommons la civilisation est pourri jusqu'à la base. Il ne sert à rien de chercher à le cacher ou à le nier. Nous vivons à une époque de syndicats, de combinaisons, d'associations de capitalistes qui tuent tout simplement des milliers d'innocents, hommes, femmes et enfants. Je remercie Dieu, s'il y a un Dieu, ce dont je doute très fort, de ce que je n'ai jamais été dans une position qui m'ait permis de me marier et d'essayer de me créer un foyer. Un foyer! Dites plutôt un enfer! Y en a-t-il un pire que celui où se trouve, en cet instant, cet homme, chargé d'une femme et de trois enfants?

Et son cas est pris entre mille. Avec tout cela cette ville, comme toutes les autres grandes villes de notre pays, possède des milliers d'hommes qui font profession de christianisme, qui jouissent de tous les luxes et de tous les conforts, qui vont à l'église tous les dimanches, et qui chantent des hymnes dans lesquels il est question de donner tout à Jésus, de le suivre, de porter sa croix et d'être sauvé. Je ne dis pas qu'il ne se trouve parmi eux quelques braves gens, mais que le ministre qui a parlé ce soir aille dans l'une ou l'autre des églises aristocratiques, dont je pourrais lui nommer une douzaine, et qu'il propose à ses membres de prendre l'engagement qu'il a proposé ici, il verra comme ils seront prompts à rire de lui et à le traiter comme un fou, un toqué ou un fanatique. Oh! non. Ce n'est pas un remède, cela. Ça ne mènera jamais à rien. Il faut que nous changions le gouvernement de fond en comble. Toute la machine a besoin d'être reconstruite. Je ne crois pas qu'aucune réforme valant quoi que ce soit puisse sortir des Églises. Elles ne sont pas avec le peuple, elles sont avec les aristocrates, avec les gens d'argent. Les syndicats et les monopoles se recrutent dans les Églises. Les ministres sont leurs esclaves. Ce qu'il nous faut, c'est un système qui repose sur la base commune du socialisme, fondé lui-même sur les droits du commun peuple…

Carlsen avait évidemment oublié les cinq minutes réglementaires. Il était lancé dans une de ses harangues accoutumées qui, dans son entourage, et devant son auditoire habituels, duraient au moins une heure, quand un homme, placé droit derrière lui, le força tout à coup à se rasseoir et se leva à sa place sans cérémonie. Carlsen, très en colère, menaçait de faire du bruit, mais l'évêque lui rappela ce qui avait été décidé au début de la réunion et il se soumit, en grommelant dans sa barbe, tandis que le nouvel orateur se répandait en éloges sur l'impôt unique, dont il faisait une panacée pour tous les maux de la société. Il fut suivi par un ouvrier qui déclama, avec amertume, contre les Églises et les ministres et déclara que les deux grands obstacles à toute réforme véritable c'étaient les tribunaux et les machines ecclésiastiques.

Après lui, un homme, qui avait toutes les apparences d'un balayeur de rue, sauta sur ses pieds et vomit tout un torrent d'injures à l'adresse des corporations, et surtout des compagnies de chemin de fer. Les cinq minutes écoulées, un grand compagnon, qui se présenta lui-même comme ouvrier en métaux, réclama l'attention et déclara que le remède aux injustices sociales c'étaient les associations des travailleurs. Elles devaient contribuer plus que toute autre chose, selon lui, à l'avènement du millénium des ouvriers. Ensuite quelqu'un essaya d'expliquer les raisons du chômage forcé et accusa les inventions comme autant d'œuvres du diable. Il fut bruyamment applaudi par l'assemblée.

Finalement l'évêque déclara la discussion close, et pria Rachel de chanter. Rachel Winslow était devenue une chrétienne singulièrement forte, sensée et humble, depuis le jour où elle avait consacré son talent au service de son Maître.

Quand elle se mit à chanter, elle venait de prier avec plus de ferveur que jamais pour que sa voix fît son œuvre, sa voix qu'elle regardait comme la propriété de Jésus, et dont elle ne voulait user que pour lui. Certainement, pendant qu'elle chantait, sa prière recevait son exaucement. Elle avait choisi ce cantique :

> Entends-tu, Jésus t'appelle,
> Viens, ô pécheur, il t'attend.

Ah! quelle puissance elle possédait, cette voix consacrée au service de Dieu! Les dons merveilleux de Rachel auraient pu faire d'elle une des premières chanteuses d'opéra de son temps. Assurément ses auditeurs n'avaient jamais entendu de musique comparable à celle-ci. Comment l'auraient-ils pu? Tous ces hommes étaient sous le charme d'une de ces voix qui, là-bas dans le monde, n'aurait jamais résonné aux oreilles du commun peuple, parce que ceux qui les possèdent font payer ce privilège au prix de deux ou trois dollars. La mélodie flottait dans l'espace, libre et joyeuse, comme si elle avait été un avant-goût du salut lui-même. Carlsen buvait cette musique avec la passion propre à sa nationalité ; une larme coulait de ses yeux jusque dans sa grande barbe, son visage se détendait et prenait une expression presque noble.

L'homme sans ouvrage, qui avait demandé ce que Jésus ferait à sa place, écoutait les mains jointes, la bouche entr'ouverte, oubliant pour un moment sa tragique position. Ce chant, tant qu'il dura, semblait lui tenir lieu de vivres, d'ouvrage, de confort et lui rendre sa vie de famille, sa femme, ses enfants.

L'ouvrier qui avait violemment attaqué les Églises et les ministres, tenait la tête droite, avec un air de défi, comme pour protester contre l'intrusion, dans cette assemblée, de quelque chose ayant une ressemblance quelconque avec un acte de culte. Mais peu à peu il céda, comme les autres, à la puissance devant laquelle tous les cœurs se courbaient et une expression de tristesse réfléchie se répandit sur son visage.

L'évêque se dit, ce soir-là, pendant que Rachel chantait, que si l'humanité pécheresse, dépravée, perdue, pouvait recevoir la prédication de l'Évangile par le moyen de cantatrices et de chanteurs de profession semblables à Rachel, la venue du Royaume de Dieu serait hâtée plus efficacement que par n'importe quelle autre force isolée. « Pourquoi ? oh ! pourquoi, criait-il dans son cœur, le pauvre peuple a-t-il été si souvent frustré de sa part des trésors musicaux que le monde possède, parce que ceux qui ont reçu en partage des voix ou des doigts capables de faire vibrer les âmes, au son de mélodies divines, considèrent ces dons comme destinés seulement à battre monnaie ? N'y aura-t-il donc point de martyrs parmi les artistes de la terre ? N'y en aurait-il point qui donnent leur talent, comme ils donneraient toute autre chose ? »

Henry Maxwell, de son côté, se rappelait une autre assemblée : celle où tant d'âmes avaient accepté le salut, dans la grande tente du Rectangle. Ce qu'il venait de voir et d'entendre affirmait encore sa conviction que le problème des grandes villes pourrait trouver sa solution, si les chrétiens qu'elles renferment se mettaient un jour à suivre Jésus, ainsi qu'il en a laissé le commandement. Qu'en serait-il de ce grand morceau de l'humanité pécheresse et abandonnée, si semblable à celle que le Sauveur était venu sauver, de toutes ces âmes dévoyées et révoltées, misérables, sans espérance et si remplies d'amertume à l'égard de l'Église ? C'était ce dernier point qui touchait le plus profondément Henry Maxwell. L'Église était-elle donc si éloignée du Maître que le peuple ne pût plus l'y trouver ? Etait-il vrai qu'elle eût perdu tout pouvoir sur cette partie de l'humanité dans laquelle, aux premiers siècles du Christianisme, elle recrutait le plus grand nombre de ses membres ? Qu'y avait-il de vrai dans ce que le chef socialiste disait, quand il affirmait qu'il était inutile de regarder à l'Église pour en obtenir des réformes, à cause de l'égoïsme de ses membres ?

Il était de plus en plus impressionné par le fait indiscutable que les hommes, comparativement peu nombreux, que la voix de Rachel maintenait pour un instant dans une tranquillité complète, représentaient des milliers d'êtres, semblables à eux, qui considéraient une Église ou un pasteur comme infiniment au-dessous d'un cabaret ou de son tenancier, comme source de consolation et de bonheur. Etait-ce dans l'ordre ? Si tous ceux qui font profession de christianisme suivaient l'exemple de Jésus, de longues files d'hommes continueraient-ils à errer par les rues, en quête d'ouvrage, et des centaines de leurs semblables se croiraient-ils en droit de maudire l'Église et de considérer le cabaret comme le meilleur de leurs amis ? Jusqu'à quel point le christianisme était-il responsable du problème humain, tel qu'il venait de se poser devant lui ?

Cette question, il l'agitait encore au-dedans de lui-même, après que l'assemblée se fut dispersée. Il en fit part au petit groupe d'amis restés sur l'estrade, il la discuta jusque fort tard dans la nuit, avec l'évêque et le Dr Bruce, et quand, enfin, il se retrouva seul dans sa chambre, il l'exprima dans une prière qu'il résuma en demandant, avec toute l'ardeur dont son âme était capable, que l'Église d'Amérique reçût, comme jamais encore, le baptême du Saint-Esprit.

Il avait compté retourner à Raymond en temps voulu pour occuper sa chaire, le dimanche suivant. Mais le vendredi matin le pasteur d'une des plus grandes Églises de Chicago vint le voir à la Colonie, pour le prier de prêcher pour lui.

Il hésita au premier abord, puis il accepta cet appel comme venant de Dieu. L'occasion lui était donnée d'adresser, à ceux qu'elle concernait le plus directement, la question qui le préoccupait si vivement et de demander à l'Église jusqu'à quel point elle méritait les reproches que lui avaient jetés à la face les hommes du peuple, entendus quelques soirs auparavant.

Il passa en prière la plus grande partie de la nuit du samedi, car il sentait un immense besoin de voir son horizon s'élargir et sa connaissance de la personne de son Maître s'étendre et se creuser toujours plus.

La grande église était remplie jusqu'aux derniers recoins,

quand Henry Maxwell, après sa veillée d'armes, se présenta devant elle. Toutes les personnes présentes avaient évidemment entendu parler du mouvement de Raymond, auquel la démission du Dr Bruce avait ajouté un intérêt spécial, et il se mêlait à leur curiosité quelque chose de plus sérieux et de plus profond. M. Maxwell le sentait, et ce fut avec le sentiment très net de la présence toute puissante du Saint-Esprit, qu'il se leva pour s'adresser à cette imposante congrégation.

Il n'avait jamais été ce qu'on appelle un grand prédicateur ; il manquait de la force et des qualités qui font les orateurs de premier ordre, mais depuis qu'il avait promis de faire ce que ferait Jésus, il avait acquis ce certain don de persuasion qui est, au fond, la véritable éloquence. Et ceux qui l'écoutaient maintenant, comprenaient la sincérité complète et l'humilité de cet homme, qui avait pénétré jusqu'au cœur d'une grande vérité.

Après avoir rappelé brièvement ce qui s'était passé dans sa propre Église, à Raymond, il aborda résolument son sujet. Il avait pris pour texte l'histoire du jeune homme qui était venu demander à Jésus ce qu'il devait faire pour obtenir la vie éternelle. Jésus, pour l'éprouver, lui dit : « Vends tout ce que tu as et le donne aux pauvres, et tu auras un trésor dans le ciel : après cela viens et suis-moi. » Mais le jeune homme n'était pas disposé à souffrir à ce point-là. Si, pour suivre Jésus, il fallait souffrir ainsi, il n'en voulait plus. Il aurait aimé à le suivre, mais à condition de ne pas pousser si loin le renoncement.

« Est-il vrai, continua Henry Maxwell, — et sa belle figure fine et intelligente exprimait un appel si passionné que ses auditeurs se sentirent saisis, comme ils l'avaient rarement été, — est-il vrai que l'Église d'aujourd'hui, l'Église qui porte le nom même du Christ, refuserait de le suivre, s'il fallait pour cela s'exposer à des souffrances, à des renoncements, à des pertes de biens temporels ? L'affirmation en a été faite, la semaine dernière, dans une nombreuse assemblée, à la Colonie, par un des hommes qui dirige les socialistes de cette ville. Il soutenait qu'il était inutile d'attendre quoi que ce soit de l'Église, dans le domaine des réformes sociales. Sur quoi cette affirmation était-elle basée ? Uniquement sur la supposition que l'Église est composée principalement d'hommes et de femmes plus préoccupés de leurs aises que des souffrances et des misères de l'humanité. Jusqu'à quel point cela est-il vrai ? Les chrétiens d'Amérique sont-ils prêts à voir leur christianisme mis à l'épreuve ? Qu'en est-il de ceux qui possèdent de grandes fortunes ? Sont-ils prêts à en user comme Jésus le ferait ? Qu'en est-il des hommes et des femmes qui possèdent de grand talents ? Sont-ils prêts à les consacrer à l'humanité, ainsi que Jésus le ferait, sans aucun doute ?

N'est-il pas vrai qu'à notre époque les disciples du Christ sont appelés à manifester ouvertement leur qualité de disciples ? Vous devez le savoir mieux que moi, vous qui habitez cette grande ville, plongée dans le mal. Est-il possible que vous suiviez votre chemin sans vous inquiéter de l'horrible condition d'hommes, de femmes, d'enfants, qui se perdent corps et âme, faute de secours chrétiens ? Cela ne vous concerne-t-il donc en rien que le cabaret en tue des milliers plus sûrement que ne le fait la guerre ? Cela ne vous touche-t-il point de savoir que des milliers d'hommes forts et robustes foulent le pavé de cette ville, et de toutes les villes de la terre, réclamant de l'ouvrage, et que, n'en trouvant point, ils soient poussés au crime et au suicide ? Pouvez-vous prétendre que cela ne vous regarde pas ? Direz-vous que c'est à chaque homme de prendre soin de ce qui le concerne ? Ne croyez-vous pas que si chacun des chrétiens d'Amérique faisait ce que ferait Jésus, la société elle-même, le monde des affaires, oui, jusqu'à notre système politique et à notre gouvernement seraient tellement changés, que la souffrance humaine en serait réduite à un minimum ?

Qu'arriverait-il si tous les membres des Églises de cette ville essayaient d'imiter ainsi Jésus ? Il n'est pas possible de prédire, jusque dans les détails, ce qui s'ensuivrait ; mais il est, cependant, facile d'affirmer que le problème social commencerait aussitôt à trouver sa solution véritable.

A quoi reconnaîtra-t-on la qualité d'un disciple du Christ ? La preuve à fournir ne serait-elle pas la même qu'au temps où Jésus vivait sur la terre ? Les circonstances auraient-elles modifié ses exigences. S'il était ici, aujourd'hui, n'adresserait-il pas à quelques-uns d'entre vous le même commandement qu'il donnait au jeune homme riche ? Je crois qu'il le ferait, s'il voyait parmi vous des chrétiens plus attachés à leurs biens qu'à leur Sauveur. L'épreuve serait la même aujourd'hui qu'alors, car je crois que Jésus réclame de nous une aussi grande somme de renoncement que lorsqu'il disait : « Si un homme ne renonce pas à tout ce qu'il a, il ne peut être mon disciple. »

Nous ne pouvons entrer dans les détails, disions-nous, — cependant nous savons tous que certaines choses, qui se pratiquent parmi nous, sont incompatibles avec un christianisme véritable. Comment Jésus emploierait-il une grande fortune ? D'après quels principes réglerait-il ses dépenses ? Peut-on le représenter vivant dans un grand luxe, et employant dix fois plus de son temps à des divertissements qu'au soulagement des maux de l'humanité ? Comment Jésus gagnerait-il de l'argent ? Louerait-il des locaux pour y établir des cabarets ou autres établissements d'une moralité douteuse ; consentirait-il même à tirer profit des maisons construites de façon à ce que les locataires soient dans l'impossibilité d'y observer les règles élémentaires de la décence et de la propreté ?

Que ferait Jésus pour la grande armée des prolétaires, des désespérés, des révoltés, qui s'en vont maudissant les Églises et mangeant un pain amer, à force d'avoir été difficilement gagné ? Se considérerait-il comme dégagé de toute responsabilité à leur endroit, et soulagerait-il sa conscience en disant : « Suis-je le gardien de mon frère ? »

Que ferait Jésus, s'il était placé au centre d'une civilisation tellement dominée par le désir de s'enrichir, que les ouvrières qui travaillent dans les grandes maisons de confections ne sont pas payées suffisamment pour tenir ensemble l'âme et le corps, ce qui les expose à des tentations effrayantes, auxquelles une grande partie d'entre elles succombent, pour disparaître ensuite dans l'abîme où tourbillonne l'écume de ce monde ? Que ferait-il en face de cette civilisation dans laquelle l'industrie sacrifie des milliers d'enfants, sans s'inquiéter de leur éducation, de leur moralité, du besoin qu'ils auraient d'un peu d'affection et de sympathie ? S'il était ici, Jésus, ne ferait-il entendre aucune protestation en face des faits semblables, connus du premier homme d'affaires venu ?

Et ce que ferait Jésus, n'est-ce pas ce que devraient faire ses disciples ?

Ce dont le christianisme a un impérieux besoin, à l'heure actuelle, c'est de l'élément personnel. « Donner, n'est rien, se donner est tout ». Le christianisme qui prétend agir et souffrir par procuration, n'est pas le christianisme du Christ. Il faut que chaque chrétien, pris individuellement, qu'il soit pasteur, négociant, agriculteur ou simple citoyen, suive Jésus sur la voie du sacrifice personnel. La route à suivre ne diffère pas aujourd'hui de celle qu'elle était lorsque ses pas foulaient les sentiers de la Galilée. Le cri du siècle qui agonise, et de celui qui va naître, s'élève pour demander des disciples véritables, un christianisme nouveau, ou plutôt le christianisme primitif, dans sa simplicité intégrale, le christianisme des temps apostoliques, celui dont les adeptes quittaient tout pour suivre littéralement leur Maître. Il ne faut pas moins que cela pour lutter contre l'égoïsme de notre époque, avec quelque espoir de le vaincre. Le christianisme actuel est beaucoup trop un christianisme de nom, il nous faut un christianisme de fait. Le christianisme du Christ a besoin d'être réveillé. Nous nous sommes laissés aller inconsciemment, paresseusement, égoïstement, à ne plus être que des disciples que Jésus ne reconnaîtrait pas pour les siens. A combien d'entre nous ne répondrait-il pas, quand nous crions : « Seigneur ! Seigneur ! » : « Je ne vous ai jamais connus ».

Sommes-nous prêts à nous charger de la croix de Christ ? Si

non, si le christianisme consiste, selon nous, à jouir des privilèges du culte, à être généreux sans exagération, à nous faire une vie facile, à nous entourer d'amis agréables, à nous efforcer d'être respectables, et à éviter, en même temps, tout contact avec ceux qui, autour de nous, sont plongés dans le péché et marchent à la perdition, alors soyons bien certains que nous sommes très loin de suivre les pas de Celui qui a souffert les tortures et les angoisses de l'agonie pour l'amour de l'humanité, tellement qu'une sueur de sang a couvert son visage et qui, sur la croix, s'est écrié : « Mon Dieu ! Mon Dieu ! Pourquoi m'as-tu abandonné ? »

Sommes-nous prêts à changer notre notion du christianisme ?

Qu'est-ce qu'être un chrétien ? C'est imiter Jésus. C'est faire ce qu'il ferait. C'est suivre ses traces ».

Quand Henry Maxwell eut terminé son sermon, il promena sur l'auditoire un regard qu'aucun de ceux qui le composaient ne devait oublier, bien qu'ils n'en comprissent pas, à cette heure, la signification. Un grand silence régnait dans cette congrégation composée, en majeure partie, d'hommes et de femmes qui s'étaient contentés, jusqu'alors, d'un christianisme tout nominal. Et durant ce silence, toutes les âmes présentes commencèrent à réaliser l'existence d'une puissance divine qu'ils avaient oubliée ou ignorée jusqu'alors.

Chacun s'attendait à entendre le prédicateur demander des volontaires, prêts à prendre l'engagement de faire ce que ferait Jésus. Mais il avait transmis le message que l'Esprit de Dieu lui avait dicté, et maintenant il n'avait plus qu'à le laisser agir. Il termina le service par une prière qui pénétra jusqu'au fond des cœurs et des consciences de ses auditeurs.

Alors, au moment où l'assemblée allait se disperser, il se produisit une scène qui n'aurait jamais pu avoir lieu, si les paroles entendues avaient été simplement des paroles humaines.

Des hommes et des femmes se pressaient autour de la chaire ; ils venaient apporter à Henry Maxwell la promesse de se consacrer au service de Jésus. C'était un mouvement volontaire, spontané, qui dépassait tout ce que Maxwell avait osé espérer. Mais n'était-ce pas là, justement, ce qu'il avait demandé ? C'était l'exaucement, l'exaucement complet, supérieur même à ses désirs.

La réunion de prières qui suivit eut tout le sérieux, toute l'intensité de celles de Raymond. Dans la soirée, à l'inexprimable joie de M. Maxwell, la Société d'activité chrétienne assista tout entière au service du soir, dans cette même Église, et s'engagea, comme tant d'autres membres l'avaient fait le matin, à suivre les traces de Jésus.

Ce fut une date mémorable dans l'histoire de cette Église, mais plus encore dans l'histoire d'Henry Maxwell. Il rentra fort tard à la Colonie, et après avoir passé une heure avec l'évêque et le Dr Bruce, heureux de l'entendre parler des choses merveilleuses qu'il lui avait été donné de voir, il se retira dans sa chambre pour les repasser encore dans son cœur.

Avant de se coucher il s'agenouilla pour prier, comme il le faisait chaque soir, et pendant qu'il priait il eut une vision de ce que pourrait devenir le monde, si la nouvelle manière d'envisager la tâche des disciples du Christ s'imposait à la conscience de toute la chrétienté. Il était certain d'être éveillé, non moins certain que tout ce qu'il voyait, avec une netteté extraordinaire, représentait en partie des réalités futures, en partie des choses dont il désirait ardemment la réalisation.

Et voici ce que voyait Henry Maxwell :

Il se voyait lui-même, retournant dans son Église de Raymond pour y vivre, plus qu'il ne l'avait fait jusqu'alors, d'une vie simple, dépouillée d'éléments personnels, dévouée à ceux qui lui semblaient dépendre de lui et du secours qu'il leur apporterait. Il entrevoyait, quoique moins distinctement, que sa position de pasteur l'exposerait un jour à souffrir davantage, grâce à une opposition grandissante à sa manière de présenter Jésus et sa conduite. Mais c'était vaguement indiqué, et, dominant l'avenir, une voix lui répétait : « Ma grâce te suffit. »

Il voyait Rachel Winslow et Virginia Page continuant leur œuvre au Rectangle, étendant même leur influence bienfaisante au-delà des limites de Raymond. Il voyait Rachel mariée à Rollin Page, et tous deux, également consacrés au service du Maître, le suivant ensemble avec une fidélité augmentée et purifiée par leur amour mutuel. Et la voix de Rachel continuait à chanter dans les bas-fonds de la misère et du vice, et à ramener des âmes perdues à Dieu et au port éternel.

Il voyait le président Marsh employer sa vaste érudition et sa grande influence à assainir moralement la ville, à ennoblir le patriotisme de ses citoyens, à inspirer aux jeunes gens et aux jeunes filles qui l'aimaient, autant qu'ils l'admiraient, le désir de vivre pour Christ, et à leur apprendre que l'éducation confère à ceux qui la possèdent de grands devoirs envers les faibles et les ignorants.

Il voyait Alexandre Power exposé à de rudes épreuves dans sa vie domestique, souffrant d'être incompris par sa femme et ses amis, mais continuant à suivre le Maître auquel il avait obéi, au prix même de sa position sociale et pécuniaire.

Il voyait Milton Wright passant par de grands revers de fortune, ruiné par des circonstances indépendantes de sa volonté, mais sortant de la crise les mains nettes et l'honneur sauf, pour recommencer à travailler et à se créer une position, dans laquelle il pourrait encore donner à des centaines de jeunes gens l'exemple de ce que serait Jésus dans les affaires.

Il voyait Edouard Norman faisant du journalisme, à l'aide des capitaux de Virginia, une force dont la nation elle-même arrivait à reconnaître la puissance pour transformer ses principes et sa politique, et frayant la voie à une série de journaux fondés et dirigés dans un esprit franchement chrétien.

Il voyait Jasper Chase, qui avait renié son Maître, devenir un homme froid, cynique, un littérateur écrivant des romans au goût du grand public, mais dans chacun desquels on découvrait une amertume cachée, l'aiguillon d'un remords qu'aucun succès ne parvenait à dissiper.

Il voyait Rose Sterling épouser, après avoir dépendu quelque temps encore de sa tante et de Félicia, un homme beaucoup plus âgé qu'elle et accepter le lourd fardeau d'une union sans amour, pour jouir du luxe qui représentait, pour elle, tout le prix de la vie.

Il voyait Félicia et Stephen Clyde marcher dans la vie à côté l'un de l'autre, enthousiastes, joyeux. Il les voyait prodiguant les trésors de leurs cœurs forts et aimants aux déshérités et aux abandonnés de la grande cité, et sauvant des âmes en leur ouvrant les portes de leur demeure, consacrée au service de Dieu.

Il voyait le Dr Bruce et l'évêque, continuant leur œuvre à la Colonie. Il lui semblait voir flamboyer, en lettres toujours plus immenses, au-dessus de leur vaste maison, ces paroles : « Que ferait Jésus ? » Et la réponse à cette question contribuait chaque jour à la rédemption de la ville et de ses inexprimables misères.

Il voyait Burns et un grand nombre de ses compagnons, se vouant au relèvement d'hommes tombés comme eux, remportant, avec la grâce de Dieu, la victoire sur leurs passions et prouvant par leur vie journalière la réalité de la nouvelle naissance, même chez les plus dégradés et les plus abandonnés des êtres.

Puis la vision se troublait. Elle se confondait dans sa prière. L'Église de Jésus allait-elle le suivre partout ? Le mouvement commencé à Raymond, poursuivi à Chicago, resterait-il un mouvement local, tout de surface et manquant de la profondeur nécessaire pour se propager au loin ?

Ah ! si la vision apparaissait de nouveau ! Mais, ne voyait-il pas l'Église d'Amérique ouvrir son cœur à l'action de l'Esprit, et se hausser jusqu'au sacrifice de ses aises et de ses habitudes, pour l'amour de Jésus ? Ne voyait-il pas ces paroles inscrites sur les portes de toutes les églises et dans les cœurs de tous les membres : « Que ferait Jésus ? »

La vision s'évanouissait encore, pour réapparaître presque

aussitôt, plus claire et plus nette qu'avant : il voyait les sociétés d'activité chrétienne parcourir le monde entier en une interminable procession, précédée d'une bannière sur laquelle on lisait : « Que ferait Jésus ? » Et sur les visages de tous ces jeunes gens et de toutes ces jeunes filles, il voyait rayonner la joie de souffrances certaines, de sacrifices futurs, et même la joie du martyre possible. Puis il ne vit plus la terre, mais seulement le Fils de Dieu, qui lui faisait signe, ainsi qu'à tous ceux qui avaient figuré dans l'histoire de sa vie, de s'avancer et de monter vers lui. Il entendait chanter le chœur des anges, — puis des bruits de voix sans nombre retentirent, et un grand cri de victoire fit tressaillir l'espace. La figure de Jésus devenait de plus en plus splendide, il se tenait au haut d'une longue suite de marches. « Oh ! oui ! ô mon Maître, ne sommes-nous pas arrivés à l'aube du millénium de l'histoire chrétienne ? Oh ! révèle-toi au monde, fais luire dans ses ténèbres la lumière de la vérité. Aide-nous à te suivre tout le long du chemin ! »

Il se leva enfin, avec le tremblement respectueux de quelqu'un qui a jeté un regard sur les choses éternelles. Et ce fut avec une espérance, faite de foi et de charité, qu'Henry Maxwell, disciple de Jésus, s'endormit pour rêver d'une chrétienté régénérée et voir dans son rêve l'Église du Christ, sans tache, ni ride, suivre Jésus tout le long du chemin et poser ses pieds dans l'empreinte de ses pas.

Table des matières

Notice sur Charles Sheldon	1
Ch. I	6
Ch. II	29
Ch. III	59
Ch. IV	82
Ch. V	106
Ch. VI	129
Ch. VII	151
Ch. VIII	176
Ch. IX	197
Ch. X	220
Ch. XI	244
Ch. XII	270